Lo que la gente dice sobre...

CRISTIANISMO: CASO SIN RESOLVER

"Sea o no que vea la película *Dios no está muerto*, leer y estudiar minuciosamente este libro le volverá un catalizador del cambio en un mundo con una desesperada necesidad de fe. Aunque Jim en definitiva es único en su especie, cualquiera que desee compartir la verdad del Evangelio de Jesucristo puede comprender y recontar las lecciones que se enseñan en *Cristianismo: Caso sin resolver*".

Rice Broocks, autor de *Dios no está muerto: Evidencia de Dios en una época de incertidumbre*

"Cuando mi fe estuvo en crisis, necesité evidencia que me convenciera de que el cristianismo fuera verdad. Durante ese tiempo leí *Cristianismo: Caso sin resolver* tres veces y fue fundamental para darme confianza en la fiabilidad de los Evangelios. ¡Esta versión actualizada y re-ilustrada es aún mejor! Como investigador de casos de homicidios sin resolver, J. Warner Wallace practica sus habilidades de investigación para hacer que la evidencia sea accesible y comprensible para todos. Estoy muy agradecida por este libro, y lo recomiendo a todos los que estén dispuestos a descubrir el caso del cristianismo".

Alisa Childers, anfitriona de *The Alisa Childers Podcast* y autora de *Another Gospel?* y *Live Your Truth and Other Lies*

"*Cristianismo: Caso sin resolver* es mi libro favorito de evidencia de que el Nuevo Testamento cuenta verdades históricas. Así que, ¿cómo pudo J. Warner Wallace mejorar mi libro favorito? Agregó 300 ilustraciones, nuevos y emocionantes descubrimientos arqueológicos, respondió las principales objeciones de los escépticos contra la primera edición, y agregó reflexiones personales que aumentarán su confianza en las Escrituras. Aun si ya posee el clásico original, ¡consiga este excelente libro ahora!".

Dr. Frank Turek, presidente de CrossExamined.org y autor de *No basta mi fe para ser ateo*

"Como un apologista cristiano emergente, *Cristianismo: Caso sin resolver* jugó un papel fundamental en mi formación espiritual. Y no soy el único. Este libro claro y accesible ha ayudado a una generación a volverse mejores presentadores del caso del cristianismo. Esto es porque J. Warner Wallace no solo dice qué pensar; muestra cómo pensar. Al combinar el razonamiento lógico, la experiencia forense y las historias policiacas, *Cristianismo: Caso sin resolver* le ayuda a pensar como un detective experimentado. Después de leer este libro, estará preparado para expresar y defender la verdad del cristianismo".

Tim Barnett, orador de Stand to Reason, creador de Red Pen Logic
con Mr. B., y coautor de *The Deconstruction of Christianity*

"*Cristianismo: Caso sin resolver* es un libro excepcional. Ojalá tuviera este recurso la primera vez que examiné la fe cristiana. Hubiera respondido muchas de mis dudas y hubiera ayudado a ponerme en el camino a la verdad".

Josh McDowell, orador y autor de *Evidencia que demanda un veredicto*

"¿Qué pasa cuando un policía ateo toma las mismas habilidades forenses que utiliza para resolver los casos criminales más difíciles —homicidios cuyos casos han quedado sin resolver durante décadas— y las aplica a los testimonios oculares y evidencias circunstanciales sobre la vida de Jesús de Nazaret? Un nuevo acercamiento a la incógnita de la credibilidad del Evangelio. Cristianismo: Caso sin resolver es sencillamente la defensa más ingeniosa y persuasiva que haya leído sobre la fiabilidad del registro del Nuevo Testamento. Caso cerrado".

Gregory Koukl, presidente de Stand to Reason y autor de *Tácticas:
un plan de acción para debatir tus convicciones cristianas*

"¡*Cristianismo: Caso sin resolver* ofrece un nuevo enfoque a la búsqueda de hechos bíblicos que realmente hace que la apologética sea divertida! Lo recomiendo a cualquiera que se interese por la evidencia que sostiene a la fe cristiana, ya sea escéptico, investigador espiritual, o creyente comprometido. Todos se beneficiarán de leer el nuevo y poderoso libro de J. Warner Wallace".

Mark Mittelberg, autor de *The Questions Christians
Hope No One will Ask (with answers)* y coautor
de *Conviértase en un cristiano contagioso*

"Cuando escuché la idea del libro de J. Warner Wallace, pensé que era una de las ideas más originales que hubiera escuchado hacía mucho. Y ahora, al tener el libro en mano, cumplió las expectativas. Esta es una de las formas más divertidas e ingeniosas de aprender lo fuerte y duradero que es el caso del cristianismo. Siempre he sostenido que si aplicáramos las herramientas estándares de investigación sin prejuicios las afirmaciones cristianas de la verdad se sostendrían. El trabajo de detective de 'casos sin resolver' de Jim demuestra que su idea tuvo toda la razón".

Craig J. Hazen, PhD, fundador y director del Christian Apologetics
Program, Biola University, y autor de *Five Sacred Crossings*

"Los estadounidenses hoy en día buscan la verdad. La verdad más fundamental es la realidad de un Dios soberano. En su transición del agnosticismo a la apologética, J. Warner Wallace usó sus técnicas de investigación de 'casos sin resolver' para probar la realidad de lo divino. LEA este libro. No se arrepentirá".

William G. Boykin, Teniente General (Retirado) del ejército
estadounidense, vicepresidente ejecutivo del Consejo de Investigación
Familiar, exsubsecretario adjunto de Defensa para la Inteligencia y
miembro fundador de la Fuerza Delta del ejército estadounidense

Cristianismo: Caso sin resolver se lee como el drama de detectives que en realidad es. Está repleto de evidencia y argumentos interesantes, y es único en la literatura que presenta un enfoque de razonamiento legal a la evidencia a favor y en contra del cristianismo histórico. Recomiendo con entusiasmo este libro, y le agradezco a J. Warner Wallace por su excelente obra".

J. P. Moreland, profesor distinguido de filosofía en
Biola University, y autor de *The God Question*

Cristianismo: Caso sin resolver es uno de los libros más esclarecedores, interesantes y útiles en defensa de la fe que haya leído en mucho tiempo. Sea usted cristiano o escéptico, J. Warner Wallace lo desafiará a considerar la evidencia con una nueva perspectiva. He estudiado la evidencia a favor de la fe por varios años, pero Jim me ayudó a ver los hechos históricos, científicos y filosóficos de otro modo. No hay mejor forma de recomendar este libro".

Sean McDowell, educador, orador y autor de *Is God Just a Human Invention?*

"*Cristianismo: Caso sin resolver* de J. Warner Wallace ofrece una perspectiva fascinante de la evidencia a favor de la resurrección de Jesús. Mientras Wallace tiene experiencia de haber sido ateo (un bono especial), aporta su experiencia como detective de casos sin resolver en los aspectos forenses de los hechos alrededor de la primera Pascua. Este libro es una contribución única a la creciente literatura sobre la resurrección de Jesús".

Paul Copan, profesor y presidente de Pledger Family of
Philosphy and Ethics en Palm Beach Atlantic University

"El detective J. Warner Wallace es tan creativo al contar una historia como al resolver un crimen. Este es el caso supremo, donde él investiga su propia transformación al poner en práctica muchas lecciones que aprendió en su trabajo".

Robert Dean, productor para *Dateline NBC*

"J. Warner Wallace, mi compañero en la hermandad de los cuerpos policiales, ha contribuido a esta y las futuras generaciones invaluablemente. Su libro tiene el potencial de ser un clásico para quienes buscan la verdad. Jim hace un trabajo excepcional al usar la disciplina y la lógica de un detective policial como un medio para examinar la evidencia de Dios, Jesús, la fiabilidad de las Escrituras y el mensaje del Evangelio. Los escépticos, buscadores y académicos atesorarán su trabajo. Este libro será un recurso importante en mi biblioteca personal".

Robert L. Vernon, jefe de policía adjunto (retirado), Departamento de
Policía de Los Ángeles y fundador del Pointman Leadership Institute

"PRECAUCIÓN: No empiece a leer este libro sin tener el tiempo adecuado para ello. NO lo podrá dejar. Es un libro único y revolucionario que todos deberían leer. J. Warner tiene una posición única para investigar las afirmaciones del cristianismo. Rápidamente se está volviendo mi apologético favorito. ¡Le doy 12 estrellas de 10!".

Don Stewart, orador y autor de más de setenta libros

"Dado su trasfondo como detective, J. Warner Wallace está más que calificado para revisar la evidencia y llegar a conclusiones bien razonadas. El libro de Warner *Cristianismo: Caso sin resolver* es por tanto único entre los recursos de apologética disponibles hoy en día: los hechos históricos y evidencias relacionadas se examinan con los mismos protocolos que un investigador profesional seguiría al manejar un caso. Donde sea que se encuentre en el espectro de la fe —sea cristiano, escéptico, o en algún punto intermedio— la aplicación de Warner de los principios de investigación al examinar el cristianismo da lugar a una contribución imprescindible en la apologética".

Alex McFarland, orador y autor del libro superventas
Las 10 objeciones más comunes al cristianismo

"Tengo la fortuna de ser tanto el amigo como el ex jefe de J. Warner Wallace, y disfruté completamente leer *Cristianismo: Caso sin resolver*. Jim es un investigador experimentado e increíblemente hábil que tiene un verdadero talento para descubrir evidencias y relacionarlas lógicamente hasta llegar a la verdad. Este libro es un trabajo investigativo persuasivo que hace corresponder los métodos utilizados por Jim al investigar un crimen con los métodos empleados para revelar la verdad de Cristo. *Cristianismo: Caso sin resolver* es una luz brillante que ilumina la verdad con un estilo persuasivo y convincente".

Jim Herren, jefe de policía (retirado), Departamento policial
de la Universidad de California en Los Ángeles

"Tuve el placer de trabajar con J. Warner Wallace por los últimos 25 años y lo que más aprecio es lo que he aprendido de él. Su brillante libro *Cristianismo: Caso sin resolver* proporciona a los lectores una oportunidad de aprender de las experiencias de Jim como un detective de casos sin resolver y descubrir su verdadera pasión, una pasión igualada por su carácter, conocimiento y sabiduría. *Cristianismo: Caso sin resolver* abre un nuevo recurso para todos y presenta el sin fin de contribuciones que Jim ha aportado al cristianismo".

John J. Neu, jefe de policía (retirado), Departamento de policía Torrance

"El trabajo de un investigador requiere un ojo observador y una mente que reconozca su relevancia. Dios bendijo a Jim Wallace con esos dones. Estos dones fueron agudizados por años de práctica y demostrados en una obra como esta. En la tradición del gran Sir Robert Anderson de Scotland Yard, Wallace busca los hechos y los presenta razonablemente".

Ken Graves, orador y pastor de Calvary Chapel, Bangor, Maine

J. WARNER WALLACE

CRISTIANISMO
CASO SIN RESOLVER

UN DETECTIVE DE HOMICIDIOS INVESTIGA
LAS AFIRMACIONES DE LOS EVANGELIOS

DAVID C COOK®
transforming lives together

CRISTIANISMO: CASO SIN RESOLVER
Publicado por David C Cook
4050 Lee Vance Drive
Colorado Springs, CO 80918 E.U.A

Integrity Music Limited, una división de David C Cook
Brighton, East Sussex BN1 2RE, Inglaterra

DAVID C COOK® y las marcas relacionadas son marcas registradas de David C Cook.

Los sitios web recomendados a lo largo de este libro se ofrecen como un recurso para usted. Dichos sitios no pretenden de ninguna manera ser sugeridos o respaldados por David C Cook. No nos hacemos responsables por su contenido.

Número de control de la Biblioteca del Congreso 2023941310
ISBN 978-0-8307-8655-8

© 2013, 2024 James Warner Wallace
Publicado en asociación con la agencia literaria de Mark Sweeney &
Associates, 302 Sherwood Drive, Carol Stream, IL 60188.

El equipo: Michael Covington, Stephanie Bennett, Jeff Gerke, Jack Campbell, Susan Murdock
Equipo de traducción y revisión: Carla Serratos, Araillé Peralta, Zulma Fontánez, Ismael Infante y Tomas Chapman
Diseño de portada: James Hershberger

Impreso en los Estados Unidos de América
Segunda Edición 2023

1 2 3 4 5 6 7 8 9 10

121923

CONTENIDO

SECCIÓN 1
Aprenda a ser un detective
Diez principios importantes que todo aspirante a detective necesita dominar

SECCIÓN 2

Examine la evidencia

Aplicando los principios de investigación a las afirmaciones del Nuevo Testamento

APÉNDICE

Testigos y recursos

Recopilación de los recursos necesarios para presentar el caso

AGRADECIMIENTOS ESPECIALES

Mi más profundo agradecimiento a los lectores que hicieron de la versión original de *Cristianismo: Caso sin resolver* "un libro clásico cristiano que debe leerse".[1] He revisado cada palabra del texto original, hice varias adiciones importantes y agregué un nuevo "epílogo" al manuscrito original. También he vuelto a ilustrar el libro y rediseñado su interior.

Cuando escribí la primera edición hace diez años, me sentí honrado por aquellos que ofrecieron su apoyo y sabiduría. Sigo estando agradecido con Sean McDowell por motivarme a escribir el libro y por ser un verdadero hermano en la fe, con Craig Hazen por ser el animador más entusiasta y conectarme con las personas que hicieron el libro una realidad, con Lee Strobel por tener el corazón y el deseo de apoyar este trabajo, y con mi agente literario, Mark Sweeney, quien se arriesgó con un detective de casos sin resolver y ha estado respondiendo cada llamada telefónica desde entonces.

Esta versión actualizada por el décimo aniversario de *Cristianismo: Caso sin resolver* está dedicada a mi mejor amiga, mi compañera más confiable, mi inspiración más real y la crítica más inteligente: mi esposa, Susie. Gracias por ser la primera persona en leer cada palabra y por ayudarme a ser el tipo de hombre que soñaría con escribir libros.

DIEZ AÑOS DESPUÉS

Escribí *Cristianismo: Caso sin resolver* durante una de mis etapas más ocupadas como detective de casos sin resolver. Ello inició un viaje como conferencista (incluyendo un pequeño papel en la película *Dios no está muerto 2*), y me dio la oportunidad de conocer a buscadores y cristianos de todo el mundo. "Aleccionador" es una palabra que frecuentemente se usa en exceso, pero es la más apropiada para describir esta etapa de mi vida. Dios encontró la manera de usar a un detective con un título en arte para presentar el caso a una expectante y amable audiencia.

En los diez años de interacción pública, surgió una pregunta más que cualquier otra: "Jim, ¿puedes compartir tu 'testimonio' espiritual?". La gente quiere escuchar mi "historia de salvación", los eventos personales que Dios usó para dirigirme hacia Él. Las audiencias preguntan esto incluso *después* de haberme escuchado presentar el caso públicamente o *después* de leer *Cristianismo: Caso sin resolver*. Pero este libro es mi "historia de salvación". Describe (junto con *God's Crime Scene* y la *Person of Interest*) el proceso probatorio que seguí para convertirme en un seguidor de Jesús.

Para algunos, parece difícil de creer.

¿No es *ciega* la verdadera fe? ¿Puede alguien llegar a la "fe salvadora" siguiendo la *evidencia*? ¿Tenemos nosotros, como humanos caídos, la capacidad de razonar correctamente a partir de la evidencia y llegar a una conclusión acerca de la existencia de Dios, la confiabilidad de la Biblia o la verdad de la resurrección? Si podemos usar la evidencia para determinar que el cristianismo es verdadero, ¿por qué llamarlo "fe"? Abordo estas importantes preguntas teológicas en mi tercer libro, *Evidencias, un análisis forense de la fe*, pero la respuesta corta es la siguiente: Dios usó la evidencia de los relatos de los testigos oculares de los Evangelios para capturar y registrar la verdad sobre Jesús, y yo examiné esta evidencia como un detective escéptico y aprendí la verdad sobre el Salvador.

No soy cristiano actualmente porque haya crecido en la iglesia. Tampoco me hice cristiano porque mis amigos de la infancia lo fueran. Ellos no lo eran. No soy cristiano actualmente porque haya buscado a Dios o haya deseado conocerlo. Yo era feliz siendo ateo. No me hice cristiano porque quisiera ir al cielo o porque temía ir al infierno. Estaba cómodo con mi propia mortalidad. No soy cristiano porque haya querido cambiar mi vida. Siendo ateo, tuve una carrera satisfactoria y significativa, una familia amorosa, una esposa increíble y muchos amigos.

Tampoco soy cristiano porque *"a mí me funciona"*. La vida después de mi decisión no ha sido siempre fácil. Han pasado más de veinte años desde que creí en Jesús como Señor y Salvador. Todavía lucho para someter mi voluntad orgullosa y mis deseos egoístas. A veces pienso que sería más simple hacerlo a la antigua, más rápido o más conveniente tomar un atajo o tomar el camino más corto. Hay muchas ocasiones cuando hacer lo *correcto* significa hacer la cosa *más difícil que se pueda*.

Soy cristiano actualmente por una razón: el cristianismo es *real*. Soy cristiano porque quiero vivir de una manera que refleje la verdad, aun cuando sea difícil, inconveniente o impopular. Soy cristiano porque mi alta expectativa sobre la verdad no me deja alternativa. Una verdad inconveniente es preferible antes que una mentira conveniente.

Durante los últimos diez años, cientos de miles de lectores han examinado la evidencia mostrada en este libro y han aprendido a ser mejores detectives a través del camino. Muchos de ellos ahora son cristianos. No se equivoque al respecto: Dios primero llamó a estos lectores y suavizó sus corazones escépticos. La evidencia cristiana hizo lo que siempre ha hecho: demostró la verdad de la resurrección y la divinidad de Jesús.

A Dios sea la gloria.

J. Warner Wallace

Prólogo por

LEE STROBEL

Me encantaba salir con detectives de homicidios.

Comencé mi carrera en periodismo trabajando como reportero en el turno nocturno en el periódico *Chicago Tribune*. Esto implicaba cubrir los asesinatos frecuentes cometidos alrededor de la ciudad causados por el crimen organizado, violencia relacionada con pandillas, peleas domésticas que salieron mal, robos que se salían de control. Más tarde fui asignado a las cortes criminales donde reportaba sobre los juicios de los principales homicidios en el condado de Cook.

Todo esto llevó a que pasara mucho tiempo entrevistando y socializando con detectives de homicidios. Me agradaban porque ellos eran sensatos, directos y con una extraña habilidad para ver a través de la niebla del engaño que los acusados usaban para cubrir sus rastros. Estos investigadores, curtidos en las calles, eran rara vez engañados por una coartada falsa o excusas endebles mientras ellos desentrañaban sistemáticamente los misterios que confundían a todos los demás. Ellos se basaban en las evidencias al igual que yo, que constantemente revisaba y volvía a revisar mi información antes de publicar mis reportes para que la ciudad los viera.

En ese entonces, yo era ateo. Pensaba que la fe en Dios se basaba en conjeturas, ilusiones y emociones; de hecho, la idea de que pudiera haber evidencia que sostuviera la existencia de Dios me era totalmente ajena. Y no estaba solo.

J. Warner Wallace es un investigador de casos de homicidios sin resolver que también se declaró un escéptico espiritual. Comenzó con la premisa de que lo sobrenatural era imposible. Sin embargo, cuando aplicó diligentemente sus habilidades como detective —permitiendo que la evidencia lo llevara a donde fuera que lo dirigiera— él llegó a una conclusión muy distinta.

15

Evaluando la evidencia con la precisión de un bisturí de cirujano, él resolvió el misterio más importante de todos los tiempos: determinó si Jesús de Nazaret es el único Hijo de Dios.

En su perspicaz y cautivante libro, Jim le presentará los tipos de herramientas y técnicas que utiliza habitualmente para resolver asesinatos que por mucho tiempo han desconcertado a otros policías. Le mostrará cómo este mismo pensamiento analítico puede ser usado para resolver el antiguo caso de una muerte en una cruz, y la increíble resurrección que sucedió después. Es un proceso fascinante, en el que Jim se basa en su experiencia policial de un cuarto de siglo para explicar cómo y por qué las pruebas de la historia inclinan decisivamente la balanza a favor del cristianismo.

Si usted es un escéptico espiritual como lo fuimos Jim y yo por muchos años, entonces encontrará que esta aventura de investigación es un viaje irresistible, revelador y potencialmente transformador, lleno de conocimientos útiles y sabiduría. Como buen policía, espero que usted persiga la evidencia hasta la conclusión que finalmente respalda. Ese veredicto, al final, será suyo.

Si usted es un seguidor de Jesús, entonces el relato de Jim no solo fortalecerá su propia fe, sino que perfeccionará sus habilidades para explicar a otros por qué tantos pensadores a lo largo de la historia han concluido que el cristianismo es excepcionalmente creíble y confiable.

Seguramente ha visto historias en los medios de comunicación de cómo los detectives de casos sin resolver han armado un rompecabezas de evidencias para resolver los homicidios más desconcertantes. Tal vez uno de esos episodios se basó en uno de los casos en los que Jim colaboró. Pero por muy importantes que estas investigaciones sean, ninguna de ellas se acerca a la trascendencia del caso que este libro aborda.

Así que prepárese para seguir a Jim mientras él prueba la evidencia de la fe. Encontrará que su enfoque es convincente, su lógica sólida y sus conclusiones ampliamente respaldadas. Desenrede con él el caso histórico de Jesús y descubra sus implicaciones eternas para usted y las personas que le rodean.

Lee Strobel
www.LeeStrobel.com
Autor de *El caso de Cristo* y *El caso de la fe*

COMO UN DETECTIVE

Recibí la llamada alrededor de la 1:00 a.m. Los detectives que son asignados a la unidad de homicidios también investigan tiroteos con oficiales involucrados (TOI), y todo el equipo TOI fuimos convocados para este caso. Cuando llegué a la escena, el oficial Mark Walker estaba parado junto a su patrulla hablando con un sargento y esperando nuestra llegada. Estreché su mano, me aseguré de que estuviera listo para hablar del tiroteo y comenzó a detallar los eventos que precipitaron nuestro "llamado".

Mark me dijo que estaba patrullando cuando vio a un hombre conduciendo, cambiando bruscamente de un carril a otro como si estuviera ebrio. Detuvo al conductor y se aproximó a su auto. Cuando se inclinó para hablarle, pudo percibir el olor a alcohol en su aliento. Mark le pidió al hombre salir del auto, y el conductor accedió de mala gana. Mientras el hombre estaba parado fuera de su auto, Mark se percató que estaba enojado y con actitud desafiante. Mark decidió realizar una revisión rápida para asegurarse de que el irritado conductor no llevara armas. Mark no tenía idea de que el conductor era Jacob Stevens, un exconvicto con un largo historial de arrestos en una ciudad cercana. Jacob acababa de salir de la prisión estatal. Estaba en libertad condicional por un cargo de asalto, y esa noche llevaba cargada una pistola Colt calibre 45 escondida en su cinturón. Jacob sabía que volvería a la prisión si se descubría el arma, y estaba determinado a no volver a la cárcel.

Cuando Mark le pidió a Jacob que se diera la vuelta para continuar con la revisión, Jacob se giró por un instante, sacó su arma y se volvió hacia Mark apuntándole al pecho.

"Sabía que me tenía en la mira —Mark explicó al recordar los hechos—. Su pistola ya estaba fuera y apuntando hacia mí antes de que yo pudiera siquiera poner la mano en la mía".

Jacob no tenía intención de discutir la situación con Mark. Él ya había decidido que no volvería a la cárcel, aun si eso significara matar a este oficial de policía. Jacob apuntó su arma hacia Mark y comenzó a oprimir el gatillo. Mark estaba a punto de luchar por su vida, pero iniciaba con una clara desventaja: estaba segundos detrás de su oponente.

Todos los que trabajamos en los cuerpos policiales entendemos la importancia del uso de chalecos antibalas. Cuando recién nos hacemos oficiales, nos entrenan con estos chalecos, y en algún punto, la mayoría de nosotros aprendemos cómo se desempeñan los chalecos en *pruebas reales*. Sabemos que pueden detener una bala, incluyendo una de 45 milímetros. Esta noche, Mark pondría a prueba su chaleco.

"Solo tensé los músculos de mi abdomen y me preparé para recibir el disparo mientras sacaba mi arma de la funda. Sabía que él ganaría la primera ronda".

Si bien Mark sabía *que* su chaleco contendría el impacto de un calibre 45, esa noche él confiaría *en* el chaleco por primera vez. En ese preciso momento, Mark pasó de "creer que" a "creer en". Una cosa es creer *que* el chaleco puede salvar una vida y otra cosa es confiar *en* que el chaleco le salvará la vida. Mark obviamente sobrevivió al disparo y vivió para contarlo. Sin embargo, la lección que aprendí de Mark tuvo más impacto en mi vida de lo que él podría imaginar.

Esto mostró a Mark el "creer que"

Esto mostró a Mark el "creer en"

DE "CREER QUE" A "CREER EN"

Yo tenía treinta y cinco años la primera vez que presté atención al sermón de un pastor. Un compañero policía me había invitado a la iglesia por muchos meses, y aunque pude posponerlo por un tiempo finalmente acepté asistir con mi familia a un servicio de domingo por la mañana. Me las arreglé para ignorar la mayor parte de lo que el pastor hablaba, hasta que comenzó a hacer una descripción de Jesús que atrapó mi atención. Él caracterizó a Jesús como un hombre realmente inteligente que tenía cosas notablemente sabias que decir sobre la vida, la familia, las relaciones y el trabajo. Comencé a creer que *eso* podría ser verdad. Si bien no estaba interesado en doblar mis rodillas ante Jesús como Dios, al menos estaba dispuesto a escuchar a Jesús como maestro. Una semana después, compré mi primera Biblia.

Mis amigos me conocían como un ateo enojado, un escéptico que diseccionaba cuidadosamente a los cristianos y su cosmovisión, pero repentinamente me encontré leyendo los Evangelios para escuchar lo que Jesús tenía que decir. Algo de los Evangelios llamó mi atención, más como investigador que como alguien interesado en la filosofía antigua de un sabio imaginario. En ese momento de mi vida, ya había servido como oficial de patrulla y como miembro del Destacamento de Pandillas, del Equipo Metro (que investigaba los narcóticos en las calles), del equipo SWAT y del Equipo de Impacto contra el Crimen (que investigaba a delincuentes profesionales). Había entrevistado a cientos (si no es que miles) de testigos oculares y sospechosos. Para mí era familiar la naturaleza de las declaraciones de los testigos y entendí cómo el testimonio se evaluaba ante un tribunal legal. Algo en los Evangelios me atrapó más que una narración mitológica. Los Evangelios parecían antiguos relatos de testigos oculares.

Había realizado muchas entrevistas y había tenido éxito en lograr que los sospechosos se retractaran. Como resultado, mi departamento me envió a muchas academias especializadas en investigación para afinar mis habilidades. Eventualmente, me capacitaron en Análisis Forense de Declaraciones (FSA, por sus siglas en inglés). Al emplear cuidadosamente esta metodología y al examinar la manera en que el sospechoso escogía los pronombres al declarar, el uso de lenguaje tenso, la compresión o expansión del tiempo al hablar (entre muchas otras tendencias lingüísticas), solía poder determinar si él o ella había cometido el crimen y, a menudo, podía establecer la hora del día en que el crimen había ocurrido. Si esta técnica podía proporcionarme una visión tan increíble de las declaraciones de los sospechosos y testigos, ¿por qué no podría usarse para investigar las afirmaciones de los Evangelios? Comencé a usar FSA mientras estudiaba el Evangelio de Marcos. En un mes, y a pesar de mi profundo escepticismo y duda, concluí que el Evangelio de Marcos fue la declaración testimonial del apóstol Pedro. Estaba empezando a dejar de creer *que* Jesús era un maestro sabio, para creer *en* lo que Él dijo de Sí mismo. Comencé un viaje desde el asentimiento casual a la confianza comprometida; desde *creer que* a *creer en*.

En mi asignación actual, investigo asesinatos sin resolver. A diferencia de otros delitos menores, un homicidio sin resolver nunca se cierra; no hay un estatuto de límites para un asesinato, y el tiempo no se agota en una investigación de homicidio. Mi agencia tiene docenas de asesinatos no resueltos que permanecen abiertos, esperando que alguien se tome el tiempo de examinarlos nuevamente.

Hay muchas similitudes entre la investigación de casos no resueltos y la investigación de las afirmaciones del cristianismo. Los homicidios sin resolver son eventos de un pasado distante para los que a menudo hay poca o ninguna evidencia forense (por ello quedaron sin resolver). A veces, los primeros detectives toman informes de testigos oculares, pero cuando el caso se reabre, esos testigos oculares y detectives ya no están vivos. Es mi trabajo evaluar la credibilidad de las declaraciones originales, aunque no pueda entrevistar otra vez a los testigos oculares o la gente que primeramente narró sus observaciones. Al final, generalmente se puede presentar un caso acumulativo sólido al recopilar declaraciones de testigos, comprobar su fiabilidad y verificar sus observaciones con la poca evidencia forense disponible. Adoptando este enfoque, he arrestado y procesado exitosamente muchos sospechosos de casos sin resolver que pensaron haberse salido con la suya en un asesinato.

El cristianismo hace una afirmación acerca de un evento en el pasado distante, para el cual hay poca o ninguna evidencia forense. Como los casos sin resolver, la verdad sobre lo que sucedió se puede descubrir examinando las declaraciones de los testigos oculares, aunque no podamos entrevistarlos nuevamente ni a la gente que narró por primera vez sus observaciones. Nuestro objetivo, una vez más, es montar un caso acumulativo sólido al recopilar declaraciones de testigos, comprobar su fiabilidad y verificar esas observaciones con las escasas pruebas forenses disponibles.

Estos contienen declaraciones de testigos oculares

Estos también contienen declaraciones de testigos oculares

Pero ¿existe alguna declaración confiable de un testigo ocular por corroborar? Esta se convirtió en la pregunta más importante que tuve que responder en mi investigación personal sobre el cristianismo. ¿Las narraciones de los Evangelios eran *relatos de los testigos oculares* o eran simplemente *mitologías moralistas*? ¿Eran confiables los Evangelios o estaban llenos de disparates sobrenaturales y poco confiables? Las preguntas más importantes que podía hacer sobre el cristianismo casualmente cayeron dentro de mi área de especialización.

Espero compartir algo de esa especialización con usted en este libro. En algún punto de mi viaje de "creer que" a "creer en", un amigo me comentó sobre C.S. Lewis. Tras leer *Mero cristianismo*, compré todo lo que Lewis escribió. Una cita de *Dios en el banquillo* se quedó conmigo a través de los años. Lewis correctamente escribió: "El cristianismo es una declaración que, si es falsa, no tiene importancia y, si es real, su importancia es infinita. Lo único que no puede ser es moderadamente importante".[1] El cristianismo, si es real, es digno de nuestra investigación. A lo largo de los años, he conservado mi escepticismo y mi desesperada necesidad de examinar los hechos, incluso cuando pasé de "creer que" a "creer en". Después de todo, aún soy detective. Creo que he aprendido algunas cosas que pueden ayudarle a investigar la verdad de las afirmaciones de la Biblia.

Le diré por adelantado: voy a proveerle muchos ejemplos de mi carrera como detective de casos de homicidios sin resolver mientras comparto lo que he aprendido a lo largo de los años; voy a decirle algunas *historias policiacas*. Sin embargo, he editado cuidadosamente los ejemplos, cambiando los nombres de los involucrados y modificando los detalles de cada caso sigilosamente para proteger a los oficiales y a las víctimas. He tenido el privilegio de investigar algunos de los casos más importantes y mejor publicitados que nuestra ciudad haya enfrentado en los últimos veinte años. Si bien quiero que aprenda de lo que hicimos bien y de lo que hicimos mal, quiero respetar la privacidad de los detectives (y de las familias de las víctimas) durante el trayecto.

Si usted es un escéptico que rechaza la Biblia como yo lo hacía, mis experiencias y puntos de vista pueden ayudarle a evaluar a los escritores de los Evangelios bajo una nueva luz. Si usted es alguien que ha enfrentado a cristianos que no estaban preparados para defender lo que creen, me gustaría animarle a ser paciente con nosotros porque la tradición cristiana es *intelectualmente sólida y satisfactoria*, aun si nosotros los creyentes somos ocasionalmente incapaces de responder a los desafíos que usted presenta. Las respuestas están disponibles; no tiene que apagar su cerebro para ser un creyente. Sí, es posible convertirse en cristiano *a causa de* la evidencia y no *a pesar de* la evidencia. Muchos de nosotros lo hemos hecho así.

Si ya es un creyente, mis experiencias pueden brindarle algunas herramientas que podrían ayudarle a defender su fe de una manera más informada y vigorosa. Puede aprender algo nuevo sobre la historia del cristianismo o la naturaleza y poder de la evidencia. Quiero animarlo a ser un cristiano informado, a adorar a Dios con su mente y a prepararse como un cristiano *presentador del caso*. Comencemos examinando diez simples principios de la evidencia que pueden cambiar para siempre la forma en que mira al cristianismo.

APRENDA A SER UN DETECTIVE

Diez principios importantes que todo aspirante a detective necesita dominar

NO SEA UN "SABELOTODO"

—¡Jeffries y Wallace! —gritó Alan impacientemente mientras el joven oficial se apresuraba a escribir nuestros nombres en el registro de entrada a la escena del crimen. Alan levantó la cinta amarilla y pasó por debajo, agachándose dolorosamente debido a la presión que ejerció sobre su rodilla lesionada enferma—. Me estoy haciendo demasiado viejo para esto —dijo mientras se desabrochaba el saco de su traje—, la medianoche se siente más tarde cada vez que nos llaman.

Esta fue mi primera escena de homicidio, y no quería hacer el ridículo. Había trabajado en casos de robo por muchos años, pero nunca había estado involucrado en la investigación de una muerte sospechosa. Me preocupaba que mis movimientos en la escena del crimen pudieran contaminarla de algún modo. Daba pasos cortos y medidos, y seguía al detective Alan Jeffries como un cachorro. Alan había trabajado en esta área por más de quince años, y le faltaban unos cuantos años para retirarse. Él estaba bien informado, era obstinado, tenía confianza en sí mismo y era gruñón. Me caía muy bien.

Nos detuvimos por un momento y miramos el cuerpo de la víctima. Ella estaba parcialmente desnuda recostada sobre su cama, estrangulada. No había signos de lucha, ni señales de que la entrada a su condominio hubiera sido forzada, solamente una mujer de cuarenta y seis años, recostada muerta en una posición incómoda. Mi mente volaba mientras trataba de recordar todo lo que había aprendido en el curso de homicidios de dos semanas al que había asistido recientemente. Sabía que había piezas muy importantes de evidencia que requerían ser recolectadas y preservadas. Mi mente luchó por evaluar la cantidad de "datos" en la escena. ¿Cuál era la relación entre la evidencia y el asesino? ¿Se podría reconstruir la escena para revelar la identidad de él o ella? —¡Ey, despierta! —El tono de Alan irrumpió mis pensamientos—. Tenemos a un asesino que atrapar. Ve y encuentra al esposo; él es el hombre que estamos buscando.

¿Qué? ¿Alan ya lo había resuelto? Se quedó parado mirándome con impaciencia y desdén. Me señaló un portarretratos caído sobre la mesita de noche. Nuestra víctima estaba amorosamente abrazada por un hombre que parecía de su misma edad. Luego señaló algunas prendas masculinas colgando en el lado derecho de su armario. Parecía que faltaban muchas de ellas.

—He estado haciendo esto durante mucho tiempo, muchacho —dijo Alan mientras abría su libreta—. Los asesinatos cometidos por extraños son muy raros. Ese hombre probablemente es su esposo y, en mi experiencia, los cónyuges se matan el uno al otro. —Alan señaló sistemáticamente varias piezas de evidencia y las interpretó a la luz de su proclamación. No hubo una entrada forzada, la victima parecía no haber puesto mucha resistencia, la fotografía se había caído sobre la mesita de noche, parecía faltar ropa de hombre en el armario; Alan vio todo eso como una confirmación de su teoría—. No hay razón para complicarlo, novato; la mayoría de las veces es muy simple. Encuentra al esposo y te mostraré al asesino.

Al final resultó ser más difícil que eso. No identificamos al sospechoso pasados otros tres meses, y resultó ser el vecino de la víctima, un hombre de veinticinco años. Apenas la conocía, pero logró engañarla para que le abriera la puerta la noche en que la violó y la asesinó. En realidad, ella era soltera. El hombre en la fotografía era su hermano (la visitaba ocasionalmente desde el extranjero y guardaba parte de su ropa en su armario). Todas las presuposiciones de Alan fueron incorrectas y sus suposiciones marcaron la forma en la que estábamos viendo la evidencia. La *filosofía* de Alan estaba dañando su *metodología*. No estábamos siguiendo la evidencia para ver a dónde conducía, sino que ya habíamos decidido hacia dónde llevarían las pruebas y simplemente buscábamos una afirmación. Afortunadamente, la verdad prevaleció.

Todos tenemos presuposiciones que afectan la forma en que vemos el mundo a nuestro alrededor. He aprendido a hacer mi mejor esfuerzo para entrar en cada investigación con los ojos y la mente abiertos a todas las posibilidades razonables. Trato de no *aferrarme* a alguna filosofía o teoría en particular hasta que una emerja como la más racional, dada la evidencia. Lo he aprendido por las malas; he cometido errores. Hay una cosa de la que estoy seguro (habiendo trabajado tanto en homicidios recientes como en casos sin resolver): simplemente no se puede entrar en una investigación con una filosofía que dicte el resultado. La objetividad es primordial; este es el primer principio en el *trabajo de detective* que cada uno de nosotros debe aprender. Suena simple, pero nuestras presuposiciones a veces están ocultas de una manera que las hace difíciles de descubrir y reconocer.

PRESUPOSICIONES ESPIRITUALES

Cuando yo era ateo, tenía muchas presuposiciones que contaminaban la manera en que yo investigaba las afirmaciones del cristianismo. Fui criado con la generación de Viaje a las Estrellas (*Star Trek*, el elenco original, eso sí) por un padre ateo que fue policía y detective por casi treinta años antes de que yo fuera contratado como oficial de policía. La creciente cultura secular me convenció de que la ciencia acabaría explicando todos los misterios de la vida, y estaba comprometido con la idea de que al final encontraríamos una respuesta *natural* para todo aquello que alguna vez concebimos como *sobrenatural*.

Mis primeros años como detective de homicidios solo amplificaron estas presuposiciones. Después de todo, ¿qué hubieran pensado mis compañeros si yo examinaba toda la evidencia en un caso difícil (después de no poder identificar a un sospechoso) y concluyera que fue un fantasma o un demonio quien cometió el asesinato? Seguramente hubieran pensado que estaba loco. Todos los investigadores de homicidios suponen que los seres sobrenaturales no son sospechosos razonables, y muchos detectives también rechazan lo sobrenatural por completo. Los detectives deben trabajar en el mundo real, "el mundo natural" de causa y efecto material.

Naturalismo filosófico

La presupuesta creencia de que solo las leyes y fuerzas naturales (opuestas a las sobrenaturales) operan en este mundo. Los naturalistas filosóficos creen que nada existe más allá del reino natural.

Presuponemos una filosofía particular cuando comenzamos a investigar nuestros casos. Esta filosofía es llamada "naturalismo filosófico" (o "materialismo filosófico").

La mayoría de los que somos de la generación Viaje a las Estrellas entendemos esta filosofía, incluso si no podemos articularla perfectamente.

El naturalismo filosófico rechaza la existencia de agentes, poderes, seres o realidades sobrenaturales. Comienza con la premisa fundamental de que solo las leyes y fuerzas naturales pueden explicar cualquier fenómeno examinado. Si hay una respuesta que descubrir, el naturalismo filosófico dicta que debemos encontrarla examinando la relación entre los objetos materiales y las fuerzas naturales; solo así. Las fuerzas sobrenaturales están excluidas. La mayoría de los científicos inician con esta presuposición y no consideran ninguna respuesta que no sea estrictamente física, material o natural. Incluso cuando un fenómeno en particular no se pueda explicar por algún proceso natural o material o conjunto de fuerzas, la mayoría de los científicos rechazan el tomar en cuenta una explicación sobrenatural. Richard Lewontin (biólogo evolucionista y genetista) una vez escribió una famosa reseña de un libro escrito por Carl Sagan y admitía que la ciencia es limitada al ignorar cualquier explicación sobrenatural, aun cuando la evidencia podría indicar la falta de explicaciones naturales o materiales: "Nos ponemos del lado de la ciencia a pesar de lo evidentemente absurdo de algunas de sus proposiciones, a pesar de su incumplimiento en muchas de sus extravagantes promesas de salud y vida, a pesar de la tolerancia de la comunidad científica hacia las historias sin fundamento, solo porque tenemos un compromiso previo; un compromiso con el materialismo. No es que los métodos y las instituciones científicas nos obliguen de alguna manera a aceptar una explicación material del mundo de los fenómenos, sino que, por el contrario, somos forzados por nuestra *a priori* adherencia a las causas materiales a crear un sistema de investigación y un grupo de conceptos que produzcan explicaciones materiales, sin importar cuán contrarias a la intuición o cuán desconcertantes sean para los no iniciados. Además, ese materialismo es un absoluto, ya que no podemos permitir que un Pie Divino entre por la puerta".[1]

Los científicos no están solos; muchos historiadores también están comprometidos con una presuposición naturalista. La mayoría de los eruditos de la historia, por ejemplo, aceptan —*de forma limitada*— la historicidad de los Evangelios del Nuevo Testamento, en la medida que ellos describen la vida y enseñanzas de Jesús y la condición del ambiente en el que Jesús vivió y ejerció su ministerio. De hecho, si los antiguos relatos sobre Jesús no incluyeran las descripciones de eventos milagrosos (sin el nacimiento virginal, ni la resurrección, ni las sanaciones milagrosas, ni demostraciones de un poder sobrenatural), dudo que cualquier erudito importante desconfiara de la exactitud de los Evangelios en su *totalidad*. Pero las afirmaciones milagrosas de los autores de los Evangelios provocan que los historiadores separen lo que creen que es realidad de lo que creen que es ficción. Eso sí, muchos de esos mismos historiadores aceptan simultáneamente la historicidad de los eventos no milagrosos descritos en el Nuevo Testamento, incluso cuando rechazan los milagros descritos *paralelamente* a esos eventos. ¿Por qué aceptan algunos de esos eventos y rechazan los otros? Porque ellos tienen una predisposición en contra de lo sobrenatural.

Bart Ehrman (famoso profesor agnóstico de estudios religiosos en la Universidad de Carolina del Norte, Chapel Hill) estuvo una vez en un debate radiofónico con Michael Licona (Profesor Asociado en Teología de la Universidad Bautista de Houston), en el programa de radio británico: *Unvelievable?*[2] [¿Increíble?]. Mientras debatían la evidencia de la resurrección, Ehrman reveló una presuposición naturalista que es común entre muchos historiadores. Él dijo: "Creo que lo más importante es algo de lo que ni siquiera hemos hablado, que es si puede haber algo así como evidencia histórica de un milagro, y creo que la respuesta es un no contundente, y pienso que prácticamente todos los historiadores están de acuerdo conmigo en eso". Ehrman rechaza la idea de que cualquier evidencia histórica pueda demostrar un milagro, porque, en sus palabras, "es invocar algo fuera de nuestra experiencia natural para explicar lo que sucedió en el pasado". No debería sorprendernos que Ehrman rechace la resurrección dada esta presuposición; llegó a una particular conclusión natural porque él no se permitiría cualquier otra opinión, aunque la evidencia podría explicarse más precisamente por eso mismo que él rechaza.

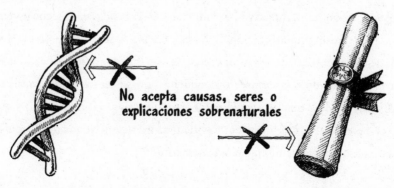

No acepta causas, seres o explicaciones sobrenaturales

OBSTÁCULOS MENTALES

Comencé a entender el peligro de las presuposiciones filosóficas mientras trabajaba como detective de homicidios. Alan y yo estábamos en la escena del crimen, haciendo todo lo posible para responder a la pregunta "¿Quién asesinó a esta mujer?". Uno de nosotros ya tenía una respuesta. Los esposos o los amantes suelen cometer crímenes como este; caso cerrado. Solo necesitábamos encontrar al esposo o amante de esta mujer. Era como si nos preguntáramos "¿Su esposo la mató?", después de excluir primero a cualquier sospechoso que no fuera su esposo. No es de sorprender que Alan llegara a esta conclusión; él comenzó con esa premisa.

Asumiendo la conclusión

Cuando metemos de contrabando nuestras conclusiones en nuestra investigación, empezando con ellas como una premisa inicial, es probable que demos por sentada la pregunta y terminemos con conclusiones que encajan con nuestras presuposiciones en lugar de reflejar la verdad del asunto.

Cuando yo era ateo, hice exactamente lo mismo. Estuve ante la evidencia de Dios, interesado en responder la pregunta "¿Dios existe?". Pero inicié la investigación como un naturalista con la presuposición de que nada existe más allá de las leyes y fuerzas naturales y los objetos materiales. Me preguntaba si existía un ser sobrenatural después de haber excluido todas las posibilidades de algo sobrenatural. Al igual que Alan, llegué a una conclusión particular porque empecé con ella como mi premisa. Esta es la más real definición de sesgo, ¿verdad? Comenzar con tu pensamiento ya establecido.

ENTRAR CON LAS MANOS VACÍAS

Los cristianos con frecuencia son acusados de estar "sesgados" simplemente porque ellos creen en lo sobrenatural. Esta acusación tiene poder en nuestra cultura pluralista actual. La gente sesgada se ve como prejuiciosa e injusta, arrogante y demasiado confiada en su posición. Nadie quiere ser identificado como alguien que es parcial y obstinado. Pero no se equivoquen, todos tenemos un punto de vista, todos tenemos opiniones e ideas que definen la manera en que vemos al mundo. Cualquiera que te diga que es completamente objetivo y carente de presuposiciones tiene otro problema mayor: esa persona o es asombrosamente ingenua o es mentirosa.

La cuestión no es si tenemos ideas, opiniones o puntos de vista preexistentes; la cuestión es si permitiremos que estas perspectivas nos impidan examinar la evidencia objetivamente. Es posible tener una opinión previa; sin embargo, hay que dejar esta predisposición en la puerta para examinar la evidencia de manera justa. Nosotros les pedimos a los miembros del jurado hacer esto todo el tiempo. En el estado de California, se le instruye continuamente "mantener la mente abierta durante todo el juicio" y no "permitir que la predisposición, la simpatía, el prejuicio o la opinión pública influyan en su decisión".[3] Los tribunales suponen que la gente tiene predisposiciones, mantiene simpatía y prejuicios, y conocen la opinión pública. A pesar de esto, a los miembros del jurado se les requiere "mantener la mente abierta". El jurado debe entrar al tribunal con las manos vacías, deben dejar todo su *bagaje* en el pasillo. Todos iniciamos con una colección de predisposiciones. Debemos (lo mejor que podamos) resistir la tentación de permitir que nuestras predisposiciones eliminen ciertas formas de evidencia (y por tanto ciertas conclusiones) antes de siquiera comenzar con la investigación.

Al ser escéptico, tardé en aceptar incluso la más mínima posibilidad de que los milagros fueran posibles. Mi compromiso con el naturalismo me impedía considerar tales tonterías. Pero luego de mi experiencia con las presuposiciones en la escena del crimen, decidí ser cauteloso con mis inclinaciones naturalistas. En lugar de comenzar la investigación como si ya supiera el resultado, opté por suspender mis prejuicios el tiempo suficiente para ser justo. Si la evidencia apuntaba hacia la razonable existencia de Dios, esto ciertamente abriría la posibilidad de lo milagroso. Si Dios *existe*, Él fue el creador de todo lo que vemos en el universo. Él, por tanto, creó lo visible de lo invisible, vida de donde no la había; Él creó el tiempo y el espacio. La creación de Dios del universo sería, ciertamente, nada menos que... *milagrosa*. Si hubiera un Dios que pudiera explicar el comienzo del universo, los milagros menores (es decir, caminar sobre el agua o sanar a los ciegos) podrían no ser tan impresionantes. Para conocer la verdad de la existencia de un Dios milagroso, necesitaría por lo menos ajustar mis predisposiciones acerca de lo sobrenatural. Mi experiencia en las escenas del crimen me ha ayudado a hacerlo. Esto no significa que ahora me apresure a buscar explicaciones sobrenaturales cada vez que no encuentro una explicación sencilla y natural. Solo significa que estoy abierto a seguir la evidencia a donde quiera que me lleve, aun si apunta a la existencia de un diseñador milagroso.

 *HERRAMIENTA PARA EL MALETÍN, UN CONSEJO PARA LA LISTA*

Tengo un maletín de piel empacado junto a mi cama. Contiene todo el equipo que necesito cuando me llaman a una escena de homicidio a medianoche. Mi *maletín de emergencias* normalmente contiene una linterna, libretas de notas, guantes de plástico, una grabadora digital, una cámara y (por supuesto) mi arma y mi placa de oficial. Mi maletín también contiene una *lista de control* de la investigación que creé hace muchos años cuando era detective novato. Ahora rara vez necesito consultar la lista, pero representa años de sabiduría adquirida de mis compañeros, clases, seminarios de entrenamiento, investigaciones exitosas y esfuerzos fallidos. Tal vez a usted le podría interesar armar su propio maletín de emergencias y su lista. Si es así, querrá incluir este primer principio relacionado con las presuposiciones; le será de gran utilidad mientras investiga los Evangelios.

Cuando era ateo, permití que la presuposición del naturalismo manchara injustamente la manera en que veía la evidencia de la existencia de Dios. Fallé al diferenciar entre la *ciencia* (el examen sistemático y racional de los fenómenos) y el *cientificismo* (la negativa a considerar algo más que las causas naturales). Tenía treinta y cinco años cuando reconocí lo irracional que era rechazar la posibilidad de algo sobrenatural, incluso *antes* de comenzar a investigar las afirmaciones sobrenaturales del cristianismo. En aquellos días cuando encontraba un fenómeno que no se podía explicar *naturalmente*, simplemente *me atrincheraba* y continuaba rechazando la posibilidad de que algo *extranatural* pudiera estar operando. Me negué a iniciar este viaje con las manos vacías o con una mente abierta.

Aunque ahora soy cristiano, entiendo que muchos de los fenómenos que observamos pueden ser explicados satisfactoriamente por simples relaciones entre la materia y las *leyes de la naturaleza*. Debido a esto, intento ser cuidadoso para no saltar a explicaciones sobrenaturales cuando las causas naturales se sostienen con evidencia. No toda la actividad de Dios es abiertamente milagrosa. Dios todavía está obrando, incluso en la interacción entre la materia que Él creó y las leyes naturales que reflejan Su naturaleza (esto es, de hecho, suficientemente milagroso).[4] Como resultado, trato de motivar a mis amigos escépticos a reexaminar sus presuposiciones naturales, pero tengo cuidado de respetar las afirmaciones de los naturalistas cuando se sostienen con evidencia.

APRENDA A "INFERIR"

—Odio este tipo de casos —murmuró Mark mientras retiraba con cuidado la sábana de la cama. El detective Mark Richardson tenía un hijo de la misma edad que la víctima. Nada era más perturbador que el homicidio de un pequeño niño, y era el turno de Mark de manejar este asesinato. Tres de nosotros nos quedamos ahí y examinamos la escena mientras esperábamos a que llegara el investigador del médico forense. Dos de nosotros estábamos felices de que no fuera nuestro turno.

—¿Cómo es que los padres hacen esto a sus propios hijos? —Mark planteó la pregunta de forma retórica, como si no supiera el tipo de respuesta que obtendría de parte de nuestro superior.

—No llames "padre" a esta porquería —respondió Alan lanzando una mirada de disgusto en dirección del desaliñado en libertad condicional sentado en el sofá al final del pasillo—. Si él hizo esto, no es más que un donante de esperma para este niño.

A menudo me llamaban para ayudar a miembros de nuestra unidad de homicidios en escenas de muertes sospechosas como estas, en las que la causa de la muerte no era inmediatamente obvia. Más vale prevenir que lamentar; esas escenas deben ser investigadas como homicidios (hasta que se determine lo contrario) o podrían convertirse en casos sin resolver en mi lista. La situación alrededor de esta muerte era sospechosa, así que me llamaron para ayudar. El bebé parecía haberse asfixiado mientras estaba recostado en la cama de su padre, a solo unos metros de una cuna sin usar que estaba en la misma habitación. Mamá y papá se habían separado recientemente y el padre del bebé tenía antecedentes de violencia en contra de su esposa hacía varios años. La madre del bebé ya no vivía en la casa y a menudo se preocupaba por la seguridad de su hijo. Su esposo se negaba a entregarle al niño, y ella tenía miedo de buscar ayuda legal para recuperar al bebé debido a la naturaleza violenta de su esposo. Para empeorar las cosas, su esposo amenazó muchas veces con estrangular al niño para aterrorizarla.

Homicidios sin resolver

Si bien la mayoría de las investigaciones de delitos graves están limitadas por un *estatuto de limitantes* (un periodo legislado, más allá del cual el caso no puede ser procesado legalmente), los homicidios no tienen tal restricción. Esto quiere decir que los homicidios *recientes* que quedan sin resolver pueden investigarse muchos años después de haber sido cometidos. Los investigadores con experiencia en casos sin resolver a veces pueden reconocer las trampas de la investigación que causaron inicialmente que quedaran sin resolver.

Inferencias

Inferir significa "reunir". Por lógica, inferencia se refiere al proceso de colectar datos de numerosos recursos, y después crear conclusiones basadas en esta evidencia. En términos legales, una inferencia es una deducción de un hecho que puede ser lógica y razonablemente extraído de otro hecho o grupo de hechos comprobados o establecidos de otra manera.

Observamos que en su mayoría la casa estaba sucia y descuidada y había rastros de consumo de drogas en la sala. La primera vez que nos comunicamos con el padre de la víctima, él parecía divagante y hostil. Al principio rechazó responder a sencillas preguntas y mostró desconfianza con el personal encargado de hacer que se cumpliera la ley. Él estaba en libertad condicional y tenía antecedentes de consumo de drogas, violencia doméstica y un comportamiento peligroso. A primera vista, cualquiera sospecharía que este hombre era capaz de hacer lo impensable.

Llamamos al médico forense mientras empezamos a recolectar la evidencia y fotografiar todo a nuestra vista, y no tocamos el cuerpo hasta que el investigador del forense llegó. Solo entonces fuimos capaces de obtener una imagen clara de la condición del bebé. Cuando quitamos la ropa de cama alrededor del cuerpo y examinamos al niño más de cerca, descubrimos que él estaba sorprendentemente limpio y bien vestido. Lucía sano y bien alimentado. Estaba acostado junto a un biberón de leche de fórmula recién hecha, limpiamente vestido con un pañal nuevo y en pijama. Su cabello había sido lavado, y estaba recostado junto a una almohada larga apoyada contra un lado de su torso. Una segunda almohada larga parecía haber sido puesta del otro lado del bebé, pero ahora la almohada se encontraba en el piso. El bebé estaba acostado boca abajo sobre la cama, a una corta distancia de la primera almohada. No había signos de negligencia o abuso en el niño, ni siquiera un solo moretón o marca sospechosa.

En nuestra entrevista de seguimiento con el padre del bebé, Alan descubrió que el niño era su más grande tesoro. A pesar de sus muchos errores y su apariencia insensible y endurecida, el bebé era la alegría de este hombre. Cada noche, dormía cuidadosamente con el niño y estaba tan preocupado por el *Síndrome Infantil de Muerte Súbita* que colocaba al niño boca arriba, entre dos almohadas anchas junto a él en la cama y así podía monitorear su respiración. En esta noche en particular, una de las almohadas se cayó de la cama y el bebé consiguió girar sobre su estómago. Teniendo todo lo que vimos en la escena y la condición del bebé, declaramos su asfixia como una muerte accidental. Alan estuvo de acuerdo en que esto no había sido un homicidio.

PENSANDO COMO DETECTIVE

Como investigadores, simplemente empleamos una metodología conocida como *razonamiento abductivo* (o "inferir a la explicación más razonable") para determinar lo que teníamos en la escena. Recolectamos todos los datos de la evidencia e hicimos una lista mental de los hechos brutos. Posteriormente, desarrollamos una lista de las posibles explicaciones que pudieran relatar la escena en general. Finalmente, comparamos la evidencia con las posibles explicaciones y determinamos qué explicación era, de hecho, la inferencia más razonable considerando la evidencia.

Resulta que los detectives no son las únicas personas que usan el razonamiento abductivo para determinar lo que realmente sucedió. Los historiadores, científicos y el resto de nosotros (independientemente de la vocación o la profesión) tenemos experiencia como detectives. De hecho, la mayoría de nosotros nos hemos convertido en investigadores consumados, producto de la necesidad y la práctica, y hemos estado empleando el razonamiento abductivo sin pensarlo mucho. Una vez tuve un compañero que me dio un consejo paternal. Dave era algunos años mayor que yo y había estado trabajando como patrullero por muchos años. Era un oficial experimentado, con sabiduría popular, cínico e infinitamente práctico. Él tenía dos hijos que ya estaban casados mientras mis hijos aún estaban en bachillerato. Él estaba lleno de consejos sabios (además de muchas otras cosas).

Inferencias razonables

Los tribunales de todo el país instruyen a los miembros del jurado a sacar "inferencias razonables". Estas son descritas como "conclusiones que personas razonables consideran lógicas a la luz de su experiencia en la vida" (Lannon v. Hogan, 719 F.2d 518, 1st Cir. Mass. 1983).

—Jim, permíteme decirte algo sobre los niños. Yo amo a mis dos hijos. Recuerdo cuando estaban en bachillerato y solían salir con sus amigos los fines de semana. Yo me quedaba despierto hasta tarde esperando que llegaran a casa. Tan pronto como entraban por la puerta, me levantaba del sofá y les daba un fuerte abrazo.

Esto me pareció un poco extraño, dado lo que sabía de Dave; él rara vez exponía un lado sensible.

—Vaya, Dave, tengo que decirte que no suelo pensar en ti como alguien sensible —respondí.

—¡No lo soy, imbécil! —dijo Dave retomando la compostura—. Los abrazo tan fuerte como pueda para estar lo suficientemente cerca para olerlos. No soy idiota. Puedo saber si ellos estuvieron consumiendo drogas o bebiendo en cuestión de segundos.

Dave era un experto en evidencias y aplicaba sus habilidades de razonamiento a su experiencia como padre. El olor del alcohol o la marihuana serviría como evidencia que más tarde tomaría en consideración para evaluar las posibles actividades de sus hijos. Dave pensaba de forma *abductiva*. Apuesto que usted también ha hecho algo similar en su rol de padre, cónyuge, hijo o hija.

DISTINGUIENDO ENTRE LO *POSIBLE* Y LO *RAZONABLE*

Todos hemos aprendido la diferencia intuitiva entre lo *posible* y lo *razonable*. A fin de cuentas, casi cualquier cosa es *posible*. Puede que ni siquiera usted esté leyendo este libro ahora mismo, aunque usted crea que sí. Es *posible* que unos extraterrestres lo hayan secuestrado secretamente anoche y le hayan inducido una alucinación extraterrestre similar a un sueño. Si bien cree que esta experiencia de leer es real, es posible que despierte mañana por la mañana y se encuentre en una nave espacial extraterrestre. Pero seamos realistas, eso no es razonable, ¿verdad?

Aunque es interesante imaginar las *posibilidades*, es importante regresar eventualmente a lo que es *razonable*, especialmente cuando la verdad está en juego. Es por eso que los jueces de todo el país ordenan cuidadosamente al jurado a abstenerse de lo conocido como "especulación" cuando consideren las explicaciones de lo que ha ocurrido en el caso. Se le dice al jurado que "debe usar solo las pruebas que se presenten"[1] durante el juicio. Se les dice que resistan la tentación de considerar las opiniones del abogado sobre posibilidades infundadas e ignorar especulaciones sin fundamento donde sea que las escuchen. También le decimos al jurado que resista el impulso de desviarse de la evidencia ofrecida al hacer preguntas como "¿Qué pasaría si…?", o "¿No es posible que…?", cuando, evidentemente, estas preguntas están dirigidas hacia la especulación sin fundamento. En cambio, el jurado debe limitarse a lo que es razonable considerando la evidencia que se presenta.

Especulación

La especulación es peligrosamente no probatoria por definición: "Razonamiento basado en evidencia no concluyente; conjetura o suposición". (American Heritage Dictionary English Language, 2003).

"Una hipótesis que se ha formado suponiendo o conjeturando, generalmente con poca evidencia sólida". (Collins Thesaurus of the English Language - Complete and Unabridged 2002).

Al final, nuestros tribunales penales ponen un alto estándar en la *razonabilidad*, y eso es importante cuando pensamos en el proceso del razonamiento abductivo. Este enfoque racional para determinar la verdad nos ayudará a llegar a la conclusión más razonable a la luz de la evidencia. Puede ser aplicada más allá de los casos criminales; podemos aplicar el proceso de *abducción* en nuestras investigaciones espirituales también. Pero primero examinemos el concepto con un ejemplo de la vida real del mundo de las investigaciones de homicidios.

RAZONAMIENTO ABDUCTIVO Y MUERTOS

Usemos el ejemplo de otra escena de muerte para ilustrar completamente el proceso. Usted y yo hemos sido llamados a una "escena con un cadáver", un lugar donde el difunto fue descubierto y las circunstancias parecen bastante sospechosas. Aunque escenas como estas algunas veces son homicidios, regularmente son menos siniestras y tienen algunas otras explicaciones. Las muertes se clasifican en una de cuatro categorías: naturales, accidentales, suicidios u homicidios. Nuestro trabajo es descubrir cuál de las cuatro explicaciones es la más razonable en el siguiente escenario.

Hemos sido llamados a la escena de un "Reporte de cadáver" (DBR, por sus siglas en inglés) para asistir a los oficiales que ya se encuentran en el lugar y han delimitado el área. Estos son los datos que recibimos cuando entramos en la habitación: Un hombre joven fue descubierto en el piso de su apartamento cuando su compañero de cuarto regresó del trabajo. El joven yacía boca abajo. Estaba frio al tacto, no respondía y estaba rígido. De acuerdo, teniendo estos hechos mínimos, parece claro que tenemos a un hombre muerto, pero ¿cuál de las cuatro posibles explicaciones es más razonable dados los hechos? ¿Es una muerte natural, accidental, un suicidio o un homicidio?

Hombre muerto
Yace boca abajo

muerte natural
muerte accidental
suicidio
homicidio

Dados los hechos mínimos hasta ahora, las cuatro posibles explicaciones todavía están en juego, ¿verdad? A menos que tengamos algo más que agregar a la evidencia, será difícil decidir si este caso debe *investigarse* como un homicidio o simplemente *documentarse* como algo no criminal. Cambiemos el escenario ligeramente y agreguemos una nueva pieza de evidencia para ver si aclaramos las cosas. Imaginemos que entramos en la habitación y observamos que el hombre yace sobre un charco de su propia sangre, y que esta sangre parece venir del área de su abdomen (bajo su cuerpo). Estos son los nuevos hechos mínimos: (1) un hombre está muerto, (2) yace boca abajo en el suelo, (3) en un charco de sangre proveniente de su abdomen bajo. Dado este nuevo conjunto de hechos, ¿hay alguna dirección que deba tomar nuestra investigación? ¿Alguna de nuestras cuatro explicaciones es ahora más o menos razonable?

Dada la nueva evidencia, no nos debe incomodar eliminar la explicación de *muerte natural* de nuestra consideración. Después de todo, ¿qué tipo de evento natural en el cuerpo humano podría causar un sangrado en el abdomen bajo? Sin un orificio por el cual sangrar de forma natural, esto parece una conclusión infundada; una muerte natural podría ser *posible*, pero no es *razonable*. ¿Qué pasa con las otras tres explicaciones? ¿Podría ser todavía una muerte accidental? Claro, el hombre podría haber tropezado y caído sobre algo (no sabríamos esto hasta que giremos el cuerpo) ¿Podría ser suicidio u homicidio? Parece que estas otras tres explicaciones aún son razonables teniendo en cuenta la limitada evidencia que tenemos sobre este caso. Hasta que conozcamos un poco más, sería difícil decidir cuál de estas tres últimas opciones es la más razonable.

Agreguemos una nueva dimensión al caso. Imaginemos que entramos en la habitación y vemos al hombre que yace en el piso sobre un charco de su propia sangre, pero ahora observamos un gran cuchillo clavado en su espalda baja. Esto nos presenta un nuevo conjunto de hechos: (1) El hombre está muerto, (2) yace boca abajo en el piso, (3) en un charco de sangre, y (4) hay un cuchillo clavado en su espalda baja.

La presencia de un cuchillo en la espalda de la víctima parece eliminar cualquier inferencia razonable de que haya muerto *accidentalmente*. Es difícil imaginar un accidente en el que se explique este hecho; una muerte accidental podría ser *posible* pero no es *razonable*. De manera más obvia, la presencia del cuchillo ciertamente afirma la naturaleza irracional de una muerte natural, ¿no es así? Las explicaciones restantes más razonables son el suicidio o el homicidio, y el suicidio parece cada vez menos probable, dado que la herida de la víctima está localizada en su espalda. La herida está en la parte *baja* de su espalda (a su alcance), dejemos esta opción sobre la mesa por ahora. Imagine, ahora, que existe un hecho nuevo en nuestro escenario. Imagine que descubrimos tres heridas adicionales en la espalda alta de la víctima, además de la que observamos previamente. Nuestra lista de hechos ahora incluye: (1) un hombre muerto, (2) yace boca abajo en el piso, (3) en un charco de sangre, (4) con múltiples heridas de cuchillo en su espalda. Nuestras explicaciones razonables están disminuyendo, ¿no es así? En esta situación, la muerte natural, la muerte accidental y el suicidio son descartadas. Si bien, alguien podría argumentar que aún son *posibles*, pocos las reconocerían como *razonables*. La conclusión más razonable es simplemente *asesinato*. Como detectives responsables, usted y yo no tendríamos elección e iniciaríamos una investigación por homicidio.

Hombre muerto
Yace boca abajo
Charco de sangre
Cuchillo en su espalda
Multiples puñaladas

muerte natural
muerte accidental
suicidio
homicidio

HACIENDO DISTINCIONES MÁS DIFÍCILES

Acabamos de usar el razonamiento abductivo para determinar qué explicación es más razonable para establecer lo que sucedió en la escena. Fue simple, ¿verdad? ¿Y si el escenario fuera más ambiguo que nuestra escena del cadáver? ¿Qué pasaría si dos explicaciones contradictorias parecieran similarmente razonables? ¿Existen reglas o principios que nos ayuden a distinguir entre la explicación más razonable y una contendiente cercana? Bueno, a lo largo de los años, he pensado mucho en esto mientras investigaba a posibles sospechosos de homicidio en casos no resueltos. Al considerar dos o más explicaciones muy cercanas para un evento en particular (o sospechosos de un asesinato), entonces evalúo los siguientes factores (tenga en mente que estos términos son míos y pueden no reflejar el lenguaje de otros filósofos o pensadores):

LA VERDAD DEBE SER **FACTIBLE**
(La explicación tiene una viabilidad explicativa)

Antes de siquiera comenzar a pensar en la evidencia que apunte a un sospechoso de homicidio en particular, necesito estar seguro de que él o ella estuvo disponible para cometer el crimen en primer lugar. Investigo las *defensas* de los posibles sospechosos, eliminando a aquellos que no pueden estar involucrados según coartadas confirmadas.

LA VERDAD SUELE SER **SENCILLA**
(La explicación demuestra simplicidad explicativa)

Al considerar varios sospechosos, busco al hombre o mujer que concuerde con la evidencia de manera más sencilla. Si las acciones de *una* persona pueden explicar la evidencia (en lugar de una teoría que requiera tres o cuatro posibles sospechosos para explicar la misma evidencia), lo más probable es que él o ella sea el asesino.

LA VERDAD DEBE SER **EXHAUSTIVA**
(La explicación muestra profundidad explicativa)

También considero al sospechoso que explica minuciosamente las evidencias del caso. Mientras un sospechoso en particular podría explicar una, dos o tres piezas de la evidencia, el sospechoso que explique la mayoría (o la totalidad) de la evidencia suele ser el asesino.

LA VERDAD DEBE SER **LÓGICA**
(La explicación posee consistencia explicativa)

La verdad es racional; por ello, la verdad sobre la identidad del asesino también debe *tener sentido*. Los sospechosos cometen asesinatos por motivos de uno u otro tipo, aun si esos motivos nos parezcan insuficientes a usted y a mí. El verdadero asesino será *lógico* para el jurado una vez que ellos entiendan su motivación errónea. En cambio, algunos candidatos parecerán lógicamente inconsistentes porque ellos carecen completamente de un motivo.

5   *LA VERDAD SERÁ **SUPERIOR***
(La explicación alcanza superioridad explicativa)

Finalmente, reconozco que uno de mis sospechosos es único en la forma superior en la que él o ella concuerde con la evidencia. En esencia, tal sospechoso es por mucho la mejor opción a comparación de los otros candidatos. La calidad de su conexión con la evidencia es mejor. Cuando veo esta característica de *superioridad explicativa*, sé que tengo al asesino.

Cuando un sospechoso cumple con estos cinco criterios, confío en haber llegado a la conclusión más razonable; sé que he identificado al asesino.

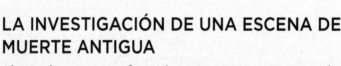

LA INVESTIGACIÓN DE UNA ESCENA DE MUERTE ANTIGUA

Ahora aplicaremos esta forma de razonamiento a una escena de muerte que ha sido el tema de discusión por más de dos mil años. ¿Qué le pasó a Jesús de Nazaret? ¿Cómo podemos explicar Su tumba vacía? ¿Sus discípulos robaron Su cuerpo? ¿Fue solamente lesionado en la cruz y se recuperó más tarde? ¿Verdaderamente Él murió y resucitó de entre los muertos? Podemos abordar estas preguntas como detectives, utilizando el razonamiento abductivo.

La pregunta sobre el destino de Jesús podría compararse con nuestra investigación del cadáver. Examinamos nuestra escena de muerte identificando primero sus *características* (los hechos y la evidencia en la escena). Posteriormente, reconocemos las posibles explicaciones de aquello que observamos. Apliquemos este mismo enfoque a la presunta muerte y resurrección de Jesús.

El Dr. Gary Habermas[2] y el Profesor Mike Licona[3] se han tomado el tiempo para identificar los "hechos mínimos" (o evidencias) referentes a la resurrección. Aunque hay muchas afirmaciones en el Nuevo Testamento relacionadas con este importante evento, no todas son aceptadas por

El enfoque de los *hechos mínimos*

El Dr. Gary Habermas (Presidente del Departamento de Filosofía y Teología de Liberty University) ha popularizado el término "enfoque de los hechos mínimos" para examinar la resurrección al identificar los aspectos de la historia de la resurrección aceptados por la mayoría de los eruditos y expertos (desde cristianos hasta no creyentes). Esta lista de "hechos mínimos" aceptados puede usarse como base para nuestro proceso de razonamiento abductivo.

los escépticos e investigadores precavidos. Habermas y Licona realizaron un sondeo entre los historiadores más respetados y consolidados e identificaron varios hechos *aceptados* por la mayoría de los investigadores en la materia.

Ellos limitaron su lista a aquellos hechos que estuvieran fuertemente fundamentados (usando el criterio de los críticos textuales) y a aquellos hechos que fueron aceptados por, prácticamente, todos los académicos (desde escépticos hasta cristianos conservadores). Habermas y Licona, eventualmente, escribieron sobre sus hallazgos en *The Case for the Resurrection of Jesus.*[4]

Yo mismo, como escéptico, realicé una lista de afirmaciones del Nuevo Testamento cuando investigué por primera vez la resurrección. Mi lista era mucho más corta que la lista presentada por Habermas y Licona. Como un no-cristiano, solo acepté cuatro verdades relacionadas con la muerte de Jesús: (1) Jesús murió en la cruz y fue sepultado; (2) la tumba de Jesús estaba vacía y nadie nunca encontró Su cuerpo; (3) los discípulos de Jesús creyeron que vieron que Jesús resucitó de entre los muertos; y (4) los discípulos de Jesús fueron transformados siguiendo sus supuestas observaciones de la resurrección.

Notará que ninguna de estas "mínimas evidencias" muestran que Jesús verdaderamente resucitó de entre los muertos, y ciertamente yo no creía que la resurrección fuera cierta. Desde mi punto de vista como ateo, cualquier número de explicaciones podían dar cuenta de estos hechos. Mientras examinaba esas *escuetas* afirmaciones relacionadas a la resurrección, reuní las posibles explicaciones para cada afirmación (empleando el proceso de razonamiento abductivo). Rápidamente reconocí que cada una de esas explicaciones tenía sus propias deficiencias y desventajas (incluyendo el clásico relato cristiano). Examinemos las posibles explicaciones y enumeremos sus dificultades asociadas.

1. LOS DISCÍPULOS SE EQUIVOCARON SOBRE LA MUERTE DE JESÚS

Algunos escépticos creen que los discípulos estaban equivocados sobre la muerte de Jesús en la cruz. Ellos proponen que Jesús sobrevivió a la paliza (y a la crucifixión) y que simplemente se apareció a los discípulos después de recuperarse.

LOS PROBLEMAS:

Si bien esta propuesta busca explicar la tumba vacía, las observaciones de la resurrección y la transformación en la vida de los apóstoles, no logra explicar satisfactoriamente lo que los discípulos observaron y experimentaron cuando bajaron a Jesús de la cruz. Según mi experiencia, los testigos que se encuentran por primera vez ante el cuerpo sin vida de alguien que quieren, rápidamente buscan el más obvio signo vital. ¿Mi amigo o ser querido, *aún respira*? Esta prueba es sencilla y efectiva; todos pueden aplicarla, y aun aquellos que no sepan nada sobre biología humana han confiado en ella instintivamente (e históricamente). Los discípulos de Jesús habrían comprobado razonablemente si Él estaba respirando.

En mi experiencia como detective de homicidios, también he observado tres condiciones comunes en los cuerpos de personas muertas (conocidas como la "Triada Mortis"). Cuando el corazón deja de bombear sangre tibia a través del cuerpo, la temperatura del cuerpo baja hasta que eventualmente se alcanza la temperatura del entorno. Las personas muertas comienzan a sentirse "frías al tacto". Esta condición (conocida como "algor mortis") la suelen reportar quienes descubren el cadáver. Además, reacciones químicas comienzan a tener lugar en los músculos después de que ocurre la muerte, resultando en endurecimiento y rigidez (conocida como "rigor mortis"). Los muertos se vuelven rígidos, manteniendo la posición en la que estaban cuando murieron. Finalmente, cuando el corazón deja de bombear sangre, la gravedad comienza a hacer efecto. La sangre empieza a asentarse en los cuerpos, respondiendo a la fuerza de gravedad. Como resultado, una decoloración morada se hace aparente desde las zonas del cuerpo más cercanas al suelo (un fenómeno conocido como "livor mortis" o "lividez post mortem").

En esencia, los cadáveres se ven, se sienten y responden diferente a los seres humanos que viven y respiran. Los muertos, a diferencia de aquellos que entran y salen de la conciencia, nunca responden ante sus heridas. No se estremecen ni se quejan cuando son tocados. ¿Es razonable creer que quienes quitaron a Jesús de la cruz, tomaron posesión de Su cuerpo, lo llevaron a la tumba y pasaron tiempo preparando y envolviendo Su cuerpo para sepultarlo no habrían notado ninguna de estas condiciones comunes a los cadáveres?

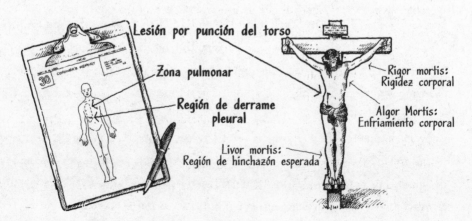

Lesión por punción del torso

Zona pulmonar

Región de derrame pleural

Livor mortis: Región de hinchazón esperada

Rigor mortis: Rigidez corporal

Algor Mortis: Enfriamiento corporal

Aunado a esto, los Evangelios narran que un guardia apuñaló a Jesús y observó que salían sangre y agua de Su cuerpo (ver Jn. 19:34). Esa es una observación importante dado que Juan no era forense ni médico. He estado presente en autopsias forenses y he hablado largo y tendido con investigadores médicos forenses en las escenas del crimen. Cuando las personas se lesionan hasta el punto de morir (como resultado de un asalto o un accidente de tráfico) usualmente entran en un tipo de "shock circulatorio" previo a morir (debido a que sus órganos y tejidos corporales no reciben el flujo sanguíneo adecuado). Esto a veces puede resultar en un "derrame pericárdico" (aumento de líquido en la membrana que rodea al corazón) o "derrame pleural" (aumento de líquido en la membrana que rodea los pulmones). Cuando Jesús fue clavado en la cruz en posición vertical, luego de los terribles azotes que recibió, es razonable esperar que este tipo de derrame pudiera haber tenido lugar en respuesta al shock circulatorio que sufrió antes de morir. Estos fluidos ciertamente saldrían de su cuerpo si fuera traspasado con una lanza.

Si bien Juan podría esperar ver sangre, él no sabía nada sobre derrames y, en ese momento de la historia de la medicina, sus lectores eran igual de ignorantes. Quizá por ello muchos de los primeros padres de la Iglesia interpretaron el pasaje de Juan de manera *alegórica* o *metafórica*.[5] Dado su limitado entendimiento, ellos básicamente no podían comprender cómo literalmente había agua saliendo del costado de Jesús. Pero si Jesús ya estaba muerto cuando el soldado traspasó con su lanza el costado, la aparición de agua tiene sentido. Esta observación de Juan (hecha mucho antes de que el derrame fuera comprendido médicamente) es una fuerte evidencia de que Jesús estaba muerto antes de que fuera bajado de la cruz. Es improbable (e igual de irrazonable) que Juan agregara este confuso detalle forense para convencer a sus lectores. Adicionalmente a estas preocupaciones desde la perspectiva de un detective de homicidios, hay otros problemas con la propuesta de que Jesús no murió en la cruz:

1. Muchas fuentes romanas *hostiles* del primer siglo y principios del siglo segundo, (es decir, Thallus, Tácito, Mara-Bar Serapión y Flegón) junto con fuentes judías (es decir, Flavio Josefo y el Talmud babilónico) afirmaron y reconocieron que Jesús fue crucificado y murió.

2. Los guardias romanos enfrentaban la muerte si permitían que un prisionero sobreviviera a la crucifixión. ¿Serían realmente tan descuidados como para bajar de la cruz a una persona viva?

3. Jesús necesitaría controlar su pérdida de sangre causada por los azotes, la crucifixión y la herida de la lanza para sobrevivir; sin embargo, fue clavado en la cruz e incapaz de hacer algo para lograr ese cometido.

4. Jesús mostró heridas después de la resurrección, pero nunca se observó que se comportara como si estuviera herido, aunque Él apareció solo unos días después de su tortura, crucifixión y herida de lanza.

5. Jesús desapareció del registro histórico luego de Su resurrección y ascensión, y nunca más se le volvió a ver (como cabría esperar si Él se hubiera recuperado de Sus heridas y hubiera vivido mucho más de treinta y tres años).

LOS DISCÍPULOS MINTIERON SOBRE LA RESURRECCIÓN

Algunos no cristianos afirman que los discípulos robaron el cuerpo de la tumba y luego inventaron las historias de las apariciones y resurrección de Jesús.

LOS PROBLEMAS:

Mientras esta explicación da cuenta de la tumba vacía y las observaciones de la resurrección, no da fe de las vidas transformadas de los apóstoles. Cuando trabajaba con robos, tuve la oportunidad de investigar (y desmantelar) varios esfuerzos conspirativos, y aprendí sobre la naturaleza de las conspiraciones exitosas. Examinaremos el desafío de las teorías conspirativas en los capítulos 7 y 15, pero hasta entonces, permítame decir simplemente que me cuesta adoptar cualquier teoría que requiera el esfuerzo conspirativo de (1) un gran número de personas que (2) no tienen parentesco significativo ni (3) medios suficientes para comunicarse y que (4) deben sostener la mentira durante un periodo de tiempo injustificadamente largo, mientras que (5) soportan una presión inimaginable. La noción de que la resurrección es simplemente una mentira conspirativa por parte de los apóstoles nos obliga a creer que estos hombres fueron transformados y llenos de valentía no por la aparición milagrosa de Jesús resucitado, sino por una elaborada conspiración creada sin ningún beneficio para aquellos que estaban perpetuando el engaño.

Demasiados conspiradores sin parentesco, durante un período de tiempo irrazonable, sin suficiente comunicación y bajo una presión severa

Además de esta inquietud desde la perspectiva de un detective, hay otros factores a considerar cuando se evalúa la afirmación de que los discípulos mintieron acerca de la resurrección:

1. Las autoridades judías tomaron muchas precauciones para asegurarse de que la tumba estuviera vigilada y sellada, sabiendo que la extracción del cuerpo permitiría a los discípulos afirmar que Jesús había resucitado (vea Mt. 27:62-66).

2. Las personas que vivían allí habrían sabido que era una mentira (recuerde que Pablo dijo a los corintios en 1 Co. 15:3-8 que había alrededor de quinientas personas que podían testificar haber visto a Jesús vivo después de su resurrección).

3. Los discípulos carecían de motivos para crear tal mentira (veremos más en el capítulo 14).

4. La transformación de los discípulos después de la presunta resurrección es inconsistente con la afirmación de que las apariciones fueron solo una mentira. ¿Cómo podrían sus propias mentiras transformarlos en valientes evangelistas?

LOS DISCÍPULOS DELIRABAN

Algunos escépticos creen que los discípulos, debido a su intenso dolor y tristeza, solo *imaginaron* ver a Jesús vivo después de Su muerte en la cruz. Estos críticos afirman que las apariciones fueron solamente alucinaciones resultantes de un pensamiento deseoso.

LOS PROBLEMAS:

Esto solo parece tomar en cuenta las experiencias en torno a la resurrección a primera vista y no considera la tumba vacía o la diversidad de las observaciones de la resurrección. En tales ocasiones y casos cuando sospecho que alguien pudo haber imaginado (o sencillamente malinterpretado) una observación, confío en un enfoque *acumulativo* para establecer la verdad. ¿Existen relatos adicionales que pueda comparar para corroborar la declaración? ¿Cuál es la inferencia más razonable basada en todas las fuentes disponibles?

Los relatos de la resurrección, por ejemplo, son diversos y sólidos. Jesús se apareció a grupos de diversos tamaños, en una variedad de lugares y horas, mezclando a amigos y extraños, para diferentes propósitos y durante distintos periodos de tiempo, como lo registraron múltiples autores.[6] Es poco probable que estas diversas observaciones sean todas simplemente alucinaciones.

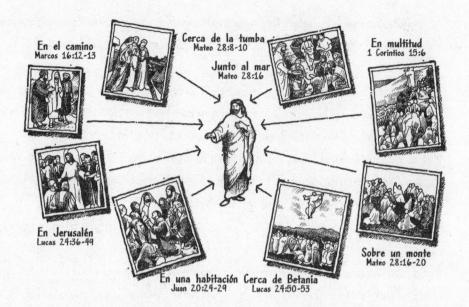

En el camino
Marcos 16:12-13

Cerca de la tumba
Mateo 28:8-10

Junto al mar
Mateo 28:16

En multitud
1 Corintios 15:6

En Jerusalén
Lucas 24:36-49

En una habitación
Juan 20:24-29

Cerca de Betania
Lucas 24:50-53

Sobre un monte
Mateo 28:16-20

Frecuentemente me encuentro con testigos que están relacionados de alguna manera con la víctima en mi caso. Estos testigos a menudo se ven profundamente afectados por su dolor luego del asesinato. Como resultado, algunos permiten que su tristeza afecte lo que ellos recuerdan de la víctima. Pueden, por ejemplo, suprimir todas las características negativas de la personalidad de la víctima y amplificar todas sus virtudes. Seamos realistas, todos tendemos a pensar lo mejor de las personas una vez que han muerto. Pero estos recuerdos generalmente se limitan a la naturaleza del carácter de la víctima y no a eventos complejos o detallados que involucraron a la víctima en el pasado. Los más cercanos a la víctima pueden equivocarse acerca de su naturaleza, pero nunca he encontrado a seres queridos que, colectivamente, hayan imaginado un conjunto idéntico de *eventos* ficticios que incluyan a la víctima. Una cosa es recordar a alguien con admiración, y otra imaginar una elaborada y detallada historia que nunca ocurrió.

Adicionales a estas observaciones desde la perspectiva de un detective, hay otras inquietudes razonables cuando consideramos la explicación de que los discípulos alucinaron o imaginaron la resurrección:

1. Aunque hay *individuos* que alucinan, no hay ejemplos de grandes *grupos* de personas que compartan exactamente la misma alucinación.

2. Mientras que una alucinación grupal corta y momentánea puede parecer razonable, las alucinaciones prolongadas, sostenidas y detalladas carecen de respaldo histórico y son intuitivamente irrazonables.

3. Se dice que el Cristo resucitado fue visto en más de una ocasión por varios grupos diferentes (y subconjuntos de grupos). No es razonable que estas diversas apariciones sean alucinaciones grupales adicionales, de una u otra naturaleza.

4. No todos los discípulos se inclinaron favorablemente hacia tal alucinación. Entre los discípulos había personas como Tomás, quien fue escéptico y no esperaba que Jesús volviera a la vida.

5. Si la resurrección fue una simple alucinación, ¿qué sucedió con el cadáver de Jesús? La ausencia del cuerpo es inexplicable bajo este escenario.

LOS DISCÍPULOS FUERON ENGAÑADOS POR UN IMPOSTOR

Algunos no creyentes han argumentado que un impostor engañó a los discípulos y los convenció de que Jesús aún estaba vivo; entonces los discípulos, sin saberlo, difundieron la mentira.

LOS PROBLEMAS:

Aunque esta explicación se refiere a las observaciones de la resurrección y a los apóstoles transformados, requiere un conjunto adicional de conspiradores (otros además de los apóstoles quienes fueron engañados después) para llevar a cabo la tarea de robar el cuerpo. Muchos de mis compañeros pasaron varios años investigando delitos de fraude y falsificación antes de unirse a nosotros en el equipo de homicidios. He aprendido mucho de esos investigadores, incluyendo lo que se necesita para lograr una estafa exitosa. Los estafadores exitosos deben (1) ganarse la confianza de aquellos a quienes intentan engañar, y (2) saber más sobre el tema de la estafa que la persona que está siendo estafada. Cuanto menos entienda la víctima sobre el tema específico y el área en la cual está siendo estafada, es más probable que el estafador tenga éxito. A menudo, las víctimas son engañadas y estafadas económicamente porque tienen poca o ninguna experiencia en el ámbito en el que opera el estafador. El perpetrador puede usar un lenguaje sofisticado y hacer afirmaciones ajenas a los conocimientos de la víctima. El estafador *parece* legítimo, sobre todo porque la víctima no sabe realmente lo que *es* legítimo. Cuando la víctima sabe más sobre el tema que la persona que está intentando la estafa, lo más probable es que el perpetrador fracase en su intento de engañarla.

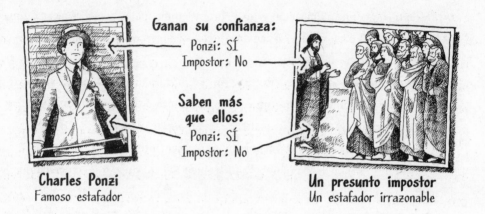

Ganan su confianza:
Ponzi: SÍ
Impostor: No

Saben más que ellos:
Ponzi: SÍ
Impostor: No

Charles Ponzi
Famoso estafador

Un presunto impostor
Un estafador irrazonable

Por esta razón, la propuesta de que un sofisticado estafador del primer siglo engañara a los discípulos parece irracional. Hay muchas incongruencias con tal teoría:

1. El impostor necesitaría estar suficientemente familiarizado con las formas y declaraciones de Jesús para convencer a los discípulos. Ellos sabían más acerca del tema de la estafa que cualquiera que quisiera engañarlos.

2. Muchos de los discípulos fueron escépticos y no mostraron ninguna de las ingenuidades necesarias que se requerirían para que el estafador tuviera éxito. Tomás, por ejemplo, fue claramente escéptico desde el principio.

3. El impostor necesitaría poseer poderes milagrosos; los discípulos reportaron que el Jesús resucitado hizo muchos milagros y "pruebas convincentes" (Hch. 1:2-3).

4. ¿Quién buscaría iniciar un movimiento religioso mundial sino uno de los esperanzados discípulos? Esta teoría requiere que alguien distinto a los discípulos se hiciera pasar por Jesús.

5. Esta explicación tampoco logra dar cuenta de la tumba vacía o la desaparición del cuerpo de Jesús.

 ## LOS DISCÍPULOS FUERON INFLUENCIADOS POR AVISTAMIENTOS ESPIRITUALES LIMITADOS

Más recientemente, algunos escépticos presentaron la teoría de que uno o dos de los discípulos tuvieron una *visión* del Cristo resucitado y luego convencieron a los otros de que estos avistamientos espirituales eran legítimos. Ellos argumentan que los avistamientos adicionales simplemente se produjeron como respuesta a la intensa influencia de las primeras *visiones*.

LOS PROBLEMAS:

Esta propuesta podría comenzar a explicar la transformación de los apóstoles, pero no explica la tumba vacía y presenta una explicación inconsistente con el registro bíblico. No es raro que un testigo persuasivo influya en las creencias de otros testigos oculares (discutiremos esto a profundidad en el capítulo 4). He investigado varios asesinatos en los que un testigo enfático ha persuadido a otros de que algo ocurrió, aunque los otros testigos no hayan estado presentes para ver el evento por sí mismos. Pero estos testigos persuadidos se distinguieron fácilmente de quien los persuadía una vez que comencé a pedir su versión de lo ocurrido. Solamente el persuasor poseía los detalles en su forma más sólida. Por esta razón, su relato solía ser el más completo, mientras que los demás tendían a generalizar, ya que no vieron el evento por sí mismos. Además, cuando se les presionaba para que repitieran la historia del testigo persuasor, los otros testigos eventualmente señalaban a ese testigo como su fuente de información, especialmente cuando eran presionados. Aunque es posible para un testigo persuasor convencer a algunos de los otros testigos de que su versión de los hechos es la verdadera historia, nunca he encontrado un persuasor que pueda convencer a *todos*. Entre más testigos estén involucrados en un crimen, es menos probable que todos ellos se vean influenciados por un único testigo, independientemente de su carisma o de su posición dentro del grupo.

Esta teoría también sufre de todas las desventajas de la afirmación anterior de que los discípulos imaginaron al Cristo resucitado. Incluso si el *persuasor* pudiera convencer a todos de su primera observación, las *visiones* grupales subsecuentes siguen siendo irracionales por todas las razones que ya hemos discutido. Hay muchas incongruencias relacionadas a la afirmación de que un selecto número de *persuasores* convencieron a los discípulos de la resurrección:

1. La teoría no da cuenta de los numerosos, diversos y separados avistamientos grupales de Jesús que están registrados en los Evangelios. Estos avistamientos se describen específicamente con minuciosos detalles. No es razonable creer que todos los discípulos pudieron proporcionar detalles tan específicos si simplemente estuvieron repitiendo algo que no vieron por sí mismos.

2. Hasta quinientas personas pudieron testificar sus observaciones del Cristo resucitado (de acuerdo con el apóstol Pablo en 1 Corintios 15:3-8). ¿Pudieron todas estas personas haber sido influenciadas para imaginar sus propias observaciones de Jesús? No es razonable creer que alguien pudo persuadir a todos esos discípulos para proclamar algo que realmente no vieron.

3. Esta explicación tampoco da cuenta de la tumba vacía o de la ausencia del cadáver.

 ## LAS OBSERVACIONES DE LOS DISCÍPULOS FUERON DISTORSIONADAS DESPUÉS

Algunos no creyentes afirman que las observaciones originales de los discípulos fueron ampliadas y distorsionadas a medida que el mito de Jesús creció con el tiempo. Estos escépticos creen que Jesús pudo haber sido un maestro sabio, pero argumentan que la resurrección es una exageración mítica e históricamente tardía.

LOS PROBLEMAS:

Esta explicación podría dar cuenta de la tumba vacía (si asumimos que el cuerpo fue removido), pero no explica las primeras declaraciones de los apóstoles relacionadas con la resurrección (más de esto en los capítulos 11 y 13). Los detectives de casos sin resolver investigan la posibilidad de distorsiones "míticas" más que otro tipo de detectives. Debido al paso del tiempo, es posible que los testigos puedan amplificar sus observaciones originales de una forma u otra. Afortunadamente, tengo el registro de los primeros investigadores para apoyarme mientras intento separar lo que los testigos realmente vieron (y reportaron al momento del crimen) de lo que ellos pudieran recordar hoy. Si el registro original de los primeros investigadores es minucioso y está bien documentado, me resultará mucho más fácil discernir la verdad sobre lo que vio cada testigo. En mi experiencia, los primeros recuerdos de los testigos oculares usualmente son más detallados y fidedignos que lo que podrían presentar treinta años después. Al igual que otros detectives de casos sin resolver, me baso en los informes originales para comparar lo que los testigos alguna vez dijeron con lo que dicen hoy.

La fiabilidad de las declaraciones de los testigos en relación con la resurrección, al igual que la fiabilidad de los testigos de casos sin resolver, debe ser confirmada por la documentación temprana de los *primeros investigadores*. Por esta razón, la afirmación de que la historia original de Jesús fue una exageración tardía se ve socavada por muchas incongruencias:

1. En los primeros relatos de las actividades de los discípulos luego de la crucifixión, se les ve citando la resurrección de Jesús como su principal evidencia de que Jesús era Dios. Desde los primeros días del movimiento cristiano, los testigos estuvieron haciendo esta declaración.

2. Los estudiantes de los discípulos también registraron que la resurrección fue un componente clave del testimonio ocular de los discípulos (más de esto en el capítulo 13).

3. El primer *credo* cristiano conocido o registro oral (descrito por Pablo en 1 Corintios 15) incluye la resurrección como un componente clave.

4. Esta explicación tampoco da fe sobre el hecho de que el cuerpo de Jesús no fue presentado para demostrar que este mito antiguo fuera falso.

 ## LOS DISCÍPULOS REPORTARON CON PRECISIÓN LA RESURRECCIÓN DE JESÚS

Los cristianos, por supuesto, afirman que Jesús realmente resucitó de entre los muertos y los Evangelios son declaraciones precisas de los testigos oculares de este evento.

LOS PROBLEMAS:

Esta afirmación explica la tumba vacía, las observaciones de la resurrección y la transformación de los apóstoles. Sin embargo, sería ingenuo aceptar esta explicación sin tener en cuenta un argumento de parte de escépticos y no creyentes. La afirmación de que Jesús verdaderamente resucitó de entre los muertos presenta la siguiente inquietud y objeción:

1. Esta explicación requiere creer en lo sobrenatural: que, en esencia, Jesús tenía el poder sobrenatural de resucitar de entre los muertos.

EL RAZONAMIENTO ABDUCTIVO Y LA RESURRECCIÓN

Limité la evidencia a cuatro afirmaciones modestas sobre la resurrección y mantuve mis opciones explicativas abiertas a todas las posibilidades (tanto *naturales* como *sobrenaturales*). La última explicación (aunque es una explicación milagrosa y sobrenatural) sufre el menor número de desventajas y deficiencias, mientras conserva el mayor poder explicativo.

Permítame ilustrarlo de una manera distinta. Cuando se trata de las afirmaciones sobre la resurrección, hay solo dos posibilidades: Jesús (A) resucitó de entre los muertos o (B) no lo hizo. Así de simple.

Como un naturalista filosófico comprometido que rechazaba las explicaciones sobrenaturales, me incliné a elegir la *opción B*; pero todas las teorías naturalistas que normalmente se ofrecen para explicar la evidencia relacionada a Jesús eran fatalmente defectuosas. Cada una de ellas fue un obstáculo que me impidió llegar razonablemente a la conclusión de que la resurrección no era cierta.

La explicación cristiana de la resurrección implicó un camino mucho menos complicado. Solo me exigía saltar un obstáculo: mi predisposición en contra de lo sobrenatural. Si estaba dispuesto a entrar en esta investigación sin este sesgo preexistente, la explicación cristiana de la evidencia era la más simple y exhaustiva. Es lógicamente coherente (si simplemente reconocemos la existencia de Dios en primer lugar). También es superior a otras declaraciones (dado que no sufre todos los problemas que vemos con las otras explicaciones).

Si abordamos el tema de la resurrección de manera imparcial (sin las presuposiciones descritas en el capítulo anterior) y lo evaluamos tal como evaluamos la escena del cadáver, podemos estimar las posibles explicaciones y eliminar aquellas que son irracionales. La conclusión de que Jesús resucitó (como se relata en los Evangelios) puede inferirse con sensatez a partir de la evidencia disponible. La resurrección es *razonable*.

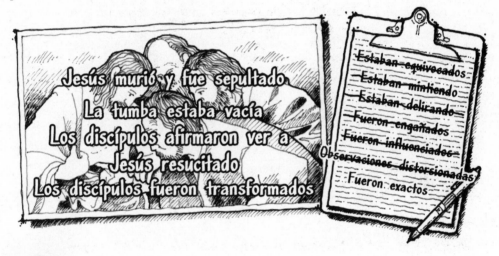

 HERRAMIENTA PARA EL MALETÍN, UN CONSEJO PARA LA LISTA

Bien, agreguemos otra herramienta a nuestro maletín de trabajo: una actitud acerca de la *razón* que nos ayudará mientras examinamos y discutimos las afirmaciones del cristianismo. Al igual que otros no creyentes en nuestro mundo hoy en día, yo solía pensar que la *fe* era lo opuesto a la *razón*. En esta caracterización de la dicotomía, creía que los ateos eran "libres pensadores" racionales mientras que los creyentes eran simples drones sin cerebro que ciegamente seguían las enseñanzas irracionales de su líder. Pero si lo piensa bien, la *fe* es en realidad lo opuesto a la *incredulidad*, no a la *razón*. Cuando comencé a leer la Biblia como un escéptico, llegué a entender que la definición bíblica de fe es una inferencia bien establecida y racional basada en la evidencia.[7] Yo no me crie en la cultura cristiana, y creo que tengo un inusual y alto respeto por la evidencia. Quizás por eso esta definición de fe me resulta fácil. Ahora entiendo que es posible para la gente racional examinar la evidencia y concluir que el cristianismo es verdadero. Si bien es posible que mis amigos escépticos no estén de acuerdo en cómo debe interpretarse la evidencia relacionada a la resurrección, yo quiero que ellos entiendan que he llegado a mis conclusiones *racionalmente*.

Mientras doy conferencias por todo el país, con frecuencia me encuentro con cristianos devotos y comprometidos que dudan en abrazar una fe *evidenciable*. En muchos círculos cristianos, la fe que requiere un apoyo evidenciable se ve como débil e inferior. Para muchos, la *fe ciega* (una fe que simplemente confía sin preguntar) es la forma más real, sincera y valiosa que podemos ofrecerle a Dios. Sin embargo, Jesús parecía tener un alto respeto hacia la evidencia. En Jn. 14:11, Él dijo a quienes lo observaban para evaluarlo: "créanme por las obras mismas" (NVI) en caso de que ellos no creyeran en lo que había dicho sobre Su identidad. Aun después de la resurrección, Jesús permaneció con sus discípulos por cuarenta días más y les dio "muchas pruebas convincentes" de que Él había resucitado y que Él era quien afirmaba ser. (Hch. 1:2-3 NVI). Jesús entendía el papel y el valor de la evidencia y la importancia de desarrollar una fe evidenciable. Es tiempo de que todos nosotros, como cristianos, desarrollemos una fe igualmente razonable.

PIENSE
"CIRCUNSTANCIALMENTE"

—Creo que hemos terminado con este caso —dije mientras cerraba la tapa de la carpeta roja. La regresé al estante largo junto a docenas de otras *carpetas rojas* en la bóveda de homicidios y miré a mi compañero—. Ahora solo tengo que decirle a la familia de Paula.

Nuestra agencia almacena sus casos sin resolver junto a nuestros asesinatos resueltos en una sola bodega adyacente a la división de detectives. Los homicidios resueltos se guardan en carpetas negras y los no resueltos en carpetas rojas. La meta es, eventualmente, llenar la bodega con nada más que carpetas negras. Después de un año con el caso de Paula, estaba frustrado de que continuara dentro de una carpeta roja. Paula Robinson fue asesinada en la primavera de 1988. Estudiaba la educación media y su asesinato fue un verdadero *misterio*. La escena del crimen nos dijo mucho sobre lo que sucedió antes de su muerte, pero poco sobre quién fue el responsable. Sabíamos que ella voluntariamente permitió al sospechoso entrar a la casa de sus padres. Sabíamos que ella había comido un sándwich con el asesino y que él fumó un cigarrillo en el patio trasero. También sabíamos que el asesino estuvo con ella en su habitación, donde intentó agredirla sexualmente y terminó matándola en un ataque de ira. Esta escena del crimen fue una de las peores en la historia de nuestro departamento. Aunque sabíamos algunas cosas sobre los eventos que condujeron al asesinato, sabíamos mucho menos sobre la apariencia e identidad del asesino. Los vecinos vieron a un joven salir de la residencia después del crimen, por lo que teníamos una idea aproximada de su altura y peso. Pero llevaba puesta una gorra que cubría su cabello y huyó tan rápido que fue difícil obtener detalles relacionados a su apariencia. Sin embargo, recuperamos algunos de sus cabellos en la escena del crimen, y estos se convirtieron en nuestra mejor pista.

El cabello nos proveyó un marcador parcial de ADN, y aunque no fue suficiente para enviarlo a la base de datos del estado fue suficiente para compararlo con cualquiera que identificáramos como posible sospechoso. Todo lo que teníamos que hacer era una lista de quienes pudieran ser responsables de ello, encontrarlos, y recolectar su ADN. Suena fácil, ¿verdad? Bueno, pasamos un año identificando, localizando y viajando por todo el país para recolectar muestras de ADN de cada posible sospechoso. Tomamos muestras de treinta y cuatro hombres. Todos aceptaron voluntariamente que les tomáramos una muestra. No tuvimos que escribir ni una sola orden de allanamiento. ¿Por qué? Porque ninguno de ellos asesinó a Paula Robinson, ninguno de ellos tenía algo que temer. Al final nos quedamos sin posibles sospechosos. Treinta años después del asesinato, simplemente agotamos nuestras pistas en el caso y nos encontramos sin ninguna opción viable. Una vez más, era tiempo de suspender el caso. Visité a la madre de Paula por última vez. Sus esperanzas se habían elevado cuando reabrimos el caso (y supo que podríamos tener un marcador parcial de ADN). Intentamos mantener bajas sus expectativas, dada la difícil naturaleza de este tipo de casos, pero ella no pudo evitar entusiasmarse con las posibilidades.

—Algunas veces tenemos un sospechoso que concuerda con la evidencia y somos capaces de armar un caso, pero esta no es una de esas situaciones —intenté explicarle—. No necesito una coincidencia "exacta" de ADN para armar un caso, pero en esta situación, el ADN que *sí* tenemos ha *eliminado* a todos los que estaban bajo consideración. Lo siento mucho—. La madre de Paula simplemente se sentó y lloró.

En todos mis años trabajando en homicidios sin resolver, todavía no he encontrado un caso que haya podido resolver con ADN.[1] La mayoría de los equipos de casos sin resolver se ganan la vida con las *coincidencias de ADN*, aprovechando las últimas tecnologías y aplicando ciencia nueva a los casos antiguos. No he sido tan suertudo. Mis experiencias con los últimos avances científicos han producido resultados como el caso de Paula: mucho trabajo sin progreso. Por otra parte, he tenido éxito evaluando casos que tienen poca o ninguna evidencia forense, pero están repletos con lo que llamamos evidencia *circunstancial*. Ojalá que el caso de Paula fuera uno de esos ejemplos.

EVIDENCIA DIRECTA Y CIRCUNSTANCIAL

La evidencia regularmente se divide en dos amplias categorías. La evidencia directa es la que puede probar algo por sí misma. En California, a los miembros del jurado se les da el ejemplo de un testigo que vio que llovía fuera del tribunal. Se le ordena a los miembros del jurado: "Si un testigo testifica que vio llover afuera antes de entrar al tribunal, ese testimonio es evidencia directa de que estaba lloviendo".[2] Este testimonio (si es fidedigno) es suficiente, por sí mismo, para probar que estaba lloviendo. Por otro lado, la evidencia circunstancial (también conocida como *evidencia indirecta*) no prueba algo por sí misma, sino que apunta hacia la dirección correcta al demostrar algo *relacionado* con la pregunta en cuestión. Esta pieza de evidencia asociada se puede considerar (junto con piezas adicionales de evidencia circunstancial) para averiguar qué sucedió. A los miembros del jurado en California se les ordena: "Por ejemplo, si un testigo testifica que vio a alguien entrar usando un impermeable cubierto con gotas de agua, ese testimonio es una evidencia circunstancial, porque puede sostener la conclusión de que estaba lloviendo afuera".[3] Cuantas más piezas de evidencia circunstancial consistente, más razonable será la conclusión. Si observáramos a varias personas salir del tribunal por un segundo y regresar mojadas con pequeñas manchas de agua en su ropa, o viéramos a más personas entrar al tribunal con paraguas y goteando agua, tendríamos evidencia adicional de que estaba lloviendo. Cuanta más evidencia circunstancial se acumule, mejor será la conclusión.

Los testigos oculares y las imágenes de una cámara demuestran DIRECTAMENTE qué sucedió

Todo lo demás demuestra INDIRECTAMENTE lo sucedido

Entonces, antes de continuar, permítame disipar dos comunes y erróneas percepciones sobre la evidencia. En primer lugar, no existe tal cosa como "pruebas contundentes". Sencillamente no es una categoría. Por tanto, cuando alguien dice "No tienes 'ninguna prueba contundente' de que esto (o aquello) es verdad", tómese un momento para explicar las dos categorías que existen en los juicios penales: *evidencia directa* e *indirecta*. En segundo lugar, la mayoría de la gente tiende a pensar que la evidencia directa es necesaria para estar seguro de lo que ocurrió. Pero ¿qué hay de los casos que no tienen evidencia directa que conecte al sospechoso con la escena del crimen? ¿Se puede demostrar la verdad más allá de toda duda razonable cuando toda la evidencia que tenemos es circunstancial? Absolutamente.

A los miembros del jurado se les ordena no hacer distinción cualitativa entre la evidencia directa y la circunstancial en un caso. Los jueces les dicen a los miembros del jurado: "Tanto la evidencia directa como la circunstancial son aceptables para probar o refutar los elementos de un cargo, incluyendo la intención y estado mental y los actos necesarios para una condena, y ninguna es necesariamente más confiable que la otra. Ninguna tiene mayor peso que la otra".[4] Los miembros del jurado toman decisiones sobre la culpabilidad de los sospechosos en casos que son completamente circunstanciales todos los días, y me alegra que lo hagan; todos mis homicidios sin resolver fueron exitosamente procesados con nada más que evidencia circunstancial. Permítame darle un ejemplo del poder y rol de la evidencia circunstancial al determinar la verdad de un asunto.

ASESINATO, EVIDENCIA CIRCUNSTANCIAL Y CERTEZA

Examinemos un asesinato hipotético para demostrar el poder de la evidencia directa e indirecta (circunstancial). Quiero que se coloque en el jurado mientras el siguiente caso se presenta ante el tribunal. Primero, expongamos los elementos del crimen. En una tarde soleada en un tranquilo vecindario residencial, la calma fue interrumpida por el sonido de gritos que salían de la casa de la esquina. El grito fue muy corto y lo escuchó una vecina que estaba regando el césped en la casa de al lado. Esta testigo miró a través del gran ventanal de la casa de la esquina y observó a un hombre agrediendo a su vecina en la estancia. El hombre golpeaba brutalmente a la víctima con un bate de béisbol. La testigo luego vio al sospechoso abrir la puerta principal de la casa y salir corriendo con el bate ensangrentado en la mano; ella observó bien su rostro mientras corría hacia un auto estacionado exactamente frente a la residencia de la víctima.

Una testigo ocular está 100% segura de poder identificar al sospechoso

Si esta testigo estuviera ahora sentada en el estrado, declarando que el acusado en nuestro caso era, de hecho, el hombre al que vio asesinar a la víctima, ella nos estaría proveyendo de una pieza de *evidencia directa*. Si llegamos a confiar en lo que dijo esta testigo, esta única pieza de evidencia directa sería suficiente para probar que el acusado cometió el asesinato. Pero ¿y si las cosas hubieran sido un poco diferentes? ¿Y si el sospechoso de nuestro caso hubiera estado usando una máscara mientras cometía el crimen? Si este fuera el caso, nuestra testigo sería incapaz de identificar al asesino directamente (facialmente) y solo podría proporcionarnos poca información. Podría decirnos la complexión y qué tipo de ropa usaba el asesino y alguna cosa más. Con solo esta información, sería difícil probar que nuestro acusado fuera el verdadero asesino.

La testigo ocular ahora es incapaz de identificar al sospechoso

Ahora imaginemos que los detectives tienen a un posible sospechoso (llamado Ron Jacobsen) y comienzan a recopilar información sobre su actividad al momento del asesinato. Cuando los detectives interrogaron a Ron, él vaciló en darles una coartada. Cuando finalmente dio una versión, los detectives la investigaron y determinaron que era mentira. Basados en el hecho de que Ron mintió, ¿cree usted que él es culpable de este crimen? Él encaja con la descripción física general dada por la testigo y mintió sobre su coartada. Ahora tenemos dos piezas de evidencia circunstancial que señalan a Ron como el asesino, pero sin algo más pocos de nosotros estaríamos dispuestos a encarcelarlo. Veamos qué más pudieron descubrir los detectives.

Durante la entrevista con Ron, se enteraron de que recientemente había terminado con la víctima después de una tormentosa relación romántica. Admitió haber discutido con ella recientemente sobre su relación y se mostraba extremadamente nervioso cada vez que los detectives se enfocaban en ella. Repetidamente, intentó minimizar su relación con ella. ¿Estás más cerca de emitir un veredicto sobre Ron? Él encaja con la descripción física general, mintió sobre su coartada y parece sospechosamente nervioso y evasivo en la entrevista. Las cosas no se ven bien para Ron, pero podría haber otras explicaciones razonables para lo que hemos visto hasta ahora. Aunque tenemos tres piezas de evidencia circunstancial que señalan la participación de Ron en este crimen, todavía no hay suficientes para estar seguros de su culpabilidad.

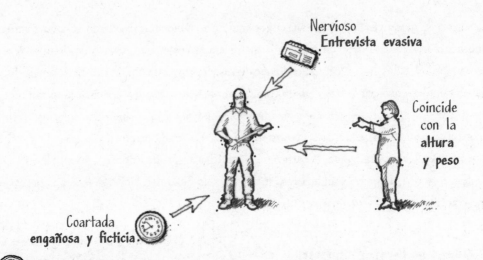

La suficiencia de la evidencia circunstancial

"Antes de que pueda confiar en la evidencia circunstancial para concluir que se ha probado un hecho necesario para culpar al acusado, usted debe estar convencido de que la gente ha probado cada hecho esencial para tal conclusión más allá de toda duda razonable. Además, antes de que pueda depender de la evidencia circunstancial para declarar culpable al acusado, debe estar convencido de que la única conclusión razonable respaldada por la evidencia circunstancial es que el acusado es culpable. Si puede llegar a dos o más conclusiones razonables con la evidencia circunstancial, y una de ellas apunta a la inocencia y la otra a la culpabilidad, debe aceptar la que apunta a la inocencia. Sin embargo, al considerar evidencias circunstanciales, debe aceptar solo conclusiones racionales y rechazar cualquiera que sea irracional" (Sección 224, Instrucciones del Jurado Penal del Consejo Judicial de California, 2006).

¿Qué pasaría si le dijera que los oficiales que respondieron descubrieron que el sospechoso en este caso había entrado a la residencia de la víctima y parecía estar esperándola cuando regresó a casa? Sin embargo, no había signos de entrada forzada a la casa, y los detectives supieron más tarde que Ron era una de las únicas dos personas que tenían una llave de la casa de la víctima, lo que le permitía acceder cuando quisiera. Ron, ciertamente, ahora parece una "persona de interés", ¿no es así? Ron concuerda con la descripción general, ha mentido a los investigadores, está nervioso y es evasivo, y tenía una manera de entrar a la casa de la víctima. El caso circunstancial se fortalece con cada revelación.

¿Qué pasaría si se entera que un amigo de Ron se acercó a los investigadores y encontró una nota suicida en la casa de Ron? Esta nota fue fechada el día del asesinato y describía el estado mental desesperado de Ron y su deseo de suicidarse la tarde siguiente al homicidio. Aparentemente,

Ron superó su deseo de morir y nunca se quitó la vida. El hecho de que Ron tuviera tendencias suicidas inmediatamente después del asesinato se suma a la acumulación de pruebas en su contra, pero ¿es esto suficiente para inclinar la balanza y convencerlo de que él es el asesino? Ciertamente fue suficiente para motivar a los detectives a seguir indagando. Dadas todas estas evidencias sospechosas, un juez accedió a firmar una orden de cateo y los detectives ejecutaron esta orden en la casa de Ron. Ahí descubrieron varias piezas importantes de evidencia circunstancial.

Primero, descubrieron un bate de béisbol escondido debajo de la cama de Ron. Este bate estaba abollado y dañado en una forma que no era consistente con su uso como un artículo de equipo deportivo, y cuando el laboratorio forense realizó las pruebas químicas, los detectives descubrieron que, aunque las pruebas resultaron negativas para residuos de sangre, mostraron residuos indicando que había sido recientemente lavado con lejía. Además, los investigadores también descubrieron unos jeans azules que se habían limpiado químicamente en dos áreas al frente de las piernas. Al igual que el bate, el pantalón dio negativo a sangre, pero mostró que algún limpiador casero había sido usado en dos áreas específicas para remover algo. Finalmente, los detectives recuperaron un par de botas de la casa de Ron. La testigo describió las botas que vio en el sospechoso y dijo a los oficiales que acudieron a la escena que esas botas tenían una singular

La naturaleza acumulativa de la evidencia circunstancial

La naturaleza de la evidencia circunstancial es tal que cualquier pieza puede ser interpretada en más de una forma. Por esta razón, los miembros del jurado deben tener cuidado de no inferir algo partiendo de una sola pieza de evidencia. Sin embargo, la evidencia circunstancial suele acumularse en una poderosa colección y cada pieza adicional corrobora las anteriores, hasta que, juntas, sustentan fuertemente una inferencia más que otra. Una explicación derivada de la evidencia circunstancial se vuelve más razonable a medida que crece la recopilación de pruebas para corroborarla y las explicaciones alternativas se hayan considerado irracionales.

línea en un lado. Las botas de Ron también tenían esa línea, y después de algunas investigaciones con los vendedores locales, los detectives supieron que esta inusual marca de botas era relativamente rara en esta área. Solo dos tiendas tenían las botas y solo se habían vendido diez pares en todo el condado en los últimos cinco años. Ron era propietario de uno de esos diez pares.

Ahora hay muchas piezas de evidencia circunstancial que apuntan a Ron como el asesino. Él tenía acceso a la casa de la víctima, mintió sobre su actividad el día del asesinato, se comportó sospechosamente en la entrevista, parecía tener tendencias suicidas después del asesinato y estaba en posesión de un bate sospechoso relacionado con el arma asesina, un par de manchas removidas en un pantalón y un par de botas poco comunes que concordaban con la descripción del sospechoso. Hasta este punto en nuestra evaluación, creo que muchos de ustedes como miembros del jurado se sentirían cómodos con la conclusión racional de que Ron es el asesino. Pero hay más.

Nuestra testigo en la escena del crimen observó al sospechoso mientras corría hacia su auto de escape y describió este auto a los detectives. La testigo creía que el sospechoso conducía un Volkswagen Karmann Ghia color mostaza de principios de la década de los 70. Al ejecutar la orden de cateo en la casa de Ron, los detectives descubrieron (sí, adivinaste) un Karmann Ghia amarillo, modelo 1972 estacionado en su garaje. Después de examinar los registros de vehículos motorizados de todo el estado, descubrieron que había solo un Karmann Ghia registrado en todo el estado.

¿Es Ron el asesino? Teniendo en cuenta todo lo que sabemos sobre el crimen, la única conclusión razonable es que Ron es el hombre que cometió el asesinato. ¿Es *posible* que Ron tenga la mala suerte de sufrir una serie de desafortunadas coincidencias que lo hacen parecer culpable cuando no lo es? Sí, todo es *posible*. Pero ¿es *razonable*? No. Todo apunta a Ron, y cuando la evidencia se considera acumulativamente la culpabilidad de Ron es la única conclusión razonable. Aunque puede haber otras explicaciones para estas piezas individuales de evidencia, no son racionales cuando se les considera como un todo. Recuerde que como jurado, se le pide emitir un veredicto basado en lo que es razonable, no en lo que es posible.

Nuestro caso contra Ron es completamente circunstancial; no tenemos una sola pieza de evidencia forense o de testigos que lo vinculen directamente. Estos son los tipos de casos que armo cada año cuando llevo a juicio a asesinos en casos sin resolver. El caso en contra de Ron es convincente y abrumadoramente suficiente. Si usted, como jurado, comprende la naturaleza y el poder de la evidencia circunstancial, será capaz de emitir un veredicto de *culpable* en este caso.

EL CASO CIRCUNSTANCIAL CÓSMICO

La cuestión de la existencia de Dios podría compararse con nuestra investigación de asesinato. Reunimos la evidencia circunstancial y nos preguntamos: "¿Qué tan razonable es que esta evidencia pueda interpretarse de *otra* manera que no sea para indicar que Ron hizo esto?". A medida que el conjunto de evidencias *creció*, la probabilidad de la inocencia de Ron *se redujo*. De manera similar podemos mirar la evidencia en nuestro mundo (y en el universo) y preguntar: "¿Qué tan razonable es que esta evidencia pueda ser interpretada de cualquier otra forma que no sea para confirmar la existencia de Dios?". Vivimos en un universo lleno de características (evidencias) que exigen una explicación. Consideremos solo algunas de ellas:

UN UNIVERSO CON UN PRINCIPIO

La gran mayoría de los científicos continúan reconociendo que el universo surgió de la nada en algún momento del pasado distante. Muchos han articulado esto como la teoría del "Big Bang" (comúnmente conocida como el Modelo cosmológico estándar). Pero si el universo "empezó a existir", ¿qué lo "empezó"? ¿Qué provocó que cayera la primera ficha de dominó en la larga secuencia de fichas de causa y efecto? Si esta primera ficha cayó como resultado de ser derribada por alguna otra ficha, ¿cuánto retrocede esta secuencia? Los científicos

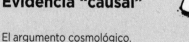

Evidencia "causal"

El argumento cosmológico.

(1) Cualquier cosa que comienza a existir tiene una causa.

(2) El universo comenzó a existir.

(3) Por tanto, el universo debe tener una causa.

(4) Esta causa debe ser eterna y sin causa.

(5) Dios es la explicación más racional para tal primera causa sin causa.

comprenden lo absurdo de una secuencia interminable de fichas que se remonta a la eternidad infinita; todos buscan una "primera causa sin causa" capaz de iniciar el efecto dominó por sí misma. Esta "primera causa sin causa" debe existir fuera del espacio, tiempo y materia (ya que nunca se ha observado nada que cause su propia existencia). ¿Qué podría no tener causa y ser lo suficientemente poderoso como para causar el universo? Si el *universo causado* una vez *no* existió, ¿por qué está aquí? Como escribió Gottfried Leibniz: "¿Por qué hay algo en lugar de nada?".[5]

Regularmente pensamos en Dios como un Ser eterno y todopoderoso que existe fuera del espacio, el tiempo y la materia. La evidencia del universo finito (un universo que tiene un principio) señala circunstancialmente a la existencia de tal Dios. Una primera causa increíblemente poderosa y sin causa fuera del espacio, el tiempo y la materia parece necesaria para que nuestro universo exista. Si existe un Ser eterno y todopoderoso, la famosa pregunta de Leibniz tiene una respuesta. Un Ser de esta naturaleza podría elegir libremente crear un universo que demostrara Su poder y sirviera como un lugar donde Sus amadas criaturas pudieran comenzar a comprender Su naturaleza. La evidencia causal del universo es una pieza significativa de evidencia circunstancial de la existencia de Dios.

UN UNIVERSO CON LA APARIENCIA DE DISEÑO

La ciencia también nos ha ayudado a comprender que el universo parece sorprendentemente "bien calibrado" para sustentar la existencia de vida. Hay muchas fuerzas en el cosmos calibradas con precisión para trabajar juntas y hacer la vida posible. Las leyes de la masa del electrón, la masa atómica, la masa del protón, la fuerza nuclear fuerte, la fuerza nuclear débil, la velocidad de la luz, la constante cosmológica, la gravedad, la masa del universo y muchas otras más están finamente calibradas para gobernar el universo y nuestro mundo. Incluso dentro del propio átomo, la relación precisa entre protones, neutrones y electrones parecen calibradas. De acuerdo con Stephen Hawking, "si la diferencia de masa protón-neutrón no fuera aproximadamente el doble de la masa del electrón, no se obtendrían los doscientos o más nucleidos estables que constituyen los elementos y son la base de la química y la biología".[6] Las fuerzas de nuestro universo, tanto pequeñas como grandes, parecen estar bien calibradas para hacer la vida posible.

Además de estas fuerzas cósmicas y atómicas, también existen condiciones específicas necesarias para que un planeta pueda albergar vida. Si, por ejemplo, el tamaño de la Tierra fuera alterado levemente, la vida no sería posible en el planeta. Cuando un planeta es demasiado pequeño, pierde calor interno y no puede mantener su núcleo interior activo; si un planeta es demasiado grande, probablemente posea sobreabundancia de agua y una atmosfera demasiado espesa. Resulta que las características de un planeta deben ser *perfectas* para que la vida sea posible. La presencia de agua en estado líquido, la distancia adecuada de una estrella, la existencia de una corteza terrestre, un campo magnético propiamente proporcionado, la proporción correcta de oxígeno y nitrógeno en la atmosfera, la existencia de una luna y una estrella madre de un tamaño y tipo específico son todos necesarios. El camino que lleva a la vida en la Tierra parece estrecho y difícil; sin embargo, las fuerzas que gobiernan el universo (y nuestro mundo) parecen tener una meta en mente: la producción de un universo en el cual la vida basada en carbono puede surgir.

Evidencia "bien calibrada"

El principio antrópico:

(1) Las constantes físicas y las leyes del universo parecen relacionadas entre sí de manera única y específica (bien calibrada), haciendo posible la vida en la Tierra.

(2) Las relaciones bien calibradas de estas leyes y constantes parecen diseñadas (ya que su existencia por medios naturales y no guiados parece improbable e incierta).

(3) Un diseño requiere un diseñador inteligente; un diseño increíblemente vasto y complejo requiere un diseñador increíblemente inteligente y poderoso.

(4) Dios es la explicación más racional para un diseñador (y calibrador) tan grande y universal.

¿Cómo podrían unas fuerzas aleatorias alinearse y organizarse tan notablemente como para sustentar la vida? ¿Es mera coincidencia? Eso es ciertamente *posible*, pero ¿es *razonable*? Si Dios existe, puede calibrar el universo, y es posible que tenga una razón para hacerlo. La Biblia, por ejemplo, describe a Dios como el "Hacedor de los cielos y la tierra" (Sal. 115:15), y lo describe como el Ser que diseñó y creó el universo pensando en la tierra. La calibración del universo es otra pieza importante de evidencia circunstancial que apunta a la existencia de un Ser intencional, sobrenatural, poderoso y creativo.

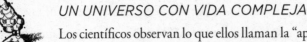

UN UNIVERSO CON VIDA COMPLEJA

Los científicos observan lo que ellos llaman la "apariencia de diseño" en los sistemas biológicos. Incluso Richard Dawkins (el renombrado y franco ateo y profesor emérito del New College, Oxford) admite que los sistemas biológicos regularmente parecen diseñados[7] (a pesar de que él propone que un proceso natural y ciego puede explicar de alguna manera esta apariencia). Hay muchos ejemplos de *máquinas* de biología celular que poseen características de "complejidad especificada" y con un parecido sorprendente a los sistemas y estructuras diseñadas por los humanos (agentes inteligentes). Estas características llevan a muchos a la creencia razonable de que las fuerzas no dirigidas simplemente no bastan para crear tales estructuras.

William Dembski (el conocido matemático, estadístico, teólogo y defensor del diseño inteligente) ha argumentado que la complejidad especificada (y, por tanto, la intervención de un agente inteligente) se puede identificar usando un "filtro explicativo". Si un objeto o evento (1) no puede ser explicado por alguna ley natural que requiera su aparición, (2) existe a pesar de la alta improbabilidad de que pueda ocurrir por casualidad, y (3) se ajusta a un patrón reconocible y existente de forma independiente, entonces lo más razonable es inferir que es el producto de un diseñador inteligente.[8]

Evidencia "de diseño"

El argumento teológico:

(1) Las estructuras y sistemas que (a) no pueden ser explicadas por alguna ley natural que requiera su apariencia, (b) existen a pesar de la alta improbabilidad de que puedan resultar de la casualidad, y (c) se ajustan a un patrón reconocible y existente de forma independiente se explican más razonablemente como provenientes de los esfuerzos de diseño de un agente inteligente.

(2) Los sistemas biológicos poseen características (es decir, la información contenida en el código de ADN) que (a) no pueden ser explicadas por alguna ley natural que requiera su aparición, (b) existen a pesar de la alta improbabilidad de que puedan resultar de la casualidad, y (c) se ajustan a un patrón reconocible y existente de forma independiente de complejidad especificada.

(3) Los sistemas biológicos, por lo tanto, se explican más razonablemente como provenientes de los esfuerzos de diseño de un agente inteligente.

(4) Dios es la explicación más razonable para un agente inteligente tan increíblemente sabio y todopoderoso.

Quizás la evidencia más importante que sugiere la participación de un diseñador inteligente es la presencia de ADN y el papel rector que desempeña este ADN en la formación de sistemas biológicos. El ADN es como un código digital; contiene *información* específica. Cuando se examina a través del filtro explicativo de Dembski, la mejor explicación es la actividad creativa de un diseñador inteligente. Permítame mostrarle una ilustración para aclarar el punto. Imagine que aún estamos en la escena de nuestro "Reporte de cadáver" (DBR, por sus siglas en inglés) del capítulo anterior. Sin embargo, todo lo que tenemos esta vez es un hombre joven, yaciendo en el piso de su apartamento, frío al tacto, que no responde, con un gran corte en su frente. En esta versión de la escena de muerte, el hombre se encuentra además junto a una pared, y encontramos salpicaduras de sangre en la superficie de esta pared, cerca del cuerpo. Una vez más, debemos determinar si se trata de una muerte natural, un accidente, un suicidio o un homicidio. La evidencia de salpicaduras de sangre puede —*o no*— decirnos mucho sobre lo que sucedió aquí. El patrón en la pared puede ser simplemente el resultado de la naturaleza química de la sangre y la física del evento que condujo a su muerte. Es posible que, por ejemplo, simplemente se haya caído después de un paro cardiaco o tropezado accidentalmente con la alfombra, se haya golpeado la cabeza y eso explica la lesión que provocó la salpicadura.

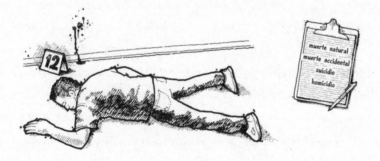

Ahora cambiemos el escenario. Imaginemos esta vez que encontramos al mismo hombre en el suelo, pero en la pared junto al cuerpo encontramos las palabras "TE ODIO", escritas con la sangre de la víctima. ¿Deberíamos comenzar a buscar a un sospechoso? Y de ser así, *¿por qué?* Sabe la respuesta *intuitivamente*. Si bien las fuerzas naturales como la física y la química podrían explicar las salpicaduras en el primer escenario, la información y el mensaje en el segundo escenario se explican mediante un *agente inteligente*. Si usted encontrara esa información en la escena de muerte, inferiría inmediata y *razonablemente* la necesidad de abrir una investigación por homicidio.

Este mismo impulso intuitivo puede aplicarse a investigar el origen de la información que encontramos en el ADN. Como Stephen C. Meyer argumenta en su libro *Signature in the Cell* [La firma en la célula]: "La inteligencia es la *única causa conocida* de sistemas de procesamiento de información funcionalmente integrados complejos" (las cursivas son del original).[9] En otras palabras, en la historia de la investigación intelectual y científica, no podemos encontrar ningún ejemplo en el que la información provenga de otra cosa que no sea una fuente inteligente. Si el ADN es una forma de información específica que guía el complejo proceso de formación celular y las estructuras biológicas, "el diseño inteligente permanece como la mejor y más adecuada explicación causal para esta característica de la célula, así como permanece como la mejor explicación para el origen de la información presente en el propio ADN".[10] Si los sistemas biológicos muestran características de *diseño* (en forma de complejidad específica), es razonable concluir que un *diseñador* estuvo involucrado en el proceso. ¿Qué tipo de diseñador podría ser responsable de la información, complejidad, y especificidad que vemos en los sistemas biológicos? Si Dios existe, ciertamente poseería las características y el poder para lograr tal cosa. La presencia de información específica en los sistemas biológicos es otra pieza de evidencia circunstancial que apunta a la existencia de Dios.

UN UNIVERSO CON MORAL OBJETIVA

Todos y cada uno de nosotros sentimos cierta obligación hacia el *deber moral*. Tenemos un sentido intuitivo de *responsabilidad* moral; reconocemos que algunas cosas son correctas y otras son incorrectas, independientemente de la cultura, la época o el lugar. Entendemos que nunca es moralmente *correcto* mentir, robar o matar por mera *diversión*. Estas leyes morales son trascendentes y objetivas: su verdad no es una cuestión de opinión subjetiva.

Independientemente de cómo usted o yo podamos *sentirnos* acerca de estas leyes, la verdad de su estatus moral reside en las acciones mismas, no en nuestras opiniones subjetivas sobre las acciones. Podríamos descubrir la verdad moral, pero no inventarla. Debido a esto, podemos mirar a través de la historia y la cultura y hacer juicios significativos sobre lo *correcto* o *incorrecto* de la moral de cualquier conjunto de acciones. Reconocemos que la cultura en sí misma no puede ser la fuente de la ley moral, sino que existe una "ley por encima de las leyes" que trasciende a todos. Entonces, ¿de dónde viene la moral trascendental y objetiva?

Todas las leyes morales vienen de legisladores morales. Si existe aunque sea una ley moral trascendental (por ejemplo, nunca es moralmente *correcto* matar a alguien por mera *diversión*),

Evidencia "moral"

El argumento axiológico:

(1) Hay una ley moral trascendente y objetiva.

(2) Toda ley moral tiene un dador de la ley moral.

(3) Por tanto, hay un dador de leyes morales objetivo y trascendente.

(4) Dios es la explicación más razonable para un dador de leyes morales trascendentes.

entonces debe existir una *fuente* moral trascendental. La evolución darwiniana tiene grandes dificultades para dar cuenta de la existencia de obligaciones morales objetivas por dos razones. La primera es que, si vivimos en un mundo físico puramente natural gobernado por las relaciones "causa y efecto" entre los procesos químicos en nuestro cerebro, "el libre albedrío" es una ilusión y la idea de una verdadera elección moral no tiene sentido. ¿Cómo puedo yo, siendo detective, responsabilizar a un asesino por una serie de reacciones químicas que ocurrieron en su cerebro cuando no tenía la libertad de escapar de la cadena causal de eventos biológicos? Además de esto, la evolución darwiniana no puede crear una moral verdaderamente objetiva. Si las verdades morales son meramente conceptos conductuales que los humanos crearon para ayudar a su supervivencia, la moralidad está una vez más arraigada en los sujetos (humanos) en lugar de en la afirmación de la verdad moral objetiva bajo consideración (por ejemplo, si alguna vez es moralmente correcto matar a alguien por el mero gusto de hacerlo). Si la moralidad es simplemente un *convenio* de nuestra especie, entonces ojalá los escritores de ciencia ficción estén equivocados acerca de la posibilidad de vida en otras partes del universo. A menos que haya una "ley por encima de las leyes", una entidad como La Federación Unida de Planetas de Viaje a las Estrellas sería impotente para detener el comportamiento inmoral. La moralidad objetiva debe fundamentarse en algo más grande que el desarrollo evolutivo de cualquiera de las especies.

Si Dios existe, Él ciertamente trasciende todas las especies, culturas, lugares y momentos en el tiempo. Por esta razón, la existencia de una verdad moral trascendente es la mejor explicación de la existencia de Dios como la fuente trascendental de tal verdad. Una vez más, tenemos una pieza importante de evidencia circunstancial. El caso circunstancial acumulativo de la existencia de Dios es muy parecido al caso circunstancial que hicimos en nuestra investigación de asesinato. Cuanta más evidencia reuníamos, más clara era la participación de Ron como asesino. Ron fue increíblemente desafortunado o increíblemente culpable. En algún punto reconocimos que la evidencia hacía de la culpabilidad de Ron la única inferencia razonable, y llegamos a eso sin una sola pieza de evidencia directa. De manera similar, la evidencia circunstancial en nuestro universo es consistente con la existencia y participación de Dios como la primera causa sin causa, el calibrador, el diseñador, y el legislador moral requerido para dar cuenta de toda la evidencia que observamos. Al igual que en la investigación del homicidio, cuantas más evidencias reunimos, más razonable se vuelve nuestra conclusión. Solo hemos descrito brevemente cuatro líneas de evidencia circunstancial de la existencia de Dios. He escrito cerca de ocho líneas de evidencia de Dios en *God's Crime Scene: A Cold-Case Detective Examines the Evidence for a Divinely Created Universe* [La escena de crimen de Dios: Un detective de homicidios examina la evidencia para un universo divinamente creado], y he enumerado varios testigos expertos al final de este libro. Además de la evidencia que he ofrecido, los investigadores y filósofos han propuesto muchos argumentos adicionales (incluido el argumento ontológico, el argumento trascendental, el argumento de la experiencia religiosa o estética y muchos más).

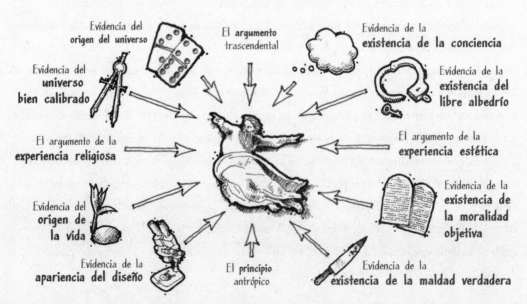

La evidencia circunstancial acumulativa que apunta a la existencia de Dios es una coincidencia increíble o una indicación convincente de la verdad del asunto. En algún punto, la existencia de Dios es la única inferencia razonable considerando la evidencia, y al igual que en nuestro homicidio, podemos llegar ahí sin una sola pieza de evidencia directa (o forense). A medida que creció el caso circunstancial en contra de Ron, la probabilidad de su culpabilidad *también* creció. A medida que crece el caso circunstancial de Dios, *también* crece la probabilidad de Su existencia. Si la evidencia de la culpabilidad de Ron es lo suficientemente convincente como para concluir razonablemente que es culpable, la evidencia de la existencia de Dios es lo suficientemente convincente como para concluir que Él existe.

HERRAMIENTA PARA EL MALETÍN, UN CONSEJO PARA LA LISTA

Es tiempo de agregar otro principio a nuestra lista a medida que reunimos las herramientas que necesitaremos para investigar y comunicar las afirmaciones del cristianismo. La evidencia circunstancial ha sido injustamente difamada a lo largo de los años; es importante reconocer que esta forma de evidencia no es inferior a los ojos de la ley. De hecho, hay ocasiones en las que se puede confiar mucho más en la evidencia circunstancial que en la evidencia directa. Los testigos, por ejemplo, pueden mentir o equivocarse en sus observaciones; deben ser evaluados antes de que se pueda confiar en ellos (hablaremos de eso en el próximo capítulo). Por otra parte, la evidencia circunstancial no puede mentir; es lo que es. Usted y yo podemos evaluar y hacer una inferencia a partir de la evidencia circunstancial usando nuestro propio poder de razonamiento para llegar a una inferencia razonable. No es una coincidencia que yo no fuera creyente antes de aprender sobre la naturaleza de la evidencia. En aquellos días, mientras yo evaluaba las afirmaciones del cristianismo, exigía una forma de evidencia (evidencia directa) que simplemente no está disponible para cualquiera que esté estudiando eventos históricos. No pude ver que rechazar (o devaluar) la evidencia circunstancial me impediría comprender cualquier cosa sobre la historia (una vez que los testigos oculares de un evento en particular no están disponibles para una entrevista). Si continuaba rechazando (o devaluando) la evidencia circunstancial, nunca habría podido procesar con éxito a un solo asesino cuyo caso quedaba sin resolver. Todos nosotros debemos respetar el poder y la naturaleza de la evidencia circunstancial para determinar la verdad, de modo que seamos justos cuando evaluemos el rol o papel que desempeña la evidencia circunstancial en la defensa del cristianismo.

Algunas veces me alarmo cuando escucho que los cristianos hacen declaraciones inexactas relacionadas a la naturaleza de la evidencia. Cuando discutimos la evidencia con escépticos, no necesitamos conceder que un hecho particular relacionado con la cosmovisión cristiana no tiene valor probatorio simplemente porque no es un ejemplo de evidencia *directa*. Aunque un hecho particular puede no tener el poder individual para probar nuestro caso *en su totalidad*, no es menos válido mientras reunimos la evidencia acumulativa. Cuando tratamos la evidencia circunstancial como si no fuera evidencia en absoluto, nos perjudicamos a nosotros mismos como embajadores de la cosmovisión cristiana. La evidencia circunstancial es poderosa *si* se entiende correctamente. Cuando defendamos nuestra creencia en la existencia de Dios, la resurrección de Jesús o la validez de la cosmovisión cristiana, quizá necesitemos dedicar tiempo para explicar la naturaleza, el papel y el poder de la evidencia circunstancial. Vale la pena porque la mayoría de nuestros amigos, familiares y compañeros de trabajo no han pensado mucho en esto. Necesitamos ayudar a las personas a entender la profundidad y cantidad de la evidencia que respalda nuestro punto de vista. Recuerde, los casos circunstanciales son poderosos cuando son acumulativos. Cuanta más evidencia apunte a una explicación específica, más razonable será la explicación (y más improbable que la evidencia pueda descartarse como una coincidencia). Tómese el tiempo para descubrir y dominar la evidencia por usted mismo para que pueda articular las profundas, abundantes y sólidas evidencias que apoyan las afirmaciones del cristianismo.

PONGA A PRUEBA A SUS TESTIGOS

—Sr. Strickland, ¿cómo puede estar usted tan seguro que este hombre es el mismo que le robó? —El abogado defensor se detuvo mientras examinaba al testigo y señalaba al hombre sentado junto a él en la mesa de defensa. Sus preguntas se volvían más acusatorias—. ¿No es cierto que el robo ocurrió después del atardecer?

—Bueno, sí, fue alrededor de las diez y media de la noche —Jerry Strickland parecía estar preparándose para un ataque. Interpretó correctamente el tono de la pregunta del abogado y se enderezó en el estrado de los testigos. Se rascó el brazo nerviosamente. Yo sabía que Strickland era un hombre inteligente, y tenía curiosidad por ver cómo resistiría ante esta presión. Yo trabajaba en la sección de robos y homicidios cuando me asignaron a este caso, y sabía que todo se reduciría a la identificación del sospechoso por parte de Strickland.

—Veo que lleva anteojos hoy, pero ¿no es verdad que no llevaba esos anteojos la noche del robo? —El abogado defensor comenzó a caminar lentamente hacia el Sr. Strickland, con los brazos cruzados y la barbilla ligeramente levantada mientras miraba brevemente al jurado.

—Tenía mis anteojos puestos al principio, pero me golpearon y se me cayeron —respondió Strickland mientras ajustaba sus anteojos sobre su nariz—, después de eso no sé qué les pasó.

—El testimonio de Jerry comenzó con bastante calma frente al interrogatorio directo del fiscal de distrito adjunto, pero ahora se veía menos seguro bajo la presión del contrainterrogatorio.

—¿Cuánto duró este episodio con su atacante? —preguntó el abogado defensor.

—Solo unos segundos —respondió Strickland.

—Entonces permítame entender esto. ¿Está dispuesto a enviar a mi cliente a la cárcel por años, pero solo vio al sospechoso durante unos segundos, a altas horas de la noche, en la oscuridad, sin el beneficio de sus anteojos? —El abogado del acusado ahora miraba al jurado. Su pregunta era retórica; él expuso su punto y ahora estaba observando al jurado para ver si había tenido el impacto que esperaba.

—Bueno, yo-yo no estoy seguro de qué decir —Strickland tartamudeó vacilante mientras se hundía en su silla.

La fiscal era una abogada enérgica y competente que entendía el valor del testimonio de la víctima como testigo ocular. Esperó a que el abogado defensor regresara a su asiento y entonces se preparó para redireccionar. —Sr. Strickland, usted dijo previamente que fue asaltado por este hombre. Quiero hacerle una pregunta. Dadas sus observaciones del ladrón previo al momento en que él lo golpeó, sus observaciones de la altura del sospechoso, la forma y características de su rostro, su complexión y la estructura de su físico, quiero que valore su certeza sobre la identidad del sospechoso. En una escala del uno al cien, ¿qué tan seguro está de que este hombre sentado aquí en la mesa del acusado es el hombre que le robó?

Jerry Strickland se acomodó en su silla y se inclinó hacia adelante. Hizo una pausa antes de responder. —Estoy cien por ciento seguro de que este hombre me asaltó. No hay duda.

El jurado emitió un veredicto en menos de treinta minutos y condenó al acusado, en gran parte por la fuerza del testimonio presencial de Strickland. Aunque el abogado defensor hizo todo lo posible para ilustrar los límites potenciales de la capacidad de la víctima para describir con precisión al sospechoso, el jurado estaba convencido de que Jerry Strickland era un testigo competente. Ellos creyeron en su testimonio y el resto fue fácil. Una vez que llegue a confiar en un testigo, eventualmente debe aceptar el testimonio que ha ofrecido el testigo.

APRENDIENDO A CONFIAR EN UN TESTIGO

Entonces, ¿cómo llegamos a confiar en lo que dice un testigo? ¿Cómo podemos evaluar a un testigo para estar seguros de que sea alguien en quien podamos confiar en primer lugar? Al jurado se le solicita evaluar a los testigos en los casos judiciales todos los días. Si hoy usted fuera parte de un jurado en el estado de California, el juez le recomendaría evaluar a los testigos que van a declarar ante usted. De hecho, el juez le diría que considere varios factores y se haga las siguientes preguntas:

1. ¿Qué tan bien podría el testigo ver, oír o percibir de otro modo las cosas sobre las que testificó?

2. ¿Qué tan bien pudo el testigo recordar y describir lo que sucedió?

3. ¿Cuál fue el comportamiento del testigo mientras daba su testimonio?

4. ¿El testigo entendió las preguntas y las respondió directamente?

5. ¿La declaración del testigo fue influenciada por algún factor tal como algún sesgo o prejuicio, una relación personal con alguien involucrado en el caso o un interés personal por el resultado del caso?

6. ¿Cuál fue la actitud del testigo sobre el caso o respecto a testificar?

7. ¿El testigo presentó una declaración en el pasado consistente o inconsistente con su testimonio?

8. ¿Qué tan razonable es el testimonio cuando considera todas las demás evidencias del caso?

9. ¿Otra evidencia probó o desaprobó algún hecho sobre el cual el testigo testificó?

10. ¿El testigo admitió haber mentido?

11. ¿Cuál es el carácter de veracidad del testigo?

12. ¿El testigo ha estado preso por algún delito grave?

13. ¿Ha tenido el testigo [otra] conducta que refleje su credibilidad?

14. ¿Se le prometió al testigo inmunidad o clemencia a cambio de su testimonio?[1]

Estas son las preguntas que se anima a los miembros del jurado a formularse mientras evalúan a los testigos que se presentan en el tribunal. A veces, los testigos declaran en juicios que son una cuestión de vida o muerte: juicios donde el acusado podría enfrentar la pena de muerte. Al final, hay cuatro áreas importantes cuando se trata de evaluar a los testigos:

¿ESTUVIERON ALLÍ?

Primero, tenemos que investigar si el testigo estuvo presente para observar algo. Esta preocupación es captada por preguntas como: "¿Qué tan bien podría el testigo ver, oír o percibir de otro modo las cosas sobre las que testificó?". Usted podría pensar que esto es un problema tonto para examinar, pero puedo decirle por experiencia personal que hay momentos en que las personas afirman ser testigos o participantes en un caso cuando, de hecho, no estuvieron siquiera cerca del evento. Reabrí un caso de principios de la década de los 70 que mi padre ayudó a investigar cuando trabajaba en homicidios. Recuerdo el caso de cuando era pequeño y el estrés que causó a mi padre cuando quedó sin resolver. El caso fue bien conocido en la región y recibió una increíble cantidad de publicidad. Cuando examiné ese caso sin resolver treinta años después, descubrí que los investigadores originales habían sido engañados por un hombre que se presentó y confesó ser el asesino. Se sentó con los detectives durante varios días y ofreció suficientes detalles para convencerlos de que él había asesinado a la víctima. En realidad, él no tuvo nada que ver con el crimen, pero buscaba la atención y la retorcida fama que le trajo. Al final se descubrió que fue un fraude, pero su implicación en el caso distrajo a los investigadores lo suficiente para alejarlos del rastro del verdadero asesino. Este tipo de cosas sucede en casos de alto perfil que ofrecen quince minutos de fama. Por eso debemos asegurarnos de que un testigo haya estado verdaderamente presente para ver lo que declara haber visto.

Suponga que el testigo es confiable

Los miembros del jurado tienen el deber de mirar de forma imparcial a los testigos y suponer lo mejor en ellos hasta que tengan una razón para hacer lo opuesto. Se les pide que "dejen de lado cualquier inclinación o prejuicio basado en el género, raza, religión o nacionalidad del testigo". Además, se les manda: "Si la evidencia establece que el carácter de veracidad de un testigo no ha sido discutido entre las personas que lo conocen, usted puede concluir por la falta de discusión que el carácter de veracidad del testigo es bueno" (Sección 105, Instrucciones del jurado penal del consejo judicial de California, 2006).

¿HAN SIDO HONESTOS Y PRECISOS A LO LARGO DEL TIEMPO?

La principal preocupación que tenemos la mayoría de nosotros al evaluar a los testigos es el problema de la *credibilidad*. Un testigo que estuvo presente en el momento del crimen pero que miente acerca de lo sucedido no tiene valor. Las instrucciones del jurado abordan este problema con preguntas como: "¿El testigo presentó una declaración en el pasado consistente o inconsistente con su testimonio?". En años recientes, con el gran número de casos penales que han sido publicados y televisados a nivel nacional, todos hemos visto ejemplos de testigos que fueron desacreditados como mentirosos. Robert Durst, por ejemplo, fue un heredero de bienes raíces estadounidense sospechoso de matar a su esposa, Kathleen McCormack, en 1982. También se creía que estaba involucrado en el asesinato de Susan Berman en el año

2000 y fue juzgado más tarde por el asesinato de Morris Black en 2001. Su famosa historia fue narrada en la película de Hollywood *All Good Things* [Todas las cosas buenas], y en el documental de HBO, *The Jinx: The Life and Deaths of Robert Durst* [La maldición: La vida y muerte de Robert Durst]. Finalmente fue acusado del homicidio de Susan Berman (en ese momento un caso sin resolver en el condado de Los Ángeles) y fue juzgado en 2021. El fiscal del caso, John Lewin, fue mi compañero a lo largo de mi carrera como detective de casos sin resolver. De hecho, el caso Durst, fue el primer caso de John sin mí, después de mi jubilación.

Durst subió al estrado como testigo durante este juicio e intentó describir varios eventos de su pasado, incluidos los eventos que rodearon la muerte de Susan Berman. Sin embargo, durante el contrainterrogatorio de John, Durst admitió haber mentido repetidamente sobre los mismos eventos cuando testificó bajo juramento en el juicio de Morris Black, años antes. Cuando los miembros del jurado descubrieron que Durst había mentido anteriormente, dudaron de todo lo que tenía que decir en ese momento. Cuando se encuentra que un testigo mintió en el pasado, su testimonio sobre el caso puede ser puesto en duda. De cualquier modo, es importante recordar que los miembros del jurado reciben esta instrucción del juez: "Si decide que un testigo mintió deliberadamente sobre algo importante en este caso, debe considerar no creer nada de lo que diga el testigo. O, si cree que el testigo mintió sobre algunas cosas, pero dijo la verdad sobre otras, puede simplemente aceptar la parte que cree que sea verdad e ignorar el resto".[2]

Puede existir una buena razón para que un testigo mienta sobre algo no relacionado con el caso (quizás para evitar la vergüenza o para proteger la privacidad de un ser querido), y aun decir la verdad sobre lo que vio del crimen bajo consideración. Aceptémoslo, todos hemos mentido alguna vez por una u otra razón. El jurado debe decidir si un testigo sencillamente mintió en alguna ocasión (por alguna razón comprensible) o si es un mentiroso habitual e inconfiable. En el caso de Robert Durst, el jurado decidió que el testigo era esto último.

¿SE PUEDEN VERIFICAR?

Es justo preguntar si las observaciones de un testigo pueden ser verificadas por algunas otras piezas de evidencia o testimonio. Esta preocupación se refleja en preguntas como: "¿Qué tan razonable es el testimonio cuando considera toda las demás evidencias en el caso?", o "¿Otra evidencia probó o desaprobó algún hecho sobre el cual el testigo testificó?". Si un testigo le dice que el acusado cometió un robo en la ventanilla de un banco, y usted se entera de que las huellas digitales del acusado fueron descubiertas en el mostrador, esta evidencia confirmatoria le ayudará a verificar lo que el testigo dice. La evidencia directa de otros testigos también puede verificar una declaración, y la evidencia circunstancial (forense o cualquier otra) puede ayudar a validar lo que el testigo ha dicho.

¿TIENEN UN MOTIVO OCULTO?

Finalmente, el jurado debe decidir si un testigo tiene un motivo para mentir. Es por ello que las instrucciones para el jurado incluyen preguntas como: "¿La declaración del testigo fue influenciada por algún factor tal como algún sesgo o prejuicio, una relación personal con alguien involucrado en el caso o un interés personal por el resultado del caso?". He investigado muchos casos de agresión que involucran amigos, familiares y cónyuges. En muchos de esos casos, *ambas* partes mostraban lesiones de uno u otro tipo. Tratar de llegar a la verdad del asunto fue extremadamente difícil. Ambas partes estaban lo suficientemente enfadadas como para hacer o decir cualquier cosa que metiera en problemas a la otra persona. Cada uno parecía tener un motivo para mentir o exagerar, y los miembros del jurado tuvieron dificultades para discernir la verdad en medio de toda la ira y exageración.

Estas cuatro importantes áreas deben examinarse antes de confiar en un testigo. Si podemos establecer que un testigo estuvo presente, ha sido preciso y honesto a lo largo del tiempo, tiene el apoyo de evidencia adicional y no tiene motivos para mentir, podemos confiar en lo que el testigo dice.

su declaración es precisa

su declaración es verificada

El testigo es confiable

su declaración es oportuna

su declaración es atestiguada

ENTONCES, ¿POR QUÉ NO PUEDEN ESTAR DE ACUERDO?

Sin embargo, si hay algo que mi experiencia como detective ha revelado es lo siguiente: múltiples testigos frecuentemente hacen declaraciones contradictorias e inconsistentes al describir lo que vieron en la escena del crimen. A menudo están en desacuerdo entre sí y no logran ver algo obvio o describen el mismo evento de maneras aparentemente contradictorias. De hecho, entre más testigos participen en el caso, es más probable que haya puntos de desacuerdo.

Hace muchos años, ocurrió un asesinato en el estacionamiento de un restaurante italiano de nuestra ciudad. Ocurrió en la noche durante una tormenta, mucho después de que nuestro equipo de homicidios se fuera a casa al terminar el día. Los oficiales de patrulla acudieron a la escena y descubrieron que el sospechoso ya se había ido. Los oficiales localizaron a tres testigos y los entrevistaron muy brevemente. Rápidamente reconocieron que la investigación del homicidio requeriría la participación de nuestro equipo. Llamaron por radio a nuestro sargento, y él empezó a despertarnos por teléfono y convocó a cuatro de nosotros para dirigir la investigación. Me tomó casi una hora ponerme el traje y conducir hasta el lugar de los hechos. Cuando llegué, descubrí que los oficiales habían reunido a los testigos y los habían puesto en el asiento trasero de su unidad de policía para que no se empaparan con la lluvia. Este simple acto de bondad casi arruinó el caso.

El asesinato en el restaurante italiano me enseñó una valiosa lección. Desde entonces, cada vez que me llamaban en lo profundo de la noche a la escena de un asesinato, le pedía al que llamaba que les dijera a los oficiales en la escena que separaran de inmediato a los testigos. Cuando los testigos se separan rápidamente unos de otros, es mucho más probable que den una declaración pura y sin influencias de lo que vieron. Sí, sus declaraciones inevitablemente diferirán de las declaraciones de otros que hayan presenciado el mismo evento. Cada testigo es influenciado por sus experiencias personales, ubicación geográfica relacionada al crimen, gustos y disgustos, perspectiva y visión del mundo. Puedo lidiar con las inconsistencias, las anticipo; pero cuando se les permite a los testigos sentarse juntos (antes de ser interrogados) y comparar notas y observaciones es probable que se obtenga una versión armonizada del evento. Todos ofrecerán la misma historia. Si bien esto puede ser más ordenado, terminará sacrificando algún detalle importante que cada testigo se incline a perder para alinear su historia con la de los otros testigos. No estoy dispuesto a pagar ese precio. Prefiero tener tres versiones confusas y aparentemente contradictorias del evento que una versión armonizada que elimine algún hecho importante.

Sé que al final seré capaz de determinar la verdad del asunto examinando las tres historias. Las contradicciones aparentes suelen ser fáciles de explicar una vez que conozco algo de los testigos y sus perspectivas (tanto visual como personalmente) en el momento del crimen.

Déjeme darle un ejemplo. Hace muchos años, investigué un robo en el cual un hombre sospechoso entró en una pequeña tienda de abarrotes, se acercó al mostrador y se comunicó tranquilamente con el cajero. El sospechoso sacó un arma de su cinturón y la puso sobre el mostrador. Apuntó al cajero, usando su mano derecha para sostener el arma sobre el mostrador, su dedo en el gatillo. El sospechoso le dijo en voz baja al cajero que vaciara el dinero de la caja y lo colocara en una bolsa de plástico. El cajero cooperó y le dio al ladrón todo el dinero de la caja. Luego, el ladrón salió tranquilamente de la tienda. Este robo fue observado por dos testigos, debidamente apartados e interrogados por separado. Cuando me asignaron que investigara este reporte de delito, leí el resumen del oficial y me pregunté si los testigos estaban describiendo al mismo ladrón:

Silvia Ramos	Paul Meher
Mujer de 38 años	Hombre de 23 años
Casada, con hijos	Soltero, sin hijos
Diseñadora de interiores	Aprendiz de plomero
Comprando leche de camino a casa del trabajo	Visitando el cajero en su día de descanso

Cómo describieron al sospechoso

Joven menor a 20 años	Hombre entre 24-25 años
Muy amable, con voz dulce	Expresión amenazante
No portaba un arma	Tenía un arma Ruger P95 9 mm
Compró algo en la tienda	No compró nada en la tienda
Usaba una playera tipo polo	Quizá usaba una camiseta
No tenía auto	Corrió hacia un Nissan café claro de los 90's

A primera vista, estas declaraciones parecían describir a dos hombres diferentes cometiendo dos delitos diferentes. Pero entre más hablaba con los testigos, más me daba cuenta de que ambos eran confiables a pesar de que parecían estar diciendo cosas diferentes sobre el sospechoso. Silvia Ramos regresaba a toda prisa del trabajo y se detuvo en la tienda para comprar leche y algunos artículos pequeños. Ella se paró en la fila detrás del sospechoso mientras él tranquilamente cometía el robo. Si bien escuchó el tono de su voz, nunca escuchó claramente sus palabras y nunca vio un arma. Ella lo describió como un adolescente educado. Basándose en la forma en que el cajero le entregó la bolsa al ladrón, Silvia creyó que el ladrón había hecho una compra antes de cometer el delito. Ella inmediatamente reconoció la camiseta azul del sospechoso como una clásica polo IZOD porque muchos de los hombres en su oficina usaban este estilo de camiseta cuando ella comenzó su carrera de diseñadora. De hecho, recientemente había comprado una para su esposo. Silvia observó al ladrón salir lentamente del negocio y cruzar el estacionamiento mientras dejaba el área. Estaba segura de que él no tenía un auto de "fuga".

Paul Meher estaba visitando al cajero cuando ocurrió el robo. El cajero era un viejo amigo del bachillerato, y Paul estaba parado detrás del mostrador con su amigo al momento del delito. Paul no podía recordar muchos detalles relacionados a la ropa del sospechoso, pero creía que llevaba puesta una camiseta. Sin embargo, estaba seguro de que el ladrón había apuntado a su amigo con un arma y él reconoció esta pistola como una Ruger P95 porque su padre tenía una idéntica. Paul se centró en el arma durante la mayor parte del robo, pero también observó que el sospechoso tenía el ceño fruncido con una expresión amenazante en su rostro. El ladrón había pronunciado sus palabras lenta y deliberadamente en una forma que Paul interpretó como intimidante. Paul describió al hombre apenas un poco mayor que él, entre veinticuatro y veinticinco años. Estaba seguro de que el sospechoso no compró algo antes del crimen, y después Paul tuvo un ángulo visual a través del cristal frontal de la tienda que le permitió ver al ladrón mientras caminaba hasta el final del estacionamiento, luego corrió hacia un Nissan de los años 90, de cuatro puertas color café claro.

Una vez que entrevisté a estos dos testigos, entendí por qué parecía que estaban en desacuerdo en varios puntos clave. Al final, muchas cosas impactan la manera en que los testigos observan un evento. Mucho depende de dónde esté localizado el testigo en relación con la acción. También debemos considerar las experiencias personales e intereses que causan que algunos testigos se enfoquen en un aspecto del evento y otros en otro. Silvia era mayor y tuvo dificultad al estimar la edad del sospechoso, pero su interés por el diseño y su experiencia con su esposo la ayudaron a identificar correctamente el tipo de camiseta que usaba el ladrón. Paul tenía experiencia personal con pistolas y estaba ubicado en una posición que le dio una perspectiva totalmente diferente mientras observaba cómo se desarrollaba el robo. Como detective encargado del caso, era mi trabajo entender a cada testigo lo suficientemente bien como para tomar lo mejor que tenían que ofrecer y hacer una inferencia adecuada sobre lo que realmente sucedió. Cada caso que manejo es como este; los testigos rara vez están de acuerdo en cada detalle. De hecho, cuando dos personas concuerdan completamente en cada detalle de su declaración, me inclino a creer que ellos o han contaminado las observaciones del otro o están trabajando en conjunto para engañarme. Espero que testigos veraces y confiables no concuerden durante el proceso.

EL ÚLTIMO TESTIGO INTERROGADO

Es importante agregar una observación final. He investigado muchos casos de homicidio con múltiples entrevistas a testigos oculares. Mientras estaba en la escena, llevé a cada testigo aparte para obtener su versión sin la participación de otros testigos. En una ocasión, descubrí que una testigo adicional, previamente no identificada, estaba parada en silencio escuchando mis entrevistas, esperando la oportunidad de hablar conmigo. Hasta ese momento, ninguno de los oficiales o detectives sabían que esta persona había visto algo, así que aunque estaba ansioso por escuchar lo que ella podía aportar, era evidente que no había sido aislada. Ella ya estaba al tanto de lo que otros habían descrito. Cuando la interrogué, proveyó información sorprendentemente importante que los otros testigos habían olvidado por completo. Agradecí que hubiera sido paciente y esperara para identificarse con nosotros.

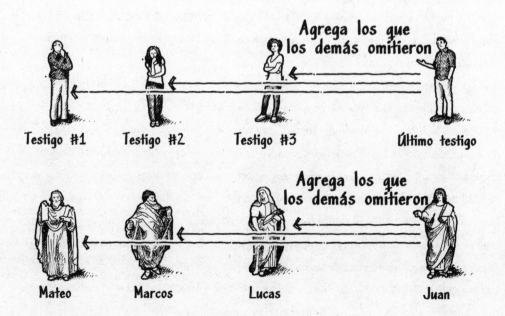

Sin embargo, observé algo interesante en su declaración. Debido a que había estado escuchando a escondidas las entrevistas que estábamos realizando y lo que otros decían, se inclinó a omitir los detalles ofrecidos por los primeros testigos. Hizo un excelente trabajo *de llenar los espacios en blanco*, pero un trabajo deficiente de cubrir los detalles esenciales del delito que otros ya habían descrito. Si no le hubiera pedido repetidamente que comenzara por el principio y me contara todo lo que vio, ella indudablemente me habría dado una declaración incompleta que, comparada con las primeras declaraciones de los testigos, habría parecido una contradicción. A lo largo de años de recopilar declaraciones de testigos oculares, he observado algo importante: es mucho más probable que los testigos que conocen lo que se ha mostrado anteriormente se limiten a proporcionar los *detalles que faltan*. Aunque tal testigo puede proporcionar datos previamente desconocidos (incluso *cruciales*), también puede ofrecer una versión menos detallada.

LOS ESCRITORES DE LOS EVANGELIOS COMO TESTIGOS OCULARES

Al crecer como un escéptico, nunca pensé en la narrativa bíblica como la declaración de un testigo ocular. En cambio, la veía más como mitología religiosa: una serie de historias diseñadas para demostrar un punto. Pero cuando leí los Evangelios (y luego las cartas que les seguían), me pareció claro que los escritores de las Escrituras se identificaron a sí mismos como testigos oculares y vieron sus escritos como un testimonio. Pedro se llamó a sí mismo "testigo de los padecimientos de Cristo" (1 P. 5:1) y como uno de los muchos "testigos oculares de Su majestad" (2 P. 1:16 NBLA). El apóstol Juan afirmó que estaba escribiendo como un testigo ocular cuando describió la vida y muerte de Jesús. Se identificó a sí mismo como "el discípulo que da testimonio

El reconocimiento temprano de los testigos oculares

Los padres y líderes de la Iglesia primitiva reconocieron que los Evangelios eran el testimonio ocular de los apóstoles, y los diferenciaron por esta razón. El antiguo autor cristiano Tertuliano escribió en el año 212 d. C.: "La misma autoridad de las iglesias apostólicas también brindará evidencia a los otros Evangelios, que poseemos de igual manera a través de sus métodos, y de acuerdo con sus usos —me refiero a los Evangelios de Juan y Mateo— mientras que lo que Marcos publicó puede afirmarse ser de Pedro, cuyo intérprete fue Marcos. Pues inlcuso la versión del Evangelio de Lucas los hombres generalmente atribuyen a Pablo" (Contra Marción, 4:5).

de estas cosas y escribió estas cosas" (Jn. 21:24) y dijo que estaba registrando "lo que hemos oído, lo que hemos visto con nuestros ojos, lo que hemos contemplado, y palparon nuestras manos" (1 Jn. 1:1). Los apóstoles se vieron a sí mismos principalmente como un grupo de testigos, y entendieron que sus observaciones compartidas eran un poderoso testimonio de lo que afirmaban ser verdad. Cuando Judas dejó el grupo, lo remplazaron rápidamente y demostraron el alto valor que le daban a la condición que tenían como testigos. Establecieron que era "preciso que se una a nosotros un testigo de la resurrección, uno de los que nos acompañaban todo el tiempo que el Señor Jesús vivió entre nosotros, desde que Juan bautizaba hasta el día en que Jesús fue llevado de entre nosotros" (Hch. 1:21-22 NVI). Ellos remplazaron a Judas con otro testigo.

Mientras leía el libro de Hechos, noté que los apóstoles continuamente se identificaban como testigos y recurrían a su testimonio como fundamento de todo lo que predicaban y enseñaban. En el primer sermón en el Pentecostés, Pedro le dijo a la multitud que todos los discípulos "somos testigos" de la resurrección (Hch. 2:32) y repitió esta declaración después en el Templo de Salomón (Hch. 3:15). Cuando Pedro y Juan fueron arrestados por testificar sobre la resurrección, ellos les dijeron a los miembros del Sanedrín "no podemos dejar de decir lo que hemos visto y oído" (Hch. 4:20), y regresaron prontamente a las calles donde "seguían dando testimonio de la resurrección del Señor Jesús" (Hch. 4:33 NVI). Los apóstoles, clara y repetidamente, se identificaban como "testigos de todas las cosas que Jesús hizo en la tierra de Judea y en Jerusalén" (Hch. 10:39) y usaron esta posición como fundamento de todo lo que enseñaban. Incluso Pablo confió en su posición de testigo ocular. Cuando las comunidades cristianas comenzaron a florecer en Asia Menor, Pablo escribió a muchos de ellos y se identificó como apóstol y como testigo. Pablo dijo "apareció a Jacobo; después a todos los apóstoles y al último de todos, como a un abortivo, me apareció a mí" (1 Co. 15:7–8). Cuando los apóstoles comenzaron a escribir los hechos como testigos, los primeros cristianos dieron a estas declaraciones gran autoridad y respeto. Cuando el "canon" de las Escrituras emergentes del Nuevo Testamento fue examinado por los padres de la Iglesia (los primeros líderes de la creciente comunidad cristiana), el tema de la *autoridad apostólica* fue el primer y más importante criterio para determinar si un escrito en particular entraría en esta colección. ¿Fue el texto escrito por un testigo ocular apostólico (Mateo, Juan, Pedro, Pablo, Judas y otros) o por alguien que al menos tuvo un acceso significativo a uno o más de estos testigos oculares originales (por ejemplo, Marcos y Lucas)? Únicamente las declaraciones de los testigos originales fueron consideradas seriamente, y los Evangelios siempre se han entendido como un conjunto de declaraciones de testigos oculares.

La pregunta, por supuesto, es si se puede confiar en ellos, y ese es el enfoque de la segunda sección de este libro. Investigaremos los Evangelios como declaraciones de testigos oculares, haciendo el mismo tipo de preguntas que los jueces exhortan a los miembros del jurado a considerar cuando evalúan a los testigos en los procesos penales. Nos preguntaremos si los testigos apostólicos estuvieron presentes cuando se registraron los eventos, si fueron precisos y honestos a lo largo del tiempo; si su testimonio puede ser verificado; y finalmente, investigaremos si tuvieron un motivo oculto. Cuando el jurado concluye que se puede confiar en un testigo, debe aceptar lo que el testigo tiene que decir y usar este testimonio como base para futuras decisiones que ellos puedan tomar sobre la verdad del caso. Si los autores de los Evangelios se demuestran confiables, podemos aceptar sus declaraciones como la base para futuras decisiones que tomemos acerca de la verdad de la vida de Jesús y la existencia de Dios.

LAS EXPECTATIVAS DESDE LA EXPERIENCIA

Antes de examinar la credibilidad de las declaraciones de los Evangelios, yo tenía una expectativa razonable de cómo sería un conjunto confiable de declaraciones de testigos oculares dada mi experiencia como detective. Cuando más de un testigo observa un crimen, espero ver las siguientes características en sus declaraciones:

SUS DECLARACIONES SERÁN DESDE SU PERSPECTIVA

Cada testigo describirá el evento desde su perspectiva espacial y emocional. No todos estarán en la misma posición para ver la misma serie de eventos o los mismos detalles. Mi trabajo será descifrar declaraciones aparentemente contradictorias, influidas por las experiencias personales y las cosmovisiones de los testigos.

SUS DECLARACIONES SERÁN PERSONALES

Cada testigo describirá el evento en su propio lenguaje, con sus propias expresiones y términos. Como resultado, el mismo evento puede ser descrito con diversos grados de pasión o detalle a partir de los gustos e intereses individuales del testigo.

3 SUS DECLARACIONES PUEDEN CONTENER ÁREAS DE ACUERDO

Algunos aspectos de la declaración de cada testigo pueden ser idénticos. Esto es particularmente cierto cuando los testigos describen aspectos dramáticos o importantes del delito o secuencia de eventos. También cuando testigos posteriores están conscientes de lo que otros han ofrecido y simplemente afirman la descripción anterior diciéndome: "El resto ocurrió tal como él dijo".

4 LAS DECLARACIONES POSTERIORES PUEDEN RELLENAR LOS VACÍOS

Finalmente, como describí antes, espero que los testigos posteriores, conscientes de las declaraciones previas, simplemente puedan *rellenar* lo que no se ha dicho.

Resulta que mis expectativas de relatos de testigos oculares verdaderos y confiables se cumplieron (al menos preliminar y superficialmente) en los Evangelios. Los cuatro relatos fueron escritos desde diferentes perspectivas que contienen detalles únicos y específicos a cada testigo. Sin embargo, pueden ser ensamblados y conectados para obtener una *imagen* sólida de lo que ocurrió. Los cuatro relatos son muy personales, y utilizan el lenguaje característico de cada testigo. Por ejemplo, Marcos es mucho más apasionado y activo en su elección de adjetivos. Varios de los relatos (Marcos, Mateo y Lucas) contienen bloques de descripciones idénticas (o casi idénticas). Esto puede ser el resultado de un común acuerdo en puntos particularmente importantes en la narrativa, o (más probablemente) el resultado de posteriores testigos que decían "El resto ocurrió tal y como él dijo". Finalmente, la última declaración (el Evangelio de Juan) claramente intenta *rellenar* los detalles no mencionados por los testigos previos. Juan, consciente de lo que ya habían escrito los testigos anteriores, parece

Los testigos bíblicos comprometidos

Los relatos del Nuevo Testamento repetidamente usan palabras traducidas como "testigo", "testimonio", "dar testimonio" o "testificar". Estas se traducen de versiones de las palabras griegas "marturia" o "martureo". La palabra moderna para "mártir" tiene su origen en las mismas palabras griegas; con el tiempo, los términos evolucionaron para describir a cualquiera que (al igual que los testigos apostólicos) permaneciera tan comprometido con su testimonio concerniente a Jesús que preferían morir antes que retractarse.

hacer poco esfuerzo para cubrir el mismo terreno. Aun antes de examinar los Evangelios con el rigor que aplicaremos en la sección 2, reconocí que fueron coherentes con lo que yo esperaba ver dada mi experiencia como detective.

LA BIBLIA *CONFIABLE*

Al final, todo se reduce a la confiabilidad de estas declaraciones. Cuando yo no era creyente, escuchaba a los cristianos hablar de la *inerrancia* o *infalibilidad* de la Biblia, al menos en la medida en que estos términos son aplicados regularmente a los manuscritos originales compuestos por los autores. Examiné esos conceptos profundamente en el seminario muchos años después, pero cuando leí por primera vez los relatos de los Evangelios, estaba mucho más interesado en evaluar su *confiabilidad* como relatos de testigos oculares que en su *inerrancia* como comunicados divinos. Sabía por mi experiencia como detective que los mejores relatos de testigos oculares presentaban puntos de desacuerdo y que esto no invalidaba automáticamente su confiabilidad.

Si fuera el deseo de Dios proporcionarnos un relato preciso y confiable de la vida de Jesús, un relato en el que pudiéramos confiar y reconocer como coherente con otras formas de testimonio de los testigos, sin duda Dios lo consiguió con los cuatro relatos de los Evangelios. Sí, los relatos son *complejos*. Están llenos de idiosincrasias y perspectivas personales junto con narraciones comunes de historias conocidas. Hay lugares donde los críticos pueden proponer la apariencia de una contradicción y lugares donde los autores se centraron en algo que consideraban importante mientras ignoraban los detalles de importancia para otros. Pero ¿esperaríamos algo diferente del relato verdadero y confiable de testigos oculares? Yo ciertamente no lo haría, basado en lo que he visto profesionalmente.

Seguramente esas aparentes "contradicciones" y curiosas peculiaridades estuvieron presentes en los primeros textos y fueron evidentes para los primeros cristianos. Los manuscritos de los Evangelios más antiguos que tenemos muestran este tipo de *variabilidad de testigos*, y no hay razón para pensar que los originales fueron menos únicos o idiosincrásicos. Los primeros creyentes pudieron haber destruido todos menos uno de los relatos, cambiado los detalles *conflictivos* o simplemente *armonizado* los Evangelios. Pero estos diversos relatos fueron preservados (como son) porque son verdaderos; muestran todas las características que esperaríamos en el testimonio de un testigo ocular auténtico. Si la Iglesia primitiva hubiera eliminado las cuatro perspectivas de los testigos oculares y nos hubiera limitado a una versión ordenada, inevitablemente habríamos pasado por alto algún detalle importante. Si yo hubiera intentado *limpiar* las aparentes contradicciones entre los testimonios de Silvia y Paul, habría ignorado las claras descripciones del arma y la camiseta. En cambio, confié en la palabra de Silvia y Paul, conocí sus perspectivas personales, y escribí una orden de allanamiento para buscar estos dos artículos. Recuperé tanto la camiseta como la pistola y eventualmente usé estas piezas de evidencia para condenar al ladrón en este caso.

Silvia añadió un detalle omitido por Paul

Paul añadió detalles omitidos por Silvia

NO TODOS LOS RECUERDOS SON IGUALES

Silvia y Paul eran testigos confiables, aunque sus perspectivas individuales enmarcaron sus observaciones del robo de maneras únicas. Pero ¿y si pasaran muchos años antes de que su testimonio se requiriera en el tribunal? ¿No podría el paso del tiempo afectar sus recuerdos del evento? Todos hemos olvidado detalles de eventos pasados. ¿Sería posible, y de hecho razonable, que Silvia y Paul olvidaran o confundieran algún detalle importante de este robo?

Se ha escrito mucho acerca de la "falta de confiabilidad" del testimonio de testigos oculares a lo largo del tiempo, especialmente porque casos que antes dependían de la identificación de testigos oculares han sido anulados por nuevas pruebas de ADN. De hecho, la Corte Suprema de Nueva Jersey señaló recientemente casos como estos y citó una "preocupante falta de confiabilidad en las identificaciones de los testigos oculares". Como resultado, el tribunal emitió nuevas reglas para facilitar a los acusados impugnar las pruebas de los testigos oculares en los casos penales.[3] Considerando que algunas identificaciones de testigos oculares han sido anuladas por evidencia de ADN, ¿por qué deberíamos confiar en el testimonio de testigos oculares sobre un evento del pasado?

En mi experiencia como detective de casos sin resolver, he aprendido que no todos los recuerdos se crean de la misma manera. Permítame darle un ejemplo. Si me pregunta qué hice hace cinco años en el día de San Valentín (el 14 de febrero), podría o no ser capaz de recordar muchos de los detalles. Probablemente llevé a mi esposa a cenar o tal vez a unas pequeñas vacaciones. Probablemente podría poner a prueba mi memoria y recordar el día con cierta precisión, pero podría confundirlo con recuerdos de otro día de San Valentín; después de todo, tengo treinta y tres recuerdos del día de San Valentín con mi esposa (comenzamos a salir en 1979). Este día fue importante para mí, quizá puede *resaltar* en mi memoria un poco más que otros días de febrero, pero si me piden detalles cronológicos específicos, es posible que me cueste recordar los detalles del día de San Valentín de hace cinco años.

Pero si me pide que recuerde los detalles del día de San Valentín de 1988, puedo proporcionarle un recuerdo mucho más preciso. Este fue el día que Susie y yo nos casamos. *Sobresale* en mi mente. Puedo recordar los detalles con mayor precisión porque este evento fue inigualable en mi vida y experiencia. Es la única vez que me he casado, y la emoción e importancia del evento fueron incomparables para mí. El día de San Valentín destaca respecto a otros días de febrero, pero ese día de San Valentín fue aún más especial. No todos los recuerdos son igualmente importantes o memorables.

| 11 de septiembre de 2001 | 28 de enero de 1986 | 22 de noviembre de 1963 | 7 de diciembre de 1941 | Abril 33 |

Recordamos eventos únicos, irrepetibles y emocionalmente poderosos

Cuando los testigos oculares experimentan un evento igualmente único, irrepetible y poderoso, es mucho más probable tenerlo presente y recordar detalles específicos con precisión. Silvia y Paul nunca habían presenciado un robo antes del que vieron en la tienda. Ese fue un evento único e irrepetible. Como tal, sobresalió en sus mentes y recuerdos. Esto no significa que sus testimonios deban ser aceptados sin probarse; los cuatro criterios que ya hemos descrito en este capítulo aún deben aplicarse a Silvia y Paul. Todavía debemos determinar si estuvieron presentes para ver el robo y si tienen un historial de honestidad y precisión. Aún necesitamos determinar si sus testimonios pueden ser corroborados por evidencia adicional y examinar sus motivos para asegurarnos de que no estén mintiendo. Si estos criterios se cumplen, tenemos buenas razones para creer que sus testimonios son confiables.

LOS INIGUALABLES EVENTOS DEL NUEVO TESTAMENTO

Recuerdo el día en que me casé porque fue único, irrepetible y personalmente importante. Ahora ponte en los zapatos de los apóstoles mientras atestiguaban los milagros y la resurrección de Jesús. Ninguno de esos testigos oculares había visto antes a alguien como Jesús. Él hizo más que enseñarles importantes lecciones; asombró a los testigos con poderosos milagros únicos y personales.

Imagine, por ejemplo, que *le gusta pescar*. Su pasatiempo de pesca le obliga a sentarse en un bote en el lago local tres o cuatro veces a la semana. Si le preguntara: "¿Cómo estuvo la pesca el 10 de abril del 2019?", posiblemente tendría dificultades para recordar su actividad. Un día de pesca es muy parecido al siguiente. Pero si un día está sentado en el lago y alguien se acerca a su bote *caminando sobre el agua*, bueno, ¡ese es un día que difícilmente olvidará!

Un día común   Un día común   Un día común   Un día común   Un día extraordinario

Los apóstoles solo experimentaron a un Jesús en su vida; solo observaron a un hombre hacer milagros y resucitar de entre los muertos. La resurrección, por ejemplo, fue única, irrepetible y poderosa. Los testigos del Evangelio observaron muchos eventos memorables y poderosos y nos brindaron relatos distintivos, idiosincrásicos, personales y confiables. Solo hay que tomarnos el tiempo para entender la perspectiva y carácter de cada testigo ocular y luego determinar si los relatos son confiables según los cuatro criterios que hemos descrito (más en la sección dos).

 ## HERRAMIENTA PARA EL MALETÍN, UN CONSEJO PARA LA LISTA

Este quizá sea uno de los principios más importantes que podamos guardar en nuestro maletín de trabajo. A menos que haya trabajado mucho con testigos oculares y se haya familiarizado con la naturaleza de las aparentes contradicciones en sus declaraciones, es fácil suponer que las personas mienten (o se equivocan) simplemente porque no están de acuerdo con cada detalle o han ignorado algunos hechos en favor de otros. Debemos recordar por lo menos que la declaración de un testigo ocular puede ser confiable a pesar de las aparentes *contradicciones*. Si bien podemos quejarnos de dos declaraciones diferentes, sospecharíamos aún más si no hubiera peculiaridades o diferencias. Si este fuera el caso de los Evangelios, apuesto que argumentaríamos que fueron el resultado de alguna colusión elaborada. Al examinar las declaraciones de los Evangelios, debemos dar a los escritores el mismo beneficio de la duda que les daríamos a otros testigos. Los testigos humanos producen testimonios humanos; regularmente son idiosincrásicos y personales, pero confiables.

Como cristiano, reconozco que la Biblia es *La Palabra de Dios*, pero también reconozco que nos fue entregada a través de las observaciones y recuerdos de testigos humanos. Antes de compartir *que* la Biblia tiene algo importante que ofrecer, generalmente me tomo el tiempo para explicar *por qué* la Biblia tiene algo importante que ofrecer. Es importante que la gente comprenda que los escritores se identificaron a sí mismos como *testigos*. No estaban escribiendo *ficción moral*. Estaban registrando lo que vieron con sus propios ojos, escucharon con sus propios oídos y tocaron con sus propias manos. Reconozcamos la importancia de la *confiabilidad* bíblica y ayudemos a nuestros amigos escépticos a reconocer la naturaleza del testimonio personal y confiable de un testigo ocular. Muchos de nosotros hemos visto o escuchado algo que cambió para siempre la manera en que concebimos el mundo a nuestro alrededor. Eso es precisamente lo que le ocurrió a los escritores de los Evangelios. Sus observaciones los cambiaron para siempre, y su testimonio puede cambiar el mundo en que vivimos.

Capítulo 5

Principio #5:

PRESTE ATENCIÓN A CADA PALABRA

Luego de un agotador día de entrevistas, no estábamos ni cerca de tener un sospechoso a la vista. Aun buscábamos *un punto de partida*, una dirección que nos llevara al sospechoso que mató a una joven en nuestra ciudad en 1981. Logramos localizar a todos los hombres y mujeres que eran sospechosos de este crimen hace muchos años y acordamos entrevistas con ellos. Ocho horas después de estas reuniones, todavía estaba indeciso sobre quién podría ser el candidato más probable del asesinato. Entonces Scott Taylor dijo algo que llamó mi atención.

Scott salía con la victima aproximadamente un año antes del asesinato. Fue interrogado en 1981, junto con muchos otros hombres que salieron con ella o la conocían. Los investigadores originales no pudieron identificar a ninguno de estos hombres como principal sospechoso. Hoy, Scott dijo algo inusual. No fue nada grande. De hecho, mi compañero ni lo captó.

Le preguntamos a cada candidato cómo se "sentía" con relación al asesinato de la víctima. Fuimos cuidadosos de hacer la pregunta de la misma manera cada vez; las respuestas nos importaban mientras tratábamos de entender las relaciones entre los posibles sospechosos y la víctima. Uno respondió: "Me sorprendió que alguien pudiera haberla matado". Otro nos dijo: "Es muy trágico; espero que atrapen al asesino". Un tercero dijo: "Aunque tuvimos problemas, quedé devastado cuando me enteré". Scott dijo algo muy distinto.

—Scott, ¿cómo te sentiste por su muerte? ¿Tuviste algún sentimiento al respecto de una forma u otra? —le pregunté casualmente, con la esperanza de medir su respuesta.

Scott hizo una pausa, eligió sus palabras, encogió sus hombros levemente y dijo: —Bueno, lamenté verla muerta, ¿sabes? No siempre nos llevamos bien, pero nunca es bueno ver morir a alguien.

De todas las posibles respuestas que Scott podría haber dado, esta me pareció extraña y un poco reveladora. Pudo haber sido simplemente una figura retórica común para Scott. Si era así, una entrevista más completa podría provocar una respuesta similar sobre otra cosa. Pero la primera respuesta de Scott a nuestra pregunta fue que él "lamentaba verla muerta". Sabíamos que el asesino estuvo parado junto al cuerpo de la víctima y se aseguró de que estuviera muerta empujándola (basado en las manchas de sangre). Se podría decir razonablemente que el asesino "la vio muerta" antes de abandonar la escena. ¿Scott, sin darse cuenta, nos dijo algo sobre su participación en este crimen? Pasaría otro año antes de que pudiéramos completar nuestra investigación. Al final, supimos mucho más acerca de la relación de Scott con la víctima y eventualmente determinamos que él la mató porque no quería que nadie más saliera con ella luego de su ruptura. Reunimos evidencia acumulativa y circunstancial para presentar nuestro caso. La declaración de Scott sobre "verla muerta" nos apuntó en su dirección y fue finalmente usada en el juicio (junto con todo lo demás que sabíamos) para condenarlo. ¿Fue esta declaración suficiente, por sí sola, para presentar nuestro caso? Claro que no. Pero era consistente con la participación de Scott y reflejó realmente cómo se sintió en los momentos posteriores al crimen.

El caso de Scott me enseñó el valor de estar muy atento a cada palabra que un sospechoso pueda dar. Todos elegimos las palabras que usamos. Algunas veces las elegimos por costumbre. Algunas veces elegimos palabras que reflejan, ya sea consciente o inconscientemente, la verdad sobre cómo nos sentimos o lo que realmente sucedió. He aprendido a aferrarme a cada palabra.

EL ARTE DEL ANÁLISIS FORENSE DE LAS DECLARACIONES

En mis primeros años como investigador, mi departamento me envió a varias clases, seminarios, y ejercicios de capacitación para mejorar mis habilidades. Una de esas clases fue un curso en *Análisis Forense de las Declaraciones* (FSA, por sus siglas en inglés). Allí aprendí a refinar mi habilidad de escuchar y de interpretar cada palabra dada por un sospechoso en un caso. Comencé a emplear técnicas de FSA casi inmediatamente. Rutinariamente pedía a los sospechosos escribir lo que ellos habían hecho el día del asesinato, declarando sus actividades desde el momento en que se

levantaron por la mañana hasta el momento en que se fueron a dormir. Le daba a cada sospechoso una hoja en blanco a rayas y un *bolígrafo*. Por lo tanto, cualquier alteración sería imborrable, lo que me permitiría ver qué habían escrito inicialmente y cuándo se sentían incómodos con su elección original de palabras. Luego, examinaba la declaración, haciendo muchas preguntas importantes.
¿Qué tipo de palabras usó el sospechoso para
describir a la víctima? ¿Alguna vez el sospechoso
pasó inadvertidamente del presente al pasado, revelando su presencia o participación en la escena del
crimen? ¿El sospechoso resume o amplía la descripción de eventos para esconder algo o miente sobre
algo de lo ocurrido? ¿El sospechoso sobreestima o
subestima a la víctima en un esfuerzo para parecer

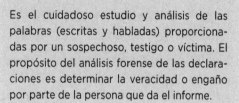

Análisis forense de las declaraciones

Es el cuidadoso estudio y análisis de las palabras (escritas y habladas) proporcionadas por un sospechoso, testigo o víctima. El propósito del análisis forense de las declaraciones es determinar la veracidad o engaño por parte de la persona que da el informe.

más amigable o desinteresado con ella? En esencia, examinaba cada palabra para ver si proveía alguna pista relacionada con la participación del sospechoso en el crimen.

Permítame darle un ejemplo. Imagine que le preguntamos a un sospechoso sobre la actividad que tuvo anoche con su esposa (quien ahora es la víctima de un homicidio). Al describir lo sucedido, el hombre responde:

"Llevé a Amy, mi hermosa esposa durante treinta y un años, a cenar y al cine".

Ya he conocido algo sobre su relación solo en esta oración. Observe que el sospechoso nos dijo el nombre de su esposa y aparentemente estaba tan orgulloso de ella (o de su relación) como para mencionar cuánto tiempo habían estado juntos. Observe también que el sospechoso usó una expresión posesiva "mi hermosa esposa" cuando fácilmente pudo haberla descrito de cualquier otra manera, por ejemplo, si hubiera dicho lo siguiente:

"Llevé a mi esposa a cenar y al cine".

Aunque aún usó una expresión posesiva ("mi esposa") en esta respuesta, no la describió como hermosa, y se reservó la información sobre su nombre y la duración de su relación. Tal vez sea una persona introvertida que se sintió incómoda al revelar detalles personales. Quizá no estaba tan orgulloso de su esposa o quería distanciarse de ella. Tendríamos que pasar más tiempo con él para saber más. Imaginemos ahora que dijo esto en respuesta a nuestro interrogatorio:

"Llevé a la esposa a cenar y al cine".

El sospechoso omitió el lenguaje posesivo y describió a su esposa como "la esposa". Uhm. ¿Por qué haría eso? Tal vez esta es solo una forma de hablar que siempre ha usado para describir a alguien con quien tenía una relación, buena o mala. Quizá él estaba distanciándose de su esposa por alguna razón. Una vez más, tendríamos que investigar esto con mayor profundidad. Finalmente, imaginemos que él dijo algo como esto:

"Llevé a la vieja a cenar y al cine".

En este caso, el sospechoso quizás solo usó una forma de hablar propia de su región o cultura o incluso de su familia. Sin embargo, podría haber revelado algo sobre sus sentimientos hacia su esposa. No usó un lenguaje posesivo, nos dio muy poca información sobre ella, y la describió de manera poco halagadora. Tendríamos que mirar otras áreas de su declaración para ver si usó un lenguaje similar para describir a otros o si se reservó este tipo de palabras solo para su esposa. En cualquier caso, su uso de palabras nos dice algo importante.

Claramente, este tipo de análisis de palabras es más un *arte interpretativo* que una *ciencia exacta*, pero cuanto más entendamos la importancia de las palabras, mejor discernimos sus significados. Recuerde, todos elegimos las palabras que usamos y tenemos muchas de dónde elegir. Nuestras palabras finalmente nos delatan.

 ## LOS EVANGELIOS FORENSES

Había entrevistado y estudiado declaraciones de sospechosos y testigos por muchos años antes de abrir mi primera Biblia. Me acerqué a los Evangelios como lo haría con cualquier otra declaración forense. Cada pequeña idiosincrasia destacó para mí. Cada palabra era importante. Los pequeños detalles me interesaron y me obligaron a profundizar. Por ejemplo, me resultó curioso que Juan nunca mencionara el nombre propio de la madre de Jesús (María). En su Evangelio, Juan se refirió repetidamente a María como "la madre de Jesús", pero nunca se refiere a ella por su nombre (como lo hicieron los otros escritores de los Evangelios). ¿Por qué?

Quizás se encuentre la respuesta en el capítulo 19 del Evangelio de Juan cuando Jesús encomienda a María a Juan en la crucifixión. Jesús le dijo a Juan que María ahora era su madre, y le dijo a María que Juan ahora era su hijo. A partir de ese momento Juan tomó a María y cuidó de ella (como lo haría con su propia madre). Al escribir el Evangelio de Juan muchos años después, Juan pudo haberse sentido incómodo al llamar a su propia madre por su nombre formal. Estoy seguro de que, en ese momento de su vida, Juan se refería a María como "mi madre". No me sorprende que Juan dudara en llamar a su madre adoptiva por su nombre propio en el Evangelio. Cuanto más leía los Evangelios, más me interesaba adoptar un enfoque forense para leer *entre líneas* a los escritores de los Evangelios. Mi interés llegó a su punto máximo en el Evangelio de Marcos.

¿Qué intenta lograr el analista forense de declaraciones?

Los analistas forenses de declaraciones examinan con cuidado las palabras dadas por testigos y sospechosos para determinar:

1. ¿El escritor (o hablante) está más involucrado en el evento de lo que quiere que creamos?

2. ¿Existen problemas relacionales entre el escritor (o hablante) y la víctima que es el sujeto del caso?

3. ¿Cuáles son las tensiones ocultas entre el escritor (o hablante) y la víctima en la investigación?

4. ¿El escritor (o hablante) estaba haciendo lo que declaró al momento del crimen?

5. ¿Se debería considerar al escritor (o hablante) como sospechoso del delito en cuestión?

INVESTIGANDO LAS PALABRAS DE MARCOS

Uno de mis amigos cristianos me dijo que el Evangelio de Marcos era en realidad el relato del testimonio ocular del apóstol Pedro. La Iglesia primitiva parecía estar de acuerdo. Papías (ca. 70 – ca. 63 d. C.), el antiguo obispo de Hierápolis (localizada en Turquía Occidental), afirmó que Marcos escribió su Evangelio en Roma como escriba de Pedro. Informó que "Marcos, habiendo sido el intérprete de Pedro, escribió con precisión, aunque no en orden, todo lo que recordaba de las cosas dichas o hechas por Cristo".[1]

Ireneo (ca. 115 – ca. 202 d. C.), alumno de Ignacio y Policarpo (dos estudiantes del apóstol Juan) y el eventual obispo de Lugdunum (ahora Lyon, Francia), repitió esta afirmación. Él escribió: "Marcos, el discípulo e intérprete de Pedro, también nos transmitió por escrito lo que había sido predicado por Pedro".[2] Justino Mártir (ca. 103 – ca. 165 d. C.), el famoso apologista de la Iglesia primitiva de Roma, también mencionó una primera "biografía" de Pedro y describió de una manera única al Evangelio de Marcos.[3]

Además, Clemente de Alejandría (ca. 150 – ca. 215 d. C.), el líder histórico de la iglesia en África del Norte, escribió que aquellos que escucharon las enseñanzas de Pedro "no estaban satisfechos con escucharlas solo una vez o con la enseñanza no escrita del Evangelio divino, sino que con todo tipo de súplicas le rogaron a Marcos, quien era seguidor de Pedro y cuyo Evangelio se conserva, que les dejara por escrito un registro de la enseñanza transmitida a ellos oralmente".[4] Estos líderes de la Iglesia primitiva y estudiantes de los apóstoles (procedentes de diversas regiones geográficas) eran "los más cercanos a la acción". Ellos afirmaron repetida y uniformemente que el Evangelio de Marcos era un registro de las observaciones de Pedro como testigo ocular. Pero ¿podría un análisis forense de las declaraciones del Evangelio verificar estas afirmaciones?

Cuando comencé a estudiar el Evangelio de Marcos de manera forense, observé muchas anomalías interesantes relacionadas con Pedro. Estas peculiaridades parecían razonables si Pedro era, de hecho, la fuente de información de Marcos. Permítame compartirle algunas de ellas.

MARCOS MENCIONÓ A PEDRO CON PROMINENCIA
Pedro aparece frecuentemente en el Evangelio de Marcos. Como ejemplo, Marcos se refirió a Pedro veintiséis veces en su breve relato, comparado con Mateo, quien mencionó a Pedro solo tres veces en su Evangelio que es mucho más extenso.

MARCOS IDENTIFICÓ A PEDRO CON MUCHA FAMILIARIDAD
Sobre todo, Marcos es el único escritor que se negó a utilizar el término "Simón Pedro" al describir a Pedro (usó "Simón" o "Pedro"). Esto puede parecer trivial, pero es importante. Simón era el nombre masculino más popular en Palestina[5] en el tiempo en que Marcos escribió[6], pero Marcos no intentó distinguir al apóstol Simón de los cientos de otros Simones conocidos por sus lectores. (Juan, en comparación, se refirió a Pedro más

formalmente como "Simón Pedro" diecisiete veces). Marcos continuamente usó la versión más corta y familiar para referirse a Pedro.

MARCOS USÓ A PEDRO COMO UN "SUJETALIBROS"

A diferencia de los otros relatos de los Evangelios, Pedro es el primer discípulo identificado en el texto (Mr. 1:16) y el último discípulo mencionado en el texto (Mr. 16:7). Los eruditos describen este tipo de "sujetalibros" como un *inclusio*[7] y lo han observado en otros textos antiguos en los que un fragmento de la historia se atribuye a un testigo ocular en particular. En todo caso, Pedro es prominente en el Evangelio de Marcos como el primero y el último discípulo nombrado en la narrativa.

MARCOS DIO A PEDRO EL MÁXIMO RESPETO

Marcos también parecía respetar a Pedro más que cualquier otro escritor de los Evangelios; repetidamente habló de Pedro de la forma más amable posible, aun cuando Pedro hizo el ridículo. El Evangelio de Mateo, por ejemplo, describe a Jesús caminando sobre el agua y a Pedro fallando en el intento de hacer lo mismo (Mt. 14:22–33). En el relato de Mateo, Pedro comienza a hundirse en el mar; Jesús lo describe como incrédulo y un hombre "de poca fe". Curiosamente, Marcos omitió respetuosamente la participación de Pedro por completo (Mr. 6:45–53). De forma similar, el Evangelio de Lucas incluye una descripción de la "pesca milagrosa" en la que se escuchó a Pedro dudar de la sabiduría de Jesús al intentar pescar cuando Pedro no había tenido éxito en todo el día. Después de atrapar más peces de los que las redes podían soportar, Pedro dijo: "apártate de mí, Señor, porque soy hombre pecador" (Lc. 5:1–11). El relato paralelo de Marcos omite por completo este episodio (Mr. 1:16–20). Mientras otros Evangelios mencionan a Pedro directamente como la fuente de alguna afirmación o pregunta penosa, el Evangelio de Marcos omite el nombre de Pedro específicamente y atribuye la afirmación o la pregunta a "los discípulos" o a algún otro miembro no nombrado del grupo. Cuando Pedro hacía alguna penosa declaración (como decir que él nunca dejaría a Jesús, en Mt. 16:21–23), la última versión editada y menos vergonzosa puede encontrarse en el relato de Marcos (Mr. 8:31–33). Frecuentemente, Marcos muestra una versión más amable de la historia de Pedro.

MARCOS INCLUYÓ DETALLES PREFERENTEMENTE ATRIBUIDOS A PEDRO

Solo Marcos incluyó varios detalles, aparentemente sin importancia, que apuntan a la participación de Pedro en la elaboración del texto. Solo Marcos nos dice que "Simón y sus compañeros" fueron quienes fueron a buscar a Jesús cuando estaba orando en un lugar apartado (Mr. 1:35–37). Marcos también es el único autor de un Evangelio que describe a Pedro como el primero en llamar la atención de Jesús hacia la higuera seca (compare Mt. 21:18–19 con Mr. 11:20–21). Solo Marcos identificó a los discípulos específicos (incluyendo a Pedro) que le preguntaron a Jesús sobre el momento de la destrucción del templo (compare Mt. 24:1–3 con Mr. 13:1–4). Mientras que Mateo nos dijo (en Mt. 4:13–16) que Jesús regresó a Galilea y "vino y habitó en Capernaúm". Marcos dijo que Jesús entró en Capernaúm y la gente escuchó que "estaba en casa" (Mr. 2:1). Marcos dijo esto a pesar de que Jesús no nació ni se crio allí. ¿Por qué Marcos la llamaría "hogar" cuando Jesús parece haber permanecido allí por muy poco tiempo y viajó por toda la región mucho más de lo que permaneció en Capernaúm? Solo Marcos describió Capernaúm como la ciudad natal *de Pedro* (Mr. 1:21, 29–31) y el hogar de la madre de Pedro. Pedro podría tener mayor razón para referirse a Capernaúm como "hogar".

MARCOS UTILIZÓ EL ESQUEMA DE PEDRO

Muchos eruditos también observan que el estilo de predicación de Pedro (vea Hch. 1:21–22 y Hch. 10:37–41, por ejemplo) parece omitir constantemente detalles de la vida privada de Jesús. Cuando Pedro hablaba sobre Jesús, limitaba sus descripciones a la vida pública de Jesús, su muerte, resurrección y ascensión. Marcos también siguió este esquema, omitiendo la narrativa del nacimiento y otros detalles de la vida privada de Jesús que se encuentran en los Evangelios de Mateo y Lucas.

Marcos usó títulos específicos para describir a Pedro, le dio prioridad en la narrativa, incluyó de manera única información relacionada con Pedro y copió el esquema de predicación de Pedro al estructurar su propio Evangelio. Estos hechos circunstanciales respaldan las afirmaciones de los padres de la Iglesia primitiva que identificaron a Pedro como la fuente de información de Marcos.

Al considerar cada palabra, fuimos capaces de construir un caso circunstancial razonable para el Evangelio de Marcos como el testimonio de un testigo ocular. Cuando se combina con el testimonio de la Iglesia primitiva, esta evidencia se vuelve aún más poderosa.

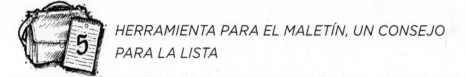

HERRAMIENTA PARA EL MALETÍN, UN CONSEJO PARA LA LISTA

Recuerde este principio mientras reúne las herramientas en su maletín de *trabajo* y haga su propia *lista* de investigación. Al prestar mucha atención a las palabras que usan los testigos, podemos aprender mucho sobre la confiabilidad y legitimidad de sus declaraciones. Últimamente ha estado de moda cuestionar la autenticidad de los Evangelios y las afirmaciones de los padres de la Iglesia primitiva en relación con su autoría. ¿Fueron los Evangelios intencionalmente mal atribuidos a los apóstoles o a sus colaboradores? ¿Hubo algún tipo de conspiración para que los Evangelios parecieran fidedignos? La evidencia interna *forense* del lenguaje puede ayudarnos a verificar las afirmaciones de la Iglesia primitiva relacionadas con estos textos. Las palabras específicas usadas por los autores pueden enseñarnos más de lo que previamente hubiera creído posible. Si bien ha sido popular en el siglo XXI tratar de poner en duda lo que era tan cierto para aquellos en los siglos primero y segundo, la consideración cuidadosa de las palabras por sí misma verificará muchas de las declaraciones de los líderes de la Iglesia primitiva. Necesitamos hacer nuestro mejor esfuerzo para no confiar en otros (incluyéndome) para este análisis cuidadoso. Por el contrario, lea los Evangelios por su cuenta y examine cada palabra. Cada uno tiene la obligación de *hacer el trabajo pesado* por sí mismo.

Reconozco que a muchos de nosotros, como cristianos, nos cuesta tratar *la Palabra de Dios* como si fuera una declaración sospechosa de un testigo ocular que requiere una disección forense. Casi parece faltarle el respeto a la santa naturaleza del texto. Incluso he conocido hermanos y hermanas en la fe que dudaban en escribir sobre las páginas de sus Biblias por amor y respeto a la Palabra. Ciertamente entiendo este tipo de reverencia, y también comprendo que es tentador para nosotros relegar este tipo de análisis a los *expertos* en la materia. Pero le sorprenderá lo rica y profunda que se volverá su fe después de un cuidadoso análisis y estudio. Algunos de nosotros no creemos tener suficiente entrenamiento o experiencia para examinar el lenguaje de las Escrituras. Pero imagine que uno de sus hijos escribiera una carta larga para usted donde describe algo importante para él. Como lector interesado, se encontrará midiendo intuitivamente su elección de palabras. Inevitablemente "leería entre líneas" y comprendería mucho más de lo que el simple contenido pretendía. Todos tenemos suficiente *experiencia* para comenzar a cuestionar el uso de palabras específicas y desarrollar una comprensión más profunda del texto bíblico si tan solo nos volviéramos lectores interesados en las Escrituras. Hay muchos expertos confiables en el área que pueden ayudarnos a esclarecer el lenguaje. Simplemente necesitamos *elevar el nivel* en nuestro enfoque del texto bíblico. Sí, es un trabajo duro, pero es nuestro deber como embajadores de Cristo y como defensores de la fe.

Capítulo 6

Principio #6:

SEPARE LOS ARTEFACTOS
DE LAS EVIDENCIAS

Damas y caballeros, la pieza más importante de la evidencia forense que tiene la fiscalía en este caso demuestra que el acusado no tiene *nada* que ver con este homicidio. —El abogado defensor hizo una pausa mientras su proyector mostraba una imagen de una colilla de cigarro en la pantalla del tribunal. Los miembros del jurado estaban sentados en silencio con sus ojos fijos en la fotografía. Muchos miembros del jurado estaban tomando notas.

Sabía que la colilla de cigarro iba a ser un problema para nuestro caso desde el momento que la vi por primera vez en la colección de evidencia. La víctima de este crimen fue asesinada en su patio delantero en 1990. El homicidio ocurrió temprano por la mañana, mucho antes del amanecer. Cuando los oficiales fueron llamados a la escena, acordonaron la zona correctamente para preservarla para los criminalistas. Tuvieron cuidado de *sobreestimar* la posible escena del crimen, delimitando una gran área dentro de la cinta solo para estar seguros de que no se les escapara nada. Aunque siempre es aconsejable acordonar con la cinta la mayor área posible, con frecuencia resulta en una colección excesiva de artículos. Algunos de estos artículos están ligados al crimen y pueden ser correctamente identificados como evidencia; algunos de estos artículos son simplemente *artefactos* sin relación recogidos incidentalmente. Eventualmente, el jurado decidirá cuál es cuál.

—La fiscalía no realizó una prueba de ADN en esta colilla de cigarro, aunque sabían que era importante para el caso. Después de todo, la recogieron. ¿Por qué harían eso a menos que pensaran que era una prueba? —El abogado del acusado hizo una pausa esperando que todos los miembros del jurado volvieran a mirarlo—. Como saben, nuestro equipo realizó las pruebas pertinentes y descubrió que, de hecho, había ADN en el cigarro, y aunque permanece sin identificar, no pertenece a mi cliente, pertenece al verdadero asesino. La policía nunca examinó el ADN y perdió la oportunidad de encontrar al verdadero asesino—.

Es cierto que nunca hicimos las pruebas de ADN a la colilla de cigarro. También era cierto que la parte de ADN encontrada por el equipo de la defensa no pertenecía al acusado y permanecía sin identificar. Pero no era verdad que la colilla de cigarro fuera una pieza de evidencia. Sí, la recogimos porque estaba dentro de la cinta en la escena del crimen. Pero esta cinta amarilla recogía tanto evidencia como *artefactos*.

La colilla de cigarro se descubrió en el patio lateral de un vecino, aproximadamente a quince metros del lugar del asesinato. Estaba en el límite del área acordonada. Si los oficiales hubieran acordonado una zona con un radio de tan solo quince centímetros menos, esta colilla no sería parte de nuestro caso. La defensa argumentó que el sospechoso se escondía en ese lugar, a quince metros de la puerta principal de la víctima, y debió haber fumado un cigarrillo mientras esperaba que la víctima saliera de su casa. Querían que el jurado considerara la colilla como evidencia de la identidad del asesino. Yo sabía que no fue así. La ubicación del cigarro era totalmente visible desde la calle y del porche delantero. Si el sospechoso hubiera estado esperando ahí, habría estado expuesto y visible a cualquiera que pasara (y para la víctima tan pronto como saliera por la puerta principal). Si el asesino confiaba en la oscuridad para ocultar su presencia, la brasa incandescente del cigarro y el olor del humo lo delatarían. Y lo que es más importante, yo sabía por la familia de la víctima que esta zona era utilizada por los amigos de su hija para fumar cigarros mientras la visitaban y trabajaban en sus autos en el camino de entrada. Nunca examinamos el cigarro como evidencia en este caso porque nunca lo vimos como evidencia en primer lugar. Era simplemente un artefacto en la escena.

Como todos nuestros casos, esta investigación se basó en evidencias circunstanciales. No tenía evidencia directa, y la defensa lo sabía. El acusado había sido muy cuidadoso y escapó sin dejar rastro de su presencia. Aunque más de treinta piezas de evidencia circunstancial señalaban al acusado como el asesino, el único artículo físico recogido en la escena resultó ser una colilla de cigarro sin relación alguna. Ahora, los miembros del jurado tendrían que considerar el caso circunstancial en torno al cigarro antes de que pudieran considerar el caso circunstancial en torno al acusado. Eso fue exactamente lo que hicieron. Los miembros del jurado regresaron en menos de tres horas. Fueron capaces de distinguir entre la evidencia y los artefactos, y mantuvieron adecuadamente la colilla de cigarro en su lugar como un artefacto de la escena del crimen. Condenaron al acusado por homicidio.

LOS ARTEFACTOS TEXTUALES DE LA BIBLIA

Al igual que las escenas de crimen, las escenas históricas se pueden reconstruir con la evidencia que tenemos a nuestra disposición. Sin embargo, debemos ser cuidadosos para distinguir entre *evidencias* y *artefactos*. El testimonio de un testigo puede ser propiamente visto como evidencia, pero cualquier cosa añadida al relato después del hecho debe verse con precaución como un posible *artefacto* (algo que existe en el texto cuando no debería). Los Evangelios afirman ser relatos de testigos oculares, pero quizás se sorprenda al encontrar que hay artefactos textuales insertados en relatos evidenciales. Parece que los escribas, al copiar los textos a través de los años, agregaron líneas a la narrativa original. Permítame darle un ejemplo.

La mayoría de nosotros estamos familiarizados con la historia bíblica del Evangelio de Juan en la que a Jesús se le presentó una mujer acusada de cometer adulterio (Jn. 8:1–11). Los hombres judíos que llevaron a la mujer ante Jesús querían apedrearla, pero Jesús se negó a condenarla y les dijo a los hombres: "El que de vosotros esté sin pecado sea el primero en arrojar la piedra contra ella". Cuando los hombres se marchan, Jesús le dice a la mujer: "Ni yo te condeno; vete, y no peques más". Esta historia es uno de mis pasajes favoritos en toda la Escritura. Lástima que parezca ser un *artefacto*.[1]

Aunque la historia podría ser real, las primeras copias del Evangelio de Juan recuperadas después de siglos no contienen ninguna parte de ella. El último versículo del capítulo 7 y los primeros once versículos del capítulo 8 faltan en los manuscritos más antiguos que tenemos disponibles. Esta historia no aparece hasta que se descubre en copias recientes del Evangelio de Juan, siglos después de la vida de Jesús en la tierra. De hecho, algunos manuscritos bíblicos antiguos la sitúan en un lugar diferente en el Evangelio de Juan. Algunas copias antiguas de la Biblia incluso la colocan en el Evangelio de Lucas. Aunque gran parte de la historia parece coherente con el carácter y las enseñanzas de Jesús, la mayoría de los eruditos creen que no fue parte del relato original de Juan. Esto es un *artefacto* bíblico, y se identifica como tal en todas las traducciones modernas de la Biblia (donde normalmente se indica en el margen o entre corchetes para separarlo del relato fidedigno).

¿Debería preocuparnos la existencia de este artefacto textual? ¿Las adiciones posteriores al registro bíblico descalifican al Nuevo Testamento como un manuscrito confiable? ¿Cómo podemos llamar a la Biblia *inerrante* o *infalible* si contiene una adición posterior tal como esta? Este pasaje no es el único artefacto textual en la Biblia. Hay muchos versículos adicionales considerados artefactos por eruditos y expertos en la Biblia. Veamos algunos de ellos para determinar si su existencia debería alarmarnos:

LUCAS 22:43-44

"Y se le apareció un ángel del cielo para fortalecerle. Y estando en agonía, oraba más intensamente; y era su sudor como grandes gotas de sangre que caían hasta la tierra" (RVR1960). Estos dos versículos no aparecen en los primeros manuscritos del Evangelio de Lucas, y por esta razón han sido omitidos en algunas traducciones bíblicas modernas (como la PDT). Mientras la RVR1960 no los aísla como adiciones posteriores, otras traducciones (como la RVA2015, RVC y DHH) los identifican como tales a pie de páginas o en corchetes especiales.

JUAN 5:4

"Porque un ángel descendía de tiempo en tiempo al estanque, y agitaba el agua; y el que primero descendía al estanque después del movimiento del agua, quedaba sano de cualquier enfermedad que tuviese" (RVR1960). Una vez más, este versículo (junto con las últimas palabras del versículo 3) no aparece en los mejores manuscritos antiguos. Muchas traducciones modernas simplemente han eliminado el versículo (por ejemplo: NTV, NVI y RVA2015) mientras otras los han identificado en los pies de página (por ejemplo: la DHH94I).

La historia de la mujer sorprendida en adulterio

La famosa historia de la mujer sorprendida en adulterio (conocida como Pericope de Adultera) se encuentra hoy en Juan 7:53-8:11. Sin embargo, no estaba presente en los primeros manuscritos conocidos del Evangelio de Juan, incluidos los Papiros 66 (c. 200 d. C.), Papiros 75 (principios del s. III), el Códice Sinaítico (s. IV) y Códice Vaticano (s. VI). Aparece por primera vez en su totalidad en el s. V en el Códice Bezae, pero hay muchos otros Códices de esa época que no contienen la historia (es decir, Códices Alejandrino, de San Efrén, Washingtoniano y Borgia). Aparece en un lugar diferente (después de Juan 21:25) en muchas copias antiguas del texto, incluido un conjunto de antiguos Evangelios escritos en griego conocidos como "Familia 1" que datan del s. XII al s. XV. La historia aparece en el Evangelio de Lucas (después de Lucas 24:53) en un grupo de manuscritos griegos conocidos como "Familia 13" que datan de los s. XI al XV.

1 JUAN 5:7

"Porque tres son los que dan testimonio en el cielo: el Padre, el Verbo y el Espíritu Santo; y estos tres son uno" (RVR1960). La segunda mitad de este versículo ("El Padre, el Verbo, y el Espíritu Santo; y estos tres son uno") no aparece en ningún manuscrito de la Biblia hasta el s. XVI. Ha sido omitido en traducciones modernas como la NVI y NTV, e identificado con notas a pie de página o corchetes en la versión RVC.

HECHOS 15:34

"Mas a Silas le pareció bien el quedarse allí" (RVR1960). Los primeros y más confiables manuscritos no contienen este versículo. Las traducciones modernas como la TLA, NTV y NVI lo han eliminado.

Los escépticos apuntan a pasajes como estos en un esfuerzo para demostrar la poca fiabilidad de los textos bíblicos como relato de testigos oculares. Si estas líneas son ficción, ¿cuántos versículos más son falsos? Cuando era ateo, esta era una de mis principales quejas sobre la Biblia, y descubrí que muy pocos cristianos sabían que existían estos añadidos. Estremecí la fe de muchos de mis amigos cristianos simplemente demostrándoles que estos pasajes no estaban en el texto bíblico original.

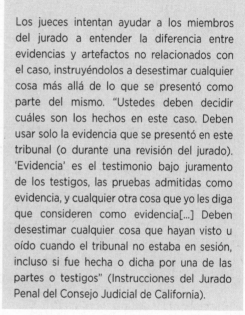

Evidencias y artefactos

Los jueces intentan ayudar a los miembros del jurado a entender la diferencia entre evidencias y artefactos no relacionados con el caso, instruyéndolos a desestimar cualquier cosa más allá de lo que se presentó como parte del mismo. "Ustedes deben decidir cuáles son los hechos en este caso. Deben usar solo la evidencia que se presentó en este tribunal (o durante una revisión del jurado). 'Evidencia' es el testimonio bajo juramento de los testigos, las pruebas admitidas como evidencia, y cualquier otra cosa que yo les diga que consideren como evidencia[...] Deben desestimar cualquier cosa que hayan visto u oído cuando el tribunal no estaba en sesión, incluso si fue hecha o dicha por una de las partes o testigos" (Instrucciones del Jurado Penal del Consejo Judicial de California).

SEPARANDO LOS ARTEFACTOS DE LA EVIDENCIA

No fue sino hasta años después que entendí cómo evaluar la existencia de estos añadidos posteriores. Con el tiempo aprendí que cada escena del crimen presenta su propio conjunto de preguntas y dificultades únicas. Cada escena contiene evidencia importante que nos guía a la verdad, pero también contiene artefactos no relacionados que causan cierta incertidumbre. Nunca he encontrado una escena del crimen libre de artefactos. A pesar de estos artículos no relacionados, nosotros, como detectives, pudimos evaluar el caso y determinar qué pertenecía al crimen y qué no. Sí, siempre había varias preguntas por responder. Pero nuestras inquietudes finalmente se resolvieron cuando separamos los artefactos de la evidencia.

Hacer esto, por supuesto, a veces fue bastante difícil. A lo largo de los años, he desarrollado estrategias que me ayudan a evaluar lo que es importante en una escena del crimen y lo que no lo es. Estos principios también pueden usarse para evaluar los artefactos textuales en los relatos bíblicos.

1 IDENTIFIQUE LAS ADICIONES POSTERIORES

Por lo general, los oficiales que responden a los llamados acordonan las escenas del crimen inmediatamente en preparación para los criminalistas. Luego, los criminalistas fotografían todo y documentan la escena cuidadosamente. Años después, si se descubre un artículo de evidencia y este artículo no está presente en las fotografías originales, tenemos buenas razones para identificarlo como una adición tardía al caso. Una vez que estamos seguros de que algo es una adición tardía, podemos simplemente ignorarla mientras evaluamos la verdadera evidencia.

Esta taza se le cayó al
hombre que descubrió el cuerpo

(No es evidencia del
sospechoso y puede ser excluida)

2 RECONOZCA LAS DIFERENCIAS DE TIPO

Pero ¿y si un artículo estuvo en la escena desde el principio? ¿Cómo podemos determinar si es importante para el caso? Hay algunas cosas que reconocemos como no relacionadas desde el momento en que llegamos. He investigado muchos casos en los que los paramédicos llegaron a la escena antes que la policía. Hicieron un valiente esfuerzo para salvar a la víctima agonizante antes de la llegada de los primeros oficiales en responder. Cuando llegó la policía, la escena del crimen estaba llena de la parafernalia del equipo de paramédicos. Envolturas de vendajes, tubos, jeringas y otros artículos obviamente médicos ahora formaban parte de la escena y fueron fotografiados por los criminalistas antes de mi llegada al lugar. Estos artículos se convirtieron en parte del caso, pero se reconocieron rápida y fácilmente como artefactos. Destacaban; eran la evidencia del esfuerzo del rescate, no del crimen.

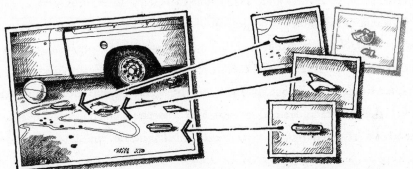

Los desechos de los paramédicos tampoco son evidencia del sospechoso

3 BUSQUE UNA EXPLICACIÓN

Muchos artículos en la escena pueden explicarse por alguna causa no relacionada que explique su presencia y los elimine como evidencia. Una vez tuve un caso en el cual la huella de un zapato fue fotografiada fuera de la casa de la víctima. Inicialmente, pensamos que podría pertenecer al asesino hasta que la cotejamos con la huella del propietario de la casa quien descubrió a la víctima cuando entró a la residencia para ver cómo estaba. Una vez que tuvimos una explicación de la existencia de la huella, la reconocimos como un artefacto.

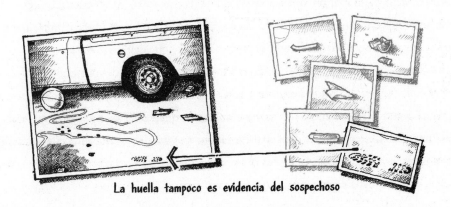

La huella tampoco es evidencia del sospechoso

4 MIRE QUÉ SUCEDE SI LO INCLUYE

Ha habido ocasiones en las que me ha resultado imposible determinar si un artículo era una pieza de evidencia o simplemente un artefacto de la escena. Cuando esto ocurre, a veces imagino un escenario hipotético que incluye el artículo como evidencia, solo para ver si su inclusión cambiaría el resultado del caso. En una ocasión, en la escena del crimen se encontró un lápiz en el suelo junto a la víctima. No estábamos seguros si era parte del crimen o si pertenecía a la víctima o al sospechoso. Los exámenes forenses no proporcionaron nada en cuanto a ADN o huellas digitales. Para estar seguro, decidí considerarlo como evidencia. Rápidamente me di cuenta de que el lápiz no tenía ninguna repercusión en el caso; cuando más tarde reuní la evidencia que apuntaba a un sospechoso específico, la presencia del lápiz no hizo nada para mejorar o debilitar mi caso. Hay veces en las que podemos sentirnos cómodos ignorando un artículo porque no tiene impacto en el resultado, aun si fuese incluido.

5 CONFÍE EN LO QUE SABE

Algunos artículos de escenas del crimen presentan dificultades porque parecen contradecir al enorme grupo de artículos confirmados como evidencia. Imagine que estamos investigando un homicidio y hemos recuperado cuarenta y dos piezas de evidencia que identifican a un hombre llamado Ben Rogers como el asesino. Muchas de estas piezas de evidencia proceden de la escena del crimen, incluyendo su ADN en la víctima, varios artículos personales de Ben abandonados en el lugar, y sus huellas digitales en el arma homicida. Adicionalmente, imagine que tenemos un testigo que lo vio huyendo de la casa de la víctima ensangrentado. Ahora imagine que también hemos recuperado un gafete perteneciente a Scotty Nichols, un hombre que trabajaba con la víctima. Este gafete estaba en una mesita de noche a unos dos metros y medio del cuerpo de la víctima. Cuando le preguntamos a Scotty sobre el gafete, nos dice que lo perdió un día antes de que ocurriera el asesinato, y nos ofrece una coartada verificable para el día del crimen. No tiene idea del por qué su gafete está en la casa de la víctima. ¿Qué debemos hacer con este artículo? En casos como este debemos preguntarnos si la presencia del gafete impacta lo que sabemos de la otra evidencia en la escena. Cuando tenemos evidencia abrumadora que señala en una dirección en particular, es posible que tengamos que aceptar el hecho de que existe cierta ambigüedad relacionada a otros artículos de la escena.

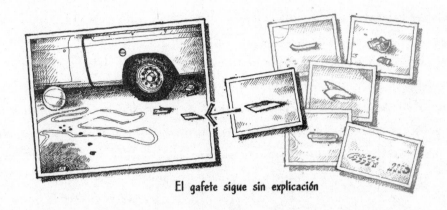

El gafete sigue sin explicación

ENTONCES, ¿PODEMOS CONFIAR EN LA EVIDENCIA BÍBLICA?

Podemos aplicar estos principios mientras examinamos el Nuevo Testamento y evaluamos los pasajes cuestionables para determinar si son evidencia o artefactos. Afortunadamente, tenemos "fotografías" de la escena del crimen para ayudarnos. Tenemos cientos de manuscritos antiguos que nos brindan una fotografía de cómo se veía el texto antes de que alguien agregara algo a la narrativa. Una vez que estas adiciones posteriores se exponen de esta manera, podemos simplemente optar por ignorar los pasajes como artefactos y enfocarnos en el resto como evidencia.

Algunos pasajes bíblicos parecen sospechosos aun antes de descubrir que contienen una variante. Algunos pasajes parecen reflejar un carácter o naturaleza diferente (como la parafernalia paramédica en nuestra escena de homicidio). Los críticos textuales examinaron la historia de la mujer adúltera, por ejemplo, y reconocieron que las palabras griegas usadas en la narrativa se parecen mucho más al uso del lenguaje de Lucas que al de Juan. El pasaje parece ajeno al Evangelio de Juan, aun antes de descubrir que estaba ausente antes del s. V.

A continuación, podemos buscar explicaciones razonables para la adición de estos pasajes (tal como lo hicimos con la huella del zapato del propietario). Veamos los cuatro ejemplos que he dado del Nuevo Testamento y pensemos en algunas explicaciones razonables. Cada adición al texto parece ser un esfuerzo por parte de un escriba para aclarar algo, enfatizar un punto, o agregar algún detalle conocido por el escriba, pero omitido por el apóstol. En Lc. 22:43–44, la agonía de Jesús es enfatizada por la inusual descripción de sangre en su sudor. Esto puede haber sido simplemente un esfuerzo por hacer más vívida la agonía, o quizá el escriba estaba tomando prestado un estilo literario de la época para dar más fuerza al relato. En Juan 5:4, el detalle relacionado con el estanque de Betesda puede haberse añadido simplemente para explicar Juan 5:7, un versículo legítimo que describe la agitación del agua sin explicación adicional. En 1 Juan 5:7, el escriba pudo haber sucumbido ante la fuerte tentación de tomar el único versículo que describía más de cerca la Trinidad y agregar una línea que hiciera la doctrina irrefutable.

Razones por las que los escribas cambiaban a veces el texto

Está claro que los escribas ocasionalmente cambiaban los manuscritos bíblicos al copiarlos. Muchos de estos cambios fueron involuntarios (simples faltas de ortografía o errores gramaticales). Algunos fueron intencionales:

1. Algunas alteraciones intencionales se hacían en un esfuerzo de armonizar pasajes que describen el mismo evento en dos Evangelios separados (pasajes paralelos).

2. Algunas alteraciones intencionales se hacían para añadir detalles conocidos por el escriba pero no descritos claramente por el autor apostólico.

3. Algunas alteraciones intencionales se hacían para aclarar un pasaje de la escritura basado en lo que el escriba pensaba que el pasaje significaba (los escribas no siempre estaban en lo cierto en su interpretación).

Aunque hay muchos versículos que apuntan circunstancialmente a la naturaleza triuna de Dios, esta inserción posterior (si fuera cierta) disiparía toda duda. En Hechos 15:34, el escriba añade un detalle sobre la estadía de Silas en Antioquía. Este hecho pudo haber sido conocido por el escriba (si era nativo de la zona). Por lo que pudo haberlo agregado al texto para completar un detalle que también conocían los lectores locales del relato.

Sin embargo, algunos pasajes bíblicos son más difíciles de evaluar como artefactos. Pueden aparecer en algunos textos antiguos, pero no en otros de la misma época. Cuando este es el caso, podemos optar por incluir hipotéticamente el pasaje como si fuera una evidencia confiable (como el lápiz en nuestra escena del crimen) para ver qué efecto tiene en el caso globalmente. Si optamos, por ejemplo, por incluir la historia de la mujer adúltera como una parte confiable de la narración bíblica, ¿cambiaría lo que sabemos sobre alguno de los relatos centrales de la Biblia? No, no cambiaría. La historia parece coherente con lo que sabemos sobre el carácter y las enseñanzas de Jesús. Podemos imaginar a Jesús haciendo algo así, dado lo que sabemos sobre Él por otros pasajes. La historia de la mujer adúltera no cambia nuestra comprensión final de la enseñanza de la Escritura, aunque se incluya. En la mayoría de las adiciones textuales hechas a la Biblia a lo largo de los siglos, los cambios fueron tan insignificantes que tuvieron muy poco efecto en el contenido de la narración y prácticamente ningún impacto en las declaraciones doctrinales importantes del cristianismo.

Finalmente, debemos aprender a estar cómodos con cierta ambigüedad. Ninguna escena está libre de artefactos, y la *escena del crimen* bíblico no es la excepción. Puede haber algunos pasajes de las Escrituras que parezcan *fuera de lugar* o difíciles de entender (como el gafete con el nombre de Scotty Nichols). En momentos como estos, debemos preguntarnos si el testimonio confiable de la narrativa bíblica es suficiente para dar cabida a un artefacto inexplicable. Si encontramos que el texto bíblico (sin los artefactos) presenta un caso fuerte y claro (discutiremos más de esto en la segunda sección de este libro), podemos permitirnos un poco de incomodidad dadas unas cuantas preguntas sin respuesta.

Separare los artefactos de la evidencia:

Elimine la evidencia que no esté involucrada en el crimen, luego construya el caso basado en lo que queda

Podemos tomar un enfoque similar con el Nuevo Testamento

ARMANDO EL ROMPECABEZAS

Permítame darle una ilustración para ayudarle a pensar sobre la relación entre la evidencia y los artefactos. Imagine que mañana abre un cajón en su sala de estar y vacía su contenido sobre la mesa. Encuentra que contiene todo tipo de basura que no ha visto en mucho tiempo, incluidas llaves y sujetapapeles, baterías y monedas. También descubre que contiene muchas piezas de rompecabezas. En su curiosidad por el rompecabezas, comienza a revisar el contenido del cajón, separando las piezas de rompecabezas de los artículos no relacionados. Algunas de esas son obvias por su naturaleza. Como la parafernalia de los paramédicos, inmediatamente reconoce que las baterías y monedas no son parte del rompecabezas. Como resultado, las hace a un lado y comienza a armarlo.

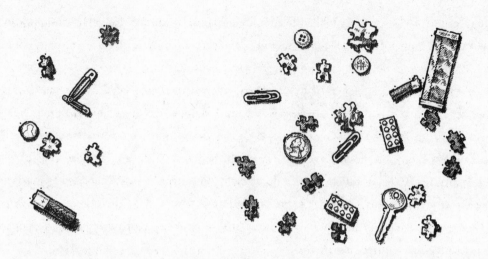

Pero resulta que hay dos piezas de rompecabezas adicionales en el cajón que simplemente no encajan con las otras. Cuando empieza a armar la imagen, puede ver que esas piezas no encajan; parece que pertenecen a un rompecabezas diferente.

Ahora permítame hacerle algunas preguntas. ¿La mera presencia de los objetos que no son de rompecabezas en el cajón invalida la confiabilidad de las piezas de rompecabezas? No, los objetos que no pertenecen pueden ser rápida y fácilmente identificados y dejados de lado. ¿La presencia de los objetos que no pertenecen cambia la imagen resultante que ha ensamblado? No, estos "artefactos" adicionales no tienen ninguna relación con la imagen del rompecabezas. ¿Qué hay de las dos piezas de rompecabezas adicionales que no parecen encajar con el resto? ¿Su presencia en el cajón hace que las otras piezas del rompecabezas no sean confiables? No, la mayoría de las piezas encajan muy bien y demuestran una relación coherente entre sí (a pesar de la presencia de dos piezas que no encajan). ¿Qué pasaría si aceptamos las dos piezas adicionales como parte del rompecabezas e intentamos introducirlas a la fuerza? ¿Cambiarían significativamente la imagen final? No, aun si aceptáramos esas dos piezas como parte de un conjunto y encontráramos la manera de insertarlas en el rompecabezas, la imagen seguiría siendo obvia para nosotros.

Pero aquí hay una pregunta aún más importante: ¿Qué pasaría si todavía faltan algunas piezas una vez que haya terminado de ensamblar todas las que encontró en el cajón? ¿Tiene suficiente información con lo que *sí tiene* para identificar la imagen en el rompecabezas? Sí, aun con las piezas faltantes del rompecabezas, tiene más que suficiente información para reconocer el tema.

Las escenas del crimen se parecen mucho a este cajón lleno de artículos. Algunas "piezas" de la escena son evidencia del crimen en cuestión y algunas son artefactos adicionales que no tienen relación con el crimen. Cuando separamos exitosamente los artefactos de la evidencia podemos determinar qué sucedió. La mera presencia de los artefactos no es un obstáculo insuperable para nosotros. El texto bíblico también se parece mucho al cajón lleno de artículos. Cuando separamos exitosamente los artefactos textuales de la evidencia bíblica, podemos determinar qué sucedió hace más de dos mil años. La mera presencia de los artefactos textuales no es un obstáculo insuperable para nosotros.

HERRAMIENTA PARA EL MALETÍN, UN CONSEJO PARA LA LISTA

Mientras elabora su propia lista de principios evidenciales asegúrese de incluir este importante acecamiento hacia los *artefactos*. Cuando era ateo, creía que la existencia de *alteraciones de los escribas* en la Biblia invalidaba por completo el valor evidencial del texto. Ahora entiendo que este no es el caso. Toda escena de un crimen contiene artefactos; si me negara a aceptar cualquier explicación de la verdad simplemente porque existía un artefacto al lado de evidencia confiable, nunca podría condenar a nadie por un crimen. Todos los documentos antiguos también contienen artefactos textuales. Si rechazamos la totalidad de las Escrituras simplemente porque contiene artefactos de un tipo u otro, más vale que estemos dispuestos a rechazar también los antiguos escritos de Platón, Heródoto, Eurípides, Aristóteles y Homero. Los manuscritos para estos textos son mucho menos numerosos, y mucho menos confiables. Si aplicáramos a otras historias antiguas el mismo nivel de perfección que algunos exigen de la Biblia, rechazaríamos todo lo que creíamos saber sobre el pasado antiguo. Más importante aún es reconocer que poseemos una metodología para descubrir los artefactos y separarlos del texto original. El arte de la *crítica textual* nos permite comparar manuscritos para determinar qué pertenece y qué no. El mismo proceso que utilicé (como escéptico) para identificar los pocos pasajes engañosos también puede utilizarse (ahora que soy creyente) para identificar los pasajes confiables. La crítica textual nos permite determinar la naturaleza de los textos originales mientras eliminamos los artefactos textuales. Esto debería darnos más confianza en lo que leemos hoy, no menos.

Tengo muchos amigos cristianos que son reacios a admitir que la Biblia contiene algunos artefactos textuales porque ellos siempre han defendido la Biblia como *inerrante* (que no contiene errores) o *infalible* (incapaz de contener errores). Pero la presencia de artefactos textuales no dice nada sobre el texto original, y es este *autógrafo* original lo que tenemos en mente cuando hablamos de inerrancia e infalibilidad en primer lugar. Cuando me preguntan sobre mi postura sobre la inerrancia de las Escrituras, me tomo el tiempo para aclarar este punto: "Creo que los textos originales de la Biblia, los "autógrafos", son la inerrante Palabra de Dios, y tenemos la capacidad, al separar los *artefactos* de la *evidencia*, de volver a estos autógrafos de forma fiable".

Dios utilizó personas para transmitir Su verdad a Su pueblo. En el Antiguo Testamento, Dios usó profetas para hablar a la nación de Israel. En el Nuevo Testamento, Dios usó a los testigos oculares apostólicos para dar testimonio de Su Hijo. El cristianismo reconoce la inerrancia de los documentos originales proporcionados por estos testigos oculares, aunque estuvieron llenos de idiosincrasias y perspectivas personales (como describimos anteriormente). Los humanos también estuvieron involucrados en la transmisión de estos relatos de los testigos oculares. Al igual que los autores, los escribas tenían perspectivas personales e idiosincrasias humanas que influyeron en la forma en que copiaron los manuscritos. Aunque en ocasiones pudieron haber alterado partes muy pequeñas del texto, poseemos suficientes copias comparativas de los antiguos documentos para identificar estas alteraciones y eliminarlas de los relatos fidedignos. Los artefactos textuales testifican la cruda realidad de la declaración evidencial contenida en la Biblia. Al igual que otras colecciones reales de evidencia, hay artefactos incrustados dentro de la evidencia confiable. Como en las escenas del crimen, estos artefactos no tienen por qué obstaculizar nuestra habilidad para determinar (y defender) la verdad.

Capítulo 7

Principio #7:

RESISTA LAS TEORÍAS CONSPIRATIVAS

—Charlie, tu compañero de cuarto ya nos dijo dónde encontrar la camisa verde de cuadros que usabas anoche. —Charlie se sentó con su cabeza agachada y sus manos sobre sus muslos. Su lenguaje corporal comunicaba su continua reticencia a mis cuestionamientos. Sin embargo, esta última declaración provocó la primera pequeña reacción que había visto en toda la tarde. Charlie finalmente levantó la cabeza y me miró a los ojos—. Tú y yo sabemos que voy a encontrar sangre de la víctima en esa camisa. —Charlie permaneció sentado en silencio. Me di cuenta de que creyó mi mentira sobre su compañero de cuarto.[1]

Dieciocho horas antes, Charlie y su compañero de cuarto, Vic, intentaron asaltar a Dennis Watkins mientras caminaba de la casa de su novia a la suya. Un simple asalto en la vía pública se tornó en un homicidio cuando Dennis decidió que él era más grande que Charlie y forcejeó con él por su navaja. Charlie apuñaló a Dennis solo una vez, pero la herida en el pecho resultó fatal. El asalto tuvo lugar a altas horas de la noche en un callejón detrás de un restaurante de comida rápida en nuestra ciudad. No hubo testigos y nadie más estaba en la calle al momento del ataque, pero Charlie, sin saberlo, fue grabado por una cámara de vigilancia localizada en un banco al otro lado del callejón. Aunque la cámara estaba demasiado lejos para identificar el rostro del asesino, grabó la inusual camisa verde de cuadros que usaba uno de los atacantes y capturó una imagen general de su altura y complexión. Varias horas después (a través de una serie de esfuerzos de investigación), teníamos a Charlie y a Vic bajo custodia, pero teníamos poca evidencia para corroborar su participación. Necesitábamos una confesión si esperábamos presentar el caso ante el fiscal de distrito.

Separamos a Charlie y a Vic tan pronto como los arrestamos; Vic estaba en una segunda sala de entrevistas al final del pasillo. Yo aún no lo había interrogado, le mentí a Charlie sobre la conversación. Vic no me dijo dónde encontrar la camisa a cuadros. Charlie solo coincidía mejor con la constitución física del sospechoso principal que vi en el video, así que lo señalé como el sospechoso que llevaba la camisa. Supe que tenía razón por la reacción de Charlie. Él estaba inquieto en su silla y volvió a mirar el suelo. Permanecí en silencio y dejé mi afirmación en el aire. Charlie finalmente levantó la vista.

—Vic miente sobre eso. Él me dio esa camisa en mi cumpleaños, pero él la usa más que yo. —Charlie volvió a cruzarse de brazos y se inclinó hacia atrás intentando incrementar la distancia entre los dos.

Algunas teorías conspirativas populares

Lee Harvey Oswald no actuó solo cuando asesinó al presidente Kennedy. El Gobierno de EE. UU. estuvo involucrado en el desastre del 11 de septiembre. El alunizaje del Apolo en 1960 fue fabricado. Un OVNI se estrelló en Roswell, Nuevo México.

En realidad era todo lo que yo necesitaba, solo una pequeña pieza más de información. Dejé a Charlie por un momento y entré en la habitación con Vic. Acerqué una silla a la mesa que nos separaba, me presenté y fui directo al grano.

—Vic, acabo de hablar con Charlie. El homicidio es un delito grave, y él me dijo que *tú* fuiste quien apuñaló a este hombre. Me comentó sobre la camisa verde de cuadros. Dijo que tú se la diste por su cumpleaños, pero que tú la usas más que él. Nos dijo dónde encontrarla, que encontraremos sangre de la víctima en la camisa y que está dispuesto a testificar en tu contra, amigo.

En quince minutos, Vic nos dijo todo sobre el crimen y confirmó lo que habíamos visto en el video. Dio muchos detalles sobre su plan previo para cometer el robo, y confirmó su participación secundaria en el ataque. También nos dijo que Charlie fue quien apuñaló a Dennis, y nos dio la ubicación de la navaja. Vic creyó todo lo que dije sobre Charlie. Yo solo tenía suficiente información verdadera para que mis mentiras sonaran creíbles; la combinación fue suficientemente poderosa para convencer a Vic de que Charlie lo había delatado. Vic ahora estaba dispuesto a devolver el favor.

REGLAS PARA CONSPIRACIONES EXITOSAS

En mi experiencia como detective, he investigado muchas conspiraciones y crímenes con *múltiples sospechosos*. Si bien las conspiraciones exitosas son el tema popular de muchas películas y novelas, me he dado cuenta de que (en realidad) son muy difíciles de lograr. Las conspiraciones exitosas comparten varias características en común:

1 UN NÚMERO PEQUEÑO DE CONSPIRADORES

Cuanto menor sea el número de conspiradores, más probable es que la conspiración sea un éxito. Esto es fácil de entender; las mentiras son difíciles de mantener y cuantas menos personas se requieran para promover la mentira, mejor.

2 COMUNICACIÓN DETALLADA E INMEDIATA

Esta es la clave. Cuando los conspiradores no pueden determinar si sus socios en el crimen ya dijeron la verdad, es más probable que digan algo para salvarse del castigo. Sin una comunicación adecuada e inmediata, los conspiradores simplemente no pueden separar las mentiras de la verdad; son fácilmente engañados por los investigadores que pueden poner a un conspirador en contra de otro.

3 UN CORTO TIEMPO

Es difícil mentir una vez, y es aún más difícil repetir la mentira constantemente por un largo periodo de tiempo. Por eso, entre más corta sea la conspiración, mejor. La conspiración ideal involucraría solo a dos conspiradores, y uno de los conspiradores mataría al otro justo después del crimen. ¡Sería una conspiración terriblemente difícil de romper!

4 CONEXIONES RELACIONALES SIGNIFICATIVAS

Cuando todos los conspiradores están conectados relacionalmente en maneras profundas y significativas, es mucho más difícil convencer a uno de ellos de "entregar" al otro. Cuando todos los conspiradores son miembros de una familia, por ejemplo, esta tarea es casi imposible. Cuanto mayor sea el vínculo relacional entre los conspiradores, mayor es la posibilidad de éxito.

5 *POCA O NINGUNA PRESIÓN*

Algunos sospechosos solo confiesan la verdad hasta que reconocen lo peligroso de no hacerlo. Si no se les presiona a confesar, continuarán mintiendo. La presión no tiene por qué ser de naturaleza física. Cuando los sospechosos temen ser encarcelados o condenados por sus compañeros, a menudo intentan salvar su reputación o su propio pellejo. Esto se multiplica a mayor número de cómplices. Cuanto mayor sea la presión sobre los conspiradores, más probable es que la conspiración fracase.

Conspiraciones

Para probar que un acusado es parte de una conspiración delictiva, los fiscales del estado de California deben probar que:

1. El acusado intentó acordar o acordó con uno o más de los otros acusados cometer el (los) presunto(s) delito(s).

2. Al momento del acuerdo, el acusado y uno o más de los otros presuntos miembros de la conspiración intentaron que uno o más de ellos cometieran el presunto delito.

3. Uno de los acusados (o todos ellos) cometieron al menos uno de los presuntos actos tangibles para cometer el presunto delito. (Instrucciones del Jurado Penal del Consejo Judicial de California, 2006).

La conspiración de Charlie y Vic fue difícil de mantener por muchas razones. Aunque solo había dos conspiradores, no pudieron comunicarse entre sí. Una vez separados, no pudieron monitorear lo que el otro le decía a la policía. Por lo tanto, pudimos engañar a cada uno sin ser detectados. Además, Charlie y Vic eran solo compañeros de cuarto. Entre más hablábamos con ellos, era más evidente que estaban dispuestos a delatarse el uno al otro para evitar el castigo. Ni Charlie ni Vic habían estado en una prisión estatal, pero ambos habían cumplido condenas en el sistema penitenciario del condado. Ellos habían escuchado historias de otros reos sobre la naturaleza de las prisiones de California, y el temor de cumplir la condena ahí era una motivación

significativa para que cooperaran. Las conspiraciones son más exitosas cuando todas las características que he descrito están presentes. En este caso, faltaban muchas condiciones clave.

LA CONSPIRACIÓN CRISTIANA

Cuando era ateo, reconocí que la declaración más importante de los presuntos *testigos* apostólicos era su afirmación sobre la resurrección. Esta era la más grande; mayor que cualquier otro supuesto milagro jamás realizado por

Jesús y la prueba que los apóstoles parecían presumir cada vez que hablaban de Jesús. Siempre supuse que era una mentira. Tal vez fue solo mi naturaleza escéptica o mi experiencia previa con personas en el trabajo. Entiendo la capacidad que la gente posee para mentir cuando les sirve de algo. Desde mi perspectiva, los apóstoles no eran diferentes. En un esfuerzo por promover su causa y fortalecer su propia posición dentro de su comunidad religiosa, creía que esos doce hombres inventaron, ejecutaron y mantuvieron la conspiración más elaborada e influyente de todos los tiempos. Pero mientras más aprendía sobre la naturaleza de las conspiraciones y tenía la oportunidad de investigar y resolver muchos casos de conspiración, comencé a dudar de la naturaleza razonable de la supuesta "conspiración cristiana".

Para ilustrar mi punto, imaginemos que jugamos una ronda de "Clue", el juego de mesa clásico de Parker Brothers, que involucra un homicidio y seis sospechosos (me encantaba este juego cuando era niño, y a menudo me pregunto si será parte de la razón por la que me convertí en detective).

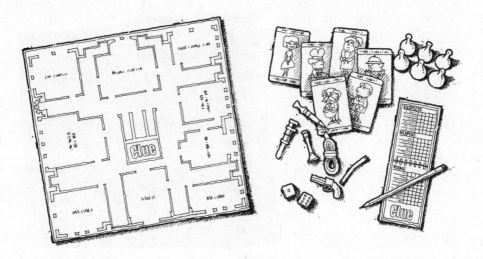

Para propósitos de nuestra ilustración, cambiaremos la ubicación del homicidio de la mansión Tudor a la ubicación de la crucifixión y la región alrededor de ella. Cambiaremos también las piezas de los seis sospechosos de "Clue" a los doce discípulos. Con nuestro nuevo juego de mesa, investiguemos la posible "conspiración cristiana" considerando los cinco principios para conspiraciones exitosas que ya he descrito. Es evidente desde el principio que los apóstoles enfrentaron mayores desafíos de los que enfrentaron Charlie y Vic dos mil años después. El número de conspiradores requeridos para cumplir exitosamente la conspiración cristiana podría haber sido asombrosa. El libro de Hechos nos dice que hubo alrededor de ciento veinte testigos oculares en el aposento alto después de la ascensión de Jesús (Hch. 1:15). Supongamos por un minuto que este número es una gran exageración; trabajemos con un número mucho más pequeño para ilustrar nuestro punto. Limitemos nuestra discusión a los doce apóstoles (agregando a Matías como reemplazo de Judas). Hay demasiadas piezas en el tablero de juego.

Este número ya es prohibitivamente grande desde una perspectiva conspirativa y, para empeorar las cosas, ninguna de las otras características de las conspiraciones exitosas existía para los doce apóstoles. Los apóstoles tenían poca o ninguna manera efectiva, por ejemplo, de comunicarse entre sí de manera rápida o completa. Recuerde, los discípulos no permanecieron en un "retiro espiritual" al centro del tablero. Después de su dispersión por Jerusalén, los doce discípulos fueron esparcidos por todo el Imperio romano, y según los relatos más antiguos finalmente fueron interrogados y martirizados lejos unos de otros. Los métodos de comunicación en el primer siglo eran extremadamente lentos y, a diferencia de Charlie y Vic, los apóstoles estaban separados por mucho más que un pasillo. Desde Pedro en Roma hasta Santiago en Jerusalén y Tomás en Meliapor, los apóstoles parecen haber sido finalmente interrogados en lugares que les impedían comunicarse entre sí de manera oportuna. Ellos no tenían idea si alguno de sus cómplices ya había "abandonado la mentira" y se había salvado a sí mismo simplemente *confesando* que Jesús nunca resucitó. Si bien los escépticos a veces afirman que estos lugares registrados de martirio no son confiables porque son parte de un informe cristiano sesgado, no existe ni un solo registro no cristiano que contradiga las declaraciones de martirio expresadas por las comunidades locales e historiadores.

Además, los apóstoles habrían tenido que proteger sus mentiras conspirativas por un tiempo increíblemente largo. Una cosa es mantener un secreto por seis minutos, seis días, seis semanas, seis meses, o aun seis años, pero ¿seis décadas? El apóstol Juan, por ejemplo, parece haber vivido más tiempo, sobreviviendo cerca de sesenta años después de la resurrección. Charlie y Vic no pudieron mantener su conspiración por treinta y seis horas, pero los apóstoles presuntamente mantuvieron las suya intacta por muchas décadas.

Para complicar más las cosas, muchos de los discípulos eran completos extraños entre sí antes de su tiempo juntos como seguidores de Jesús. Algunos eran hermanos, pero muchos se integraron al inicio del ministerio de Jesús y provenían de diversos contextos, comunidades y familias. Aunque ciertamente había pares de miembros de familia en el grupo de testigos oculares apostólicos, muchos no tenían relación con los otros. Felipe, Bartolomé, Tomás, Simón el Cananeo y Matías no tenían relación familiar con ninguno de los otros apóstoles. Mateo tampoco parece tener ninguna relación familiar con otros discípulos y, de hecho, fue despreciado por ser recaudador de impuestos antes de unirse al grupo. Cualquiera que fuera la conexión relacional entre estos hombres, los cortos años que pasaron juntos palidecerían en comparación a las décadas que pasarían separados antes de sus interrogatorios finales. En algún punto, los lazos de amistad y comunidad serían probados si sus vidas individuales estuvieran en peligro.

Quizás las piezas más importantes en el juego de "Clue" son las armas usadas por los presuntos asesinos. Estas armas parecen apropiadas dado lo que soportaron los discípulos por relatar la resurrección. Recuerde, las conspiraciones *exitosas* son conspiraciones *sin presión*. Los apóstoles, por otra parte, fueron perseguidos agresivamente cuando se dispersaron desde Italia hasta la India. De acuerdo con los registros y relatos de las comunidades locales, cada uno de ellos sufrió un maltrato físico inimaginable y murieron como mártires.[2] Los escritores antiguos registraron que Pedro fue crucificado de cabeza en Roma, Santiago fue asesinado con una espada en Jerusalén, y Tomás fue asesinado por una multitud en Meliapor. Cada historia de martirio es más espantosa que la anterior cuando examinamos la muerte de los apóstoles. Esta presión fue mucho mayor que el miedo a la prisión estatal que enfrentaban Charlie y Vic, pero ninguno de los doce se retractó de sus afirmaciones relacionadas con la resurrección. Ni uno.

No puedo imaginar un conjunto de circunstancias menos favorables para una conspiración exitosa que las que enfrentaron los doce apóstoles. Multiplique el problema por diez para dar cuenta de ciento veinte discípulos en el aposento alto (Hch. 1:15), o por cuarenta para dar cuenta de los quinientos testigos descritos por Pablo (1 Co. 15:6) y las probabilidades parecen ser aún más prohibitivas. Ninguno de estos testigos oculares se retractó jamás, ninguno fue exhibido por los enemigos del cristianismo por exponer la "mentira" cristiana.

No me malentienda, todos los días ocurren conspiraciones exitosas. Pero regularmente involucran un pequeño número de participantes increíblemente unidos que están en contacto constante entre sí durante un periodo muy corto sin ninguna presión externa. Ese no fue el caso de los discípulos. Esos hombres y mujeres o estuvieron involucrados en la conspiración más grande de todos los tiempos o, simplemente, fueron testigos que dijeron la verdad. Entre más aprendo sobre conspiraciones, la última parece ser la conclusión más razonable.

El martirio de los primeros discípulos, según la tradición

Andrés fue crucificado en Patras, Grecia. Bartolomé (aka. Natanael) fue desollado a latigazos hasta morir en Armenia.

Santiago el Justo fue lanzado del templo y golpeado hasta morir en Jerusalén. Santiago el Mayor fue decapitado en Jerusalén.

Juan murió en exilio en las minas de la prisión de la isla de Patmos. Lucas fue ahorcado en Grecia.

Marcos fue arrastrado por un caballo hasta morir en Alejandría, Egipto.

Mateo fue asesinado con una espada en Etiopía. Matías fue apedreado y luego decapitado en Jerusalén.

Pedro fue crucificado de cabeza en Roma.

Felipe fue crucificado en Frigia.

Tomás fue apuñalado hasta morir con una lanza en la India.

EL MARTIRIO NO SIEMPRE ES UNA PRUEBA

Antes de terminar esta discusión de las conspiraciones, quiero abordar un problema que en ocasiones se plantea con relación al vínculo entre el martirio y la verdad. La historia está llena de ejemplos de hombres y mujeres que estuvieron comprometidos con sus visiones religiosas y estuvieron dispuestos a morir como mártires por lo que creían. Los secuestradores que chocaron los aviones contra las Torres Gemelas, por ejemplo, se consideraban mártires religiosos. ¿Este martirio da testimonio de la verdad de sus creencias de una manera similar al martirio de los doce apóstoles? No, hay una diferencia importante aquí. Usted y yo podríamos morir por lo que creemos hoy, confiando en el testimonio de aquellos que fueron testigos hace miles de años. No estuvimos ahí para ver a Jesús en persona, pero podemos creer que tenemos buenas razones para aceptar sus testimonios. Por lo tanto, nuestro martirio sería una demostración de esta confianza, en lugar de una confirmación de la verdad.

Sin embargo, los testigos oculares originales estuvieron en una posición muy diferente. Sabían de primera mano si sus declaraciones eran ciertas o no. No se basaban en el testimonio de alguien más; estaban haciendo una afirmación de primera mano. El martirio de estos testigos oculares originales está en una categoría completamente diferente al martirio de aquellos que les siguieron. Si sus afirmaciones eran mentira, lo sabrían personalmente, a diferencia de los que fueron torturados en los siglos posteriores. Aunque es razonable creer que usted y yo podríamos morir por lo que *erróneamente pensamos* que era cierto, es irracional creer que estos hombres murieron por lo que ellos *definitivamente sabían* que era falso.

HERRAMIENTA PARA EL MALETÍN, UN CONSEJO PARA LA LISTA

Un escepticismo saludable hacia las teorías conspirativas es una herramienta importante para incluirla en nuestro maletín de trabajo. Necesitamos dudar antes de que abracemos de todo corazón las afirmaciones conspirativas relacionadas a los apóstoles. Películas como *The God Who Wasn't There* o *Zeitgeist, the Movie* [El Dios que no estuvo allí o Zeitgeist, la película][3] han popularizado la noción de que Jesús es simplemente un recuento de mitologías anteriores. En esencia, estas películas afirman que un grupo de conspiradores elaboró una historia ficticia sobre Jesús a partir de muchas mitologías preexistentes (tomando prestado un poco aquí y un poco allá) y perpetuaron la elaborada mentira hasta que murieron. Aunque algunos de mis amigos escépticos aún rechazan las afirmaciones del cristianismo, al final espero ayudarles a reconocer que las conspiraciones exitosas a gran escala son raras, y que la noción de una "conspiración cristiana" es simplemente irracional.

Como cristianos, debemos reconocer que a nuestra cultura le fascinan las teorías conspirativas. Muchos de nuestros amigos y familiares se apresuran a elaborar posibilidades de conspiración incluso cuando hay explicaciones más simples en discusión. Dado lo que ahora sé sobre la difícil naturaleza de las conspiraciones exitosas, puedo ayudar a los escépticos de mi mundo a medida que evalúan las afirmaciones de los apóstoles. Usted también puede. Todo lo que necesitamos es tomarnos el tiempo para comprender los elementos de las conspiraciones exitosas para poder comunicarlas a otros. Pero para ser coherentes en nuestras creencias y explicaciones necesitaremos resistir la tentación de ver una conspiración en cada rincón de los acontecimientos actuales. Si es irrazonable que la resurrección fuera producto de una conspiración, es igualmente irrazonable que otros eventos que requieren muchos conspiradores y el conjunto perfecto de condiciones sean el resultado de una conspiración. Seamos cuidadosos de no abrazar sin razón teorías conspirativas relacionadas a problemas seculares, mientras buscamos refutar la supuesta conspiración de los apóstoles al mismo tiempo. Si somos consistentes en nuestra comprensión y rechazo de las explicaciones conspirativas irrazonables, comunicaremos exitosamente la verdad de la resurrección a un mundo escéptico.

Capítulo 8

Principio #8:

RESPETE LA "CADENA DE CUSTODIA"

—Detective Wallace, ¿no es verdad que…?

Algo me dijo que la pregunta que escucharía tendría la intención de criticar mi investigación de un caso sin resolver. Uno de los abogados defensores más capaces del estado estaba parado detrás del estrado, mirándome con una expresión dramática de sospecha mientras comenzaba su sexto día de interrogatorio. A estas alturas, ya estaba familiarizado con el enfoque que él tomaba; sus preguntas eran más retóricas que probatorias. Intentaba llegar a un punto y estaba haciendo su mayor esfuerzo por denigrar a los detectives originales en el proceso. Cuando un abogado defensor empieza una pregunta de esta manera, es muy probable que lo siguiente que diga sea menos que un cumplido. —Detective Wallace, ¿no es cierto que no hay una sola fotografía de la escena del crimen del presunto botón que usted dijo que se quedó en la escena del homicidio en 1985? —Se enderezó un poco y ajustó el cinturón de sus pantalones, revelando los tirantes que usaba debajo de su saco. Llevaba el mejor traje que yo hubiera visto en un tribunal en bastante tiempo, y ocasionalmente se pavoneaba de un lado a otro detrás del estrado para modelarlo para el jurado.

—Señor, creo que hubo una fotografía tomada por los investigadores originales en la escena del crimen —respondí. Aunque era cierto, sabía que mi respuesta no lo satisfaría; podía ver hacia donde se dirigía esto.

El botón era una pieza clave de la evidencia que señalaba al acusado. Fue arrancado de su camisa durante el asesinato y fue descubierto en la escena. Posteriormente, los detectives

133

ejecutaron una orden de allanamiento y recuperaron la camisa en el apartamento del acusado. A esta camisa le faltaba un botón. Las comparaciones forenses confirmaron que el botón en la escena del crimen concordaba con la camisa del acusado. Pero teníamos un problema.

Los oficiales de "Investigación de la Escena del Crimen" (CSI, por sus siglas en inglés), usaron una cámara de 35 mm en 1985, y los limitó su tecnología. Solían usar rollos de película con 12, 24 o 35 exposiciones. Como resultado, yo contaba con menos fotografías de las que me hubiera gustado (hoy nuestros criminalistas toman cientos de fotografías digitales con cámaras capaces de almacenar *miles* de imágenes). Para empeorar las cosas, los fotógrafos en 1985 no tenían forma de previsualizar las imágenes que tomaban. Tenían que esperar a que las fotografías fueran reveladas para determinar si las imágenes eran claras y enfocadas. Resultó que una de las fotografías más importantes tomada en esta escena del crimen fue la fotografía del botón, y era una de las tres fotografías desenfocadas. Los oficiales de CSI tomaron solo cuarenta y ocho fotografías en total, y ninguna de ellas mostraba una imagen clara del botón.

—Vamos, Detective Wallace, usted sabe tan bien como yo que no hay una sola imagen del botón en la escena del crimen. ¿Usted continúa apuntando a esas imágenes borrosas y espera que el jurado crea que contienen su pieza más importante de evidencia? —Él tenía un buen punto. No teníamos una imagen clara del botón en las fotografías de la escena del crimen. A pesar de esto, sabíamos con certeza que el botón era parte de la escena del homicidio. Los primeros oficiales en responder reportaron haberlo visto, y los detectives que llegaron después también documentaron el botón en sus notas. Los oficiales de CSI recogieron el botón y lo registraron como evidencia más tarde ese día, junto con otros artículos de la escena y varios artículos recogidos en la orden de allanamiento.

—¿No es cierto que la primera vez que se mencionó este botón en un reporte policiaco formal fue en el informe de propiedad completado por los oficiales de CSI *después* de que se entregó la

Manipulación de evidencia

Los abogados defensores algunas veces insinúan que un oficial ha fabricado evidencia en un caso. Sin embargo, para probar tal acusación, debe demostrarse que: (1) El (oficial) deliberada e intencionalmente cambió, fabricó, colocó, hizo, ocultó o movió (una pieza de evidencia). (2) El (oficial) sabía que estaba cambiando, fabricando, colocando, haciendo, ocultando o moviendo (una pieza de evidencia), y (3) Cuando el (oficial) cambió, fabricó, colocó, hizo, ocultó o movió (la pieza de evidencia), él o ella tenía la intención de que su acción resultara en que alguien fuera acusado de un crimen o que (la pieza de evidencia) se presentara indebidamente como genuina o verdadera en un proceso judicial.

orden de allanamiento? —Su implicación era clara. Si el botón no fue fotografiado en la escena, no había manera de estar seguros de que los oficiales no lo recogieron en la orden de allanamiento, lo arrancaron de la camisa del acusado, y luego declararon que se había encontrado en la escena del crimen. El abogado estaba presentando cuidadosamente el caso de que los detectives habían mentido sobre el botón en un esfuerzo por manipular la evidencia e incriminar a su cliente.

Me preocupaba que el jurado pudiera aceptar esta tortuosa explicación del botón, pero mis temores eran infundados. Después de condenar al acusado, el jurado nos dijo más tarde que creían en el testimonio de los patrulleros que respondieron al llamado, los oficiales del CSI y los detectives que mencionaron el botón en sus notas. El jurado no estaba dispuesto a creer que una conspiración de este tamaño (que involucraba a siete oficiales diferentes de tres divisiones) se uniera para incriminar al acusado. Ellos lo condenaron, a pesar de que no tuvimos una imagen clara del botón en la escena.

ESTABLECIENDO UNA "CADENA DE CUSTODIA"

Los detectives aprenden rápidamente la importancia de documentar y rastrear piezas clave de evidencia. Si la evidencia no se maneja con cuidado, se plantearán muchas preguntas cuando el caso se presente ante un jurado. ¿Se descubrió en el lugar de los hechos una prueba real concreta? ¿Cómo sabemos que estaba allí? ¿Cómo sabemos que no fue plantada por un oficial? Este tipo de preguntas se pueden evitar si respetamos y establecemos la "cadena de custodia". Toda escena de crimen contiene piezas importantes de evidencia, y estas evidencias eventualmente deben entregarse a un jurado para que las considere cuando el caso se lleve a juicio. Nuestro botón, por ejemplo, tuvo que viajar desde la escena del crimen hasta el tribunal. A lo largo del camino, pasó años esperando en nuestra bodega de evidencias policiacas y también fue manipulado por muchos especialistas hasta que, eventualmente, lo saqué de ahí y lo llevé al tribunal.

Escena del crimen · Tribunal

Cada paso de este proceso es un eslabón de la cadena que conecta la escena del crimen con el tribunal. Si puedo demostrar que los eslabones están todos conectados y bien documentados, el jurado llegará a confiar en que el botón que estoy mostrándoles en el juicio es el mismo botón que descubrimos en la escena del crimen. En una investigación ideal, el oficial en la escena, después de descubrir el botón, documentaría el descubrimiento en sus notas y le pediría al oficial de CSI fotografiar el artículo. Después, el oficial de CSI recolectaría el botón y lo registraría como evidencia, lo empacaría cuidadosamente y documentaría sus esfuerzos en un informe. Luego, la bodega de evidencias aceptaría el botón como evidencia, citando la fecha y la hora en que fue registrado, junto con el nombre del oficial que lo hizo. Cada vez que el botón fuera tomado de la bodega para ser examinado por un experto, quienes lo manejan documentarían el movimiento del botón. Se escribirían reportes, y se mantendrían registros de almacenamiento para rastrear el movimiento del botón desde que fue registrado en la bodega por primera vez hasta que finalmente fuera prestado para el juicio. Si esto se hace correctamente, la defensa no podrá alegar que el botón fue plantado.

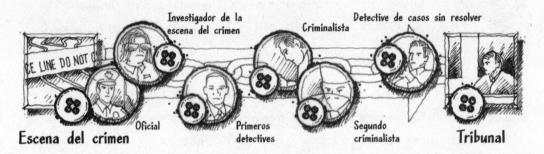

Muchos de nosotros todavía recordamos el infame juicio de O.J. Simpson. Simpson fue acusado de matar a Nicole Brown y Ron Goldman, y su equipo de defensa afirmó que la policía había manipulado las pruebas para implicarlo. El detective Mark Fuhrman, del Departamento de Policía de Los Ángeles (LAPD), testificó que encontró un guante ensangrentado en el lugar donde Nicole Simpson y Ron Goldman fueron asesinados. También testificó que había viajado a la casa de O.J. Simpson más tarde esa noche y encontró la pareja del guante ensangrentado en la finca de Simpson, junto con varias gotas de sangre, finalmente identificadas como pertenecientes a Nicole. La defensa argumentó que Fuhrman trasladó los artículos de la escena del asesinato y las sembró en la residencia de Simpson. La *cadena de custodia* fue el centro del argumento de la defensa.

UNA "CADENA DE CUSTODIA" DEL NUEVO TESTAMENTO

Aquellos que son escépticos de los Evangelios del Nuevo Testamento ofrecen una objeción similar basada en la *cadena de custodia*. Los Evangelios afirman ser relatos o declaraciones de testigos oculares de la vida y ministerio de Jesucristo. Con el tiempo, estas declaraciones se ingresaron en el "expediente judicial" cuando se establecieron como las Escrituras en el Concilio de Laodicea en el año 363 d. C. Fue aquí donde los primeros líderes cristianos identificaron y codificaron por primera vez el *canon* de las Escrituras cristianas, la lista oficial de los veintisiete libros y cartas conocidas como el Nuevo Testamento. Ningún concilio, antes de esta reunión en el s. IV, reconoció formalmente la lista de los libros y cartas aceptados (incluidos los Evangelios); ningún "tribunal" reconoció la evidencia de los Evangelios antes de esta importante reunión del consejo eclesiástico. Si la vida de Jesús pudiera ser considerada "la escena del crimen" cristiana, este consejo habría sido, sin duda, el "tribunal" donde la evidencia del testimonio de los testigos oculares hubiera sido formalmente reconocida por primera vez.

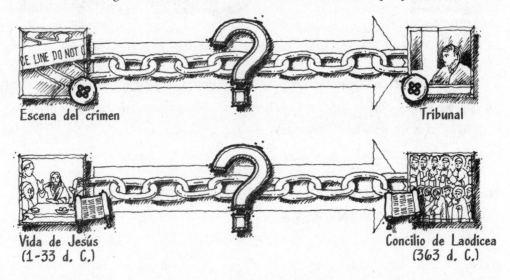

Escena del crimen   Tribunal

Vida de Jesús (1-33 d. C.)   Concilio de Laodicea (363 d. C.)

Ese es un lapso de tiempo bastante amplio entre la "escena del crimen" y el "tribunal", ¿no cree? Mucho podría pasar en 330 años. ¡Pensé que era difícil rastrear y dar seguimiento a la evidencia de mis casos, y solo tenían décadas! Imagine rastrear la evidencia durante diez veces más de tiempo. Los escépticos consideran este periodo de tiempo y argumentan que la evidencia de los testigos oculares de los Evangelios fue "fabricada". Al igual que el abogado defensor que argumentó que el botón había sido añadido a la colección de evidencias en algún momento después de que ocurriera el crimen, los escépticos a menudo argumentan que los Evangelios se escribieron mucho después de la vida de Jesús; que no son evidencia real, que fueron fabricados por conspiradores que querían engañar a quienes no estuvieron en la "escena del crimen".

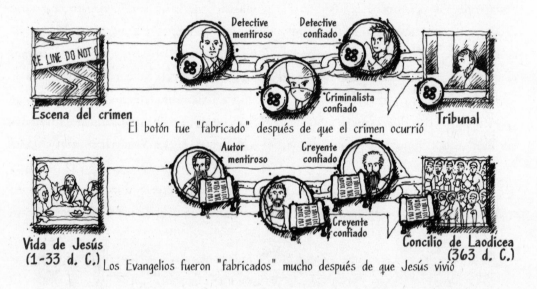

El botón fue "fabricado" después de que el crimen ocurrió

Los Evangelios fueron "fabricados" mucho después de que Jesús vivió

La mejor manera de contrarrestar este tipo de reclamo es retroceder en la cadena de custodia para ver si podemos explicar quién manejó la evidencia desde el punto de la "escena del crimen" hasta su primera aparición en el "tribunal".

EVIDENCIA, HISTORIA Y EXPECTATIVAS RAZONABLES

Aunque pueda parecer fácil rastrear la cadena de custodia, puede ser extremadamente difícil en casos más antiguos. Este es, con frecuencia, mi dilema como detective de casos sin resolver. Cuando abro un caso del pasado, la primera cosa que trato de hacer es recopilar todos los documentos originales escritos durante la primera investigación. Debería ser fácil, ¿verdad? Bueno, no siempre. Aunque estos casos fueron importantes para nuestra agencia, hay ocasiones en las que problemas inesperados, no relacionados a la investigación, pueden dificultar la tarea. A veces se pierden cosas cuando una base de datos de registros se actualiza como resultado de una nueva tecnología de almacenamiento. A veces las notas u otros reportes simplemente se deterioraron hasta el punto de no ser útiles. A veces los documentos son accidentalmente destruidos o depurados. Cuanto más se remonte un evento al pasado, es más probable que yo tenga problemas para recuperar la información que necesito para rastrear la cadena de custodia. A pesar de esto, he sido capaz de reunir suficiente información de la cadena de custodia para demostrar un nivel de responsabilidad al jurado. Dada la antigüedad del caso, los miembros del jurado comprenden que simplemente no podemos esperar el mismo nivel de precisión en el *mantenimiento de registros* cuando las fuerzas externas no pueden ser controladas por largos periodos de tiempo.

Algo muy similar sucede cuando se intenta rastrear la cadena de custodia para los relatos o declaraciones de los testigos oculares del Evangelio. Imagine intentar controlar las fuerzas externas durante miles de años en lugar de solo unas décadas. Los "reportes originales" en el "caso sin resolver del cristianismo" se escribieron en papiro, un excelente material si se busca algo confiable y disponible en el primer siglo, pero un terrible material si se busca algo que no se deshaga al manejarse con frecuencia. Como resultado, ya no tenemos los escritos originales (a veces llamados "autógrafos"). Las primeras declaraciones de los testigos oculares fueron copiadas repetidamente para que pudieran distribuirse por toda la Iglesia y que se conservaran a pesar de la naturaleza del papiro. Ahora es difícil rastrear con precisión el movimiento de los Evangelios a través del tiempo y establecer una *cadena de custodia*.

Para tener algún éxito, primero necesitamos identificar a los personajes que estarían involucrados en la cadena. En las investigaciones de homicidios sin resolver, los *eslabones* de la cadena incluyen a los oficiales que responden al llamado, los investigadores en la escena del crimen, los primeros detectives, los criminalistas y luego los detectives de casos sin resolver, quienes finalmente llevan el caso al fiscal. Pero ¿quién esperaríamos que estuviera involucrado en la *cadena de custodia* del Evangelio?

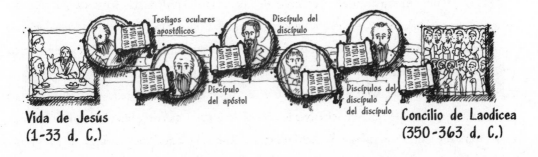

Vida de Jesús
(1-33 d. C.)

Concilio de Laodicea
(350-363 d. C.)

Para rastrear los Evangelios del Nuevo Testamento, necesitamos identificar a los testigos oculares originales y sus discípulos inmediatos, pasando de un grupo de discípulos al siguiente hasta rastrear los Evangelios desde el año 33 d. C. hasta el 363 d. C. La cadena de custodia del Evangelio del Nuevo Testamento, si es que existe, nos daría la confianza de que los relatos o declaraciones que tenemos hoy son un reflejo preciso de lo que se observó en la "escena del crimen". Este acercamiento *eslabón por eslabón* a la historia de las declaraciones también nos ayudaría a responder a las objeciones de los escépticos que afirman que los Evangelios fueron fabricados después en la historia. Examinaremos este tema con mayor detalle en la sección 2, e identificaremos los eslabones históricos de esta importante cadena.

 ## HERRAMIENTA PARA EL MALETÍN, UN CONSEJO PARA LA LISTA

Como detective, aprendí rápidamente la importancia de la cadena de custodia, y eventualmente saqué este principio de mi maletín de trabajo mientras investigaba la confiabilidad de los Evangelios. Antes de convertirme en cristiano, rara vez mantuve el mismo nivel de escepticismo para otros documentos antiguos como lo mantuve para las afirmaciones bíblicas. Recuerdo haber tenido un fuerte interés en la historia antigua desde que estaba en la preparatoria. Tuve una clase de "honores" con un maestro maravilloso y sabio, el Sr. Schultz, quien tenía la habilidad de revivir los acontecimientos del pasado usando las antiguas historias escritas de Heródoto y Tucídides, entre otros. Enseñaba a partir de estos relatos como si fueran confiables y verdaderos y yo los aceptaba sin cuestionarlos demasiado.

El Sr. Schultz nunca habló sobre el hecho de que las primeras copias que teníamos de estos antiguos escritores aparecieron en la historia aproximadamente quinientos años después de los eventos que afirmaban describir. No existe una clara cadena de custodia para estas afirmaciones históricas durante este periodo. Por ejemplo, no sabemos a quién confió Heródoto sus escritos. No sabemos cómo los registros de Heródoto fueron preservados o qué sucedió con ellos durante esos quinientos años. Así es, por supuesto, la naturaleza de la mayoría de los relatos históricos antiguos. Dado que aceptamos estos relatos como históricamente factuales a pesar de que su historia de transmisión se perdió por cinco siglos o más, ¿no sería justo reconsiderar nuestra visión histórica del registro de los Evangelios si descubrimos que tienen una cadena de custodia verificable? Necesitamos mantener esta pregunta en mente mientras nos preparamos para examinar el problema a fondo en la sección 2.

De todos los documentos escritos por cristianos en el primer y segundo siglo, los textos que más nos importan son aquellos que están en el canon de las Escrituras. Algunos de nosotros estamos familiarizados con los escritos *no canónicos* del primer periodo de la historia cristiana. Muchos de los primeros líderes cristianos escribieron cartas y documentos ricos en contenido teológico y detalles históricos, aunque no se consideran *canónicos*. Estos documentos *no canónicos* de la Iglesia primitiva pueden decirnos mucho sobre la enseñanza de los testigos oculares originales. Eventualmente se convertirán en parte de la cadena de custodia mientras examinamos la transmisión de los Evangelios en los primeros tres siglos. Sería prudente tener al menos cierta comprensión de la identidad de los estudiantes y discípulos de los apóstoles y algún dominio de sus escritos. Muchos de esos hombres (como Policarpo, Ignacio y Clemente) fueron conocidos como los "padres de la Iglesia primitiva". Ellos dirigieron la Iglesia después de la muerte de los apóstoles, y sus cartas y escritos están ampliamente disponibles en línea y de forma impresa. Las primeras obras de estos padres de la Iglesia suelen ser interesantes y enriquecedoras. Merecen nuestro tiempo y esfuerzo, particularmente cuando defendemos la cadena de custodia del Nuevo Testamento y la confiabilidad de los Evangelios como declaraciones de los testigos oculares.

Capítulo 9
Principio #9:

SEPA CUÁNDO "YA ES SUFICIENTE"

—No estaba convencido —dijo el miembro número 8 del jurado mientras miraba a los demás al otro lado de la mesa. Algunos se rieron y agitaron sus cabezas. El jurado número 8 se mantuvo firme—. Oigan, esto es un gran problema para mí. Necesito estar seguro.

Nos sentamos juntos en la sala del jurado, descansando alrededor de una mesa larga después de que concluyera el juicio y se leyera el veredicto. Los miembros del jurado estaban reunidos y ansiosos por hacernos preguntas. Se veían exhaustos, pero aliviados. El juicio duró seis semanas, y este jurado deliberó concienzudamente durante una más antes de emitir un veredicto de culpabilidad. Yo estaba nervioso al ver que la deliberación se había extendido más allá de los primeros dos días; sospechaba que uno (o más) de los miembros del jurado estaba retrasando el veredicto y podríamos dirigirnos hacia un "jurado en desacuerdo". En los juicios criminales de California, los doce miembros del jurado deben estar de acuerdo en el resultado. Si hay abstenciones, no se llegará a un veredicto, y el caso debe volver a juzgarse si el fiscal pretende encarcelar al acusado. Cuanto más larga sea la deliberación, más probable es que el jurado esté dividido. Yo comenzaba a temer que el grupo estaba en desacuerdo hasta que el secretario del tribunal nos llamó y nos dijo que teníamos un veredicto.

Con toda honestidad, pensé que la decisión llegaría mucho antes. Este caso era abrumador. Teníamos cerca de cuarenta piezas de evidencia que señalaban al acusado como el asesino. De hecho, fue sorprendido intentando cometer un crimen muy similar casi diez días después de que había asesinado a la víctima en nuestra ciudad. Incluso tenía un cuchillo que concordaba con las heridas de nuestra victima cuando fue capturado en este segundo crimen. El caso fue sólido y claro; yo pensé que el jurado volvería con una decisión en menos de un día. Normalmente, me acerco al fiscal y entrevisto a los miembros del jurado después de que trabajan un caso nuestro porque quiero aprender de sus observaciones. ¿Qué fue evidentemente impactante? ¿Qué fue relativamente insignificante? ¿Qué fue lo que finalmente "cerró el caso" para ellos? En esta ocasión estaba ansioso de saber por qué les tomó tanto tiempo rendir un veredicto. Me dijeron que después de revisar la evidencia y tener la primera votación, el miembro número 8 del jurado era la única abstención. Mientras todos los demás estaban convencidos de que el acusado era culpable, el jurado número 8 no estaba seguro.

—Me tomo en serio esas cosas del 'beneficio de la duda' —dijo—. Quiero decir, mi instinto me decía que él era culpable, pero no estaba seguro si teníamos suficiente evidencia para alcanzar el 'estándar' del que hablaba el juez. Solo necesitaba ver la evidencia una vez más.

—¿Qué fue lo que finalmente te convenció? —le pregunté.

—La bandita adhesiva.

¿La bandita adhesiva? ¿En serio? Casi no podía creerlo. Cuando el acusado cometió el asesinato, él se cortó el dedo. Fue a casa y se vendó la herida y estaba usando esa bandita adhesiva cuando los detectives lo interrogaron más tarde. Él no quería que los detectives notaran la herida, así que se la quitó y la dejó en una esquina de la sala de interrogatorios. Los detectives lo notaron y la recogieron después de que completaron la entrevista. Más tarde tuvimos la bandita adhesiva para hacer una prueba de ADN y demostrar que, en efecto, pertenecía al acusado. Pero nunca consideré esta bandita una parte importante del caso. De hecho, el fiscal por poco no la incluye en la presentación a los miembros del jurado. Ahora me alegra que lo hubiera hecho.

 ## ¿DÓNDE ESTÁ EL PUNTO DE INFLEXIÓN?

Nunca se sabe el impacto que tendrá una pieza particular de evidencia en aquellos que estén considerando su caso. A veces, las cosas que no le importan mucho a usted son las cosas que más le importan a alguien más.

He estado produciendo un pódcast y alojando un sitio web (ColdCaseChristianity.com) por muchos años, y mucha gente me escribe por correo electrónico con sus preguntas y dudas relacionadas con la evidencia de la cosmovisión cristiana. Los escépticos a veces me escriben para informarme que ellos simplemente no creen que haya suficiente evidencia para probar que Dios existe. Los cristianos en ocasiones me escriben para decirme que están luchando con la duda porque no están seguros si la evidencia es *suficiente*. En muchos sentidos, todas estas personas están luchando con la misma pregunta.

Es una pregunta que los miembros del jurado enfrentan en cada caso. ¿Cuándo es suficiente? ¿Cuándo es razonable concluir que algo es cierto? ¿Cuándo se puede decir que la evidencia es *suficiente*?

En términos legales, la *línea* que debe cruzarse antes de que alguien pueda concluir que algo es evidentemente cierto se denomina "Estándar de evidencia ("SOP", por sus siglas en inglés). El SOP varía dependiendo el tipo de caso en consideración. El más riguroso de esos criterios es el estándar "más allá de toda duda razonable" requerido en juicios criminales. Pero ¿cómo sabemos cuándo hemos cruzado la línea y estamos "más allá de toda duda razonable"? Los tribunales han considerado este importante tema y nos han proporcionado una definición:

"La duda razonable se define de la siguiente manera: No es una mera duda posible; porque todo lo relacionado con los asuntos humanos está abierto a alguna duda posible o imaginaria. Es ese

La escala del estándar de evidencia

"Alguna evidencia creíble"

Es el estándar más bajo posible (usado en algunas audiencias de protección infantil). Este estándar simplemente establece que hay suficiente evidencia para iniciar una indagación, investigación o juicio.

"Preponderancia de la evidencia"

Este es el siguiente estándar de evidencia (usado en la mayoría de los juicios civiles). Se establece si es más probable que la proposición sea verdadera que falsa (es decir, 51% más probable).

"Evidencia clara y convincente"

Este es un estándar intermedio de evidencia (utilizado en algunos procedimientos civiles y penales). Este estándar se cumple cuando una proposición es significativa y sustancialmente más probable que sea verdadera que falsa.

"Más allá de la duda razonable"

Este es el más alto nivel de evidencia requerido por la ley (usualmente reservado para juicios penales). Este estándar se cumple cuando no hay ninguna razón viable para creer que una proposición es falsa.

estado del caso donde, después de la comparación y consideración de todas las evidencias, deja la mente de los miembros del jurado en tal condición que no pueden decir que sienten una convicción permanente de la verdad de la acusación".[1]

Esta definición es importante porque reconoce la diferencia entre *razonable* y *posible* que discutimos anteriormente. De acuerdo con el fallo del tribunal, existen "dudas razonables", "dudas posibles" y "dudas imaginarias". La definición reconoce algo importante: cada caso tiene preguntas sin respuesta. Los miembros del jurado pueden tener dudas mientras ponderan una decisión. No es posible eliminar todas las posibles incertidumbres; es por eso que el estándar no es "más allá de cualquier duda". Estar "más allá de la duda razonable" simplemente requiere que separemos nuestras dudas *posibles* e imaginarias de aquellas que son *razonables*.

 ## "RECHAZANDO" LA VERDAD

Hay muchas razones por las que la gente puede negar (o "rechazar") la verdad. No todas las razones se basan en evidencia. Los miembros del jurado pueden rechazar una verdad por razones "racionales", "emocionales" o "volitivas". A veces, los miembros del jurado tienen dudas *racionales* según la evidencia. Tal vez la defensa los ha convencido de que una explicación alternativa está mejor sustentada por la evidencia. A veces, los miembros del jurado tienen dudas estrictamente *emocionales*. He estado involucrado en casos en los cuales los miembros del jurado tuvieron una reacción emocional hacia el fiscal o el abogado defensor y lucharon para superar los *sentimientos* negativos y poder evaluar el caso de manera justa. A veces, los miembros del jurado niegan la verdad por razones *volitivas*. Se resisten deliberadamente y se niegan a aceptar cualquier posición ofrecida por el grupo. Los abogados de ambas partes hacen todo lo posible para identificar personas de *voluntad fuerte* como estas durante el proceso de selección del jurado para asegurarse que el mismo está compuesto por personas que escucharán los argumentos de los demás. Cuando se toma una decisión basada en evidencia, es importante comprender los "rechazos" que hemos descrito y limitar nuestras dudas a aquellas que son racionales y razonables.

VERDAD

"RACIONAL"   "EMOCIONAL"   "VOLITIVA"

Esto simplifica el proceso de la toma de decisiones. Cuando se evalúa el caso, simplemente necesitamos examinar nuestras dudas y separar aquellas basadas en evidencia (dudas racionales) de las que no lo son (dudas emocionales o volitivas). Si las dudas que aún tenemos están en la segunda categoría, podemos estar tranquilos con nuestra decisión. Una vez que nos damos cuenta de que nuestras dudas no son racionales, podemos emitir un veredicto, aunque sigamos teniendo preguntas sin respuesta.

NUNCA SABRÁ TODO LO QUE SE PUEDE SABER

Es importante recordar que se puede conocer la verdad incluso cuando faltan algunos de los hechos. Ninguno de nosotros jamás ha tomado una decisión con *pleno* conocimiento de todos los hechos posibles. Siempre quedan preguntas sin respuesta. Yo utilizo una versión de la ilustración del rompecabezas (del capítulo 6) cuando trato de ayudar a los miembros del jurado a entender esta verdad. A medida que armamos un caso que señala a un acusado en particular, comenzamos a reunir pruebas que revelan lentamente la identidad del asesino. Comenzamos a armar el rompecabezas (como lo hicimos con las piezas del rompecabezas en el cajón en el capítulo 6). Aunque puede haber una gran cantidad de evidencia en el caso del fiscal, ningún caso criminal posee toda la evidencia posible. Ningún fiscal puede responder a todas las preguntas imaginables.

Al igual que este rompecabezas, a cada caso sin resolver que investigo le faltan piezas. Algunas de estas piezas son obvias y evidentes. Pero notar su ausencia no nos impide tener certeza sobre la imagen (como el previo rompecabezas de Jesús); reconocemos la imagen aunque falten algunas cosas. Tenemos certeza porque las piezas que *sí* tenemos revelan la identidad del asesino (por ejemplo, en el caso de Al Capone, el famoso gánster de Chicago y líder criminal de la década de 1920). Tenemos certeza porque las piezas adicionales, aunque sean diferentes a lo que imaginamos, no cambiarían significativamente la identidad que vemos en el rompecabezas. Estamos seguros al concluir que la imagen de Al Capone está ahí, aunque haya preguntas sin responder sobre el rompecabezas.

Para algunos, la idea de tomar una decisión cuando todavía haya preguntas sin respuesta parece prematura e incluso peligrosa. ¿Qué pasa si hay hechos sobresalientes aún desconocidos para nosotros? ¿Qué sucedería si en algunos años surge información nueva y adicional que contradiga la evidencia que tenemos hoy ante nosotros? ¿No sería más prudente abstenernos de juzgar hasta que cada pregunta pueda ser respondida (incluyendo aquellas que aún no hemos pensado)? Sin embargo, los miembros del jurado comprenden la importancia de actuar sobre lo que *sí* saben en lugar de preocuparse por lo que *podría* saberse. En los tribunales de todo Estados Unidos, se les pide a los miembros del jurado actuar (en el presente) sobre la evidencia disponible (del pasado) para decidir qué debería ocurrir (en el futuro). Toman esas decisiones porque lo que *sí* saben supera lo que ellos *podrían posiblemente* saber si todas las preguntas pudieran ser respondidas. La evidencia es suficiente hoy o no lo es; los miembros del jurado deben evaluar lo que tienen frente a ellos en ese momento en lugar de especular sobre lo que pudieran descubrir después.

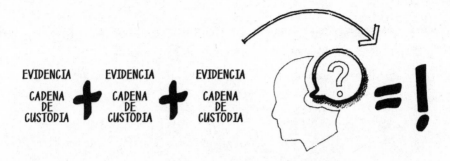

Pasamos por encima de preguntas sin respuesta si hay suficientes evidencias

LA SUFICIENCIA EVIDENCIAL Y EL PROBLEMA DEL MAL

Un oyente del pódcast de Cold Case Christianity [Cristianismo: Caso sin resolver] me envió recientemente un correo electrónico donde expresaba sus dudas sobre la existencia de un Dios todopoderoso y amoroso, dada la presencia del mal en el mundo. Esta es una objeción clásica al teísmo. Si Dios existe, ¿por qué permitiría que la gente hiciera cosas malas? Este "Dios" es incapaz de impedir que las personas actúen como lo hacen (en cuyo caso no es todopoderoso), o no está dispuesto a impedirlo (en cuyo caso no es amoroso). El escritor me planteó la siguiente pregunta porque él sabía a lo que me dedicaba:

"Apuesto que ves muchas cosas terribles que la gente le hace a los demás. ¿Cómo puedes seguir creyendo en ese Dios?".

El problema del mal es quizá el más difícil de abordar porque tiene una carga emocional. Es en momentos como estos que intento ayudar a las personas a distinguir entre las *dudas razonables* (racionalmente fundadas) y *dudas posibles* (emocionalmente fundadas). Permítame explicarlo.

Epicuro y el "problema del mal"

Al antiguo filósofo griego, Epicuro, se le atribuye haber planteado por primera vez el "problema del mal" en relación con la existencia de Dios:

"O Dios quiere abolir el mal y no puede; o puede, pero no quiere. Si quiere, pero no puede, es impotente. Y si puede, pero no quiere, es malvado. Si Dios puede abolir el mal, y Dios realmente quiere hacerlo, ¿por qué existe el mal en el mundo?". (Según Lactancio en La ira de Dios, d. C. ca. 313).

Tenemos que empezar por reconocer que hay muchas buenas razones para creer que Dios existe (hablamos de algunas de ellas en el capítulo 3). Estas piezas del rompecabezas están ya en su lugar antes que comenzamos a hablar sobre el tema del mal. Sí, hay algunas preguntas sin respuesta relacionadas con la existencia del mal, pero debemos comenzar nuestro análisis por reconocer que el rompecabezas está bien encaminado para completarse, aunque parezca que falta esta pieza. A continuación, debemos preguntarnos si la presencia del mal verdaderamente representa una pieza faltante. ¿Es posible, en cambio, que la existencia del mal sea en realidad una pieza *adicional* que ayude a hacer el rompecabezas más preciso?

Cuando las personas se quejan de que hay maldad en el mundo, no están solo expresando su *opinión*. En realidad, están afirmando que existe el mal verdadero y *objetivo*. Se quejan sobre el mal comportamiento como si debiera ser reconocido por *todos* nosotros, independientemente de nuestros gustos, disgustos, u opiniones sobre la conducta humana. Si el mal fuera una cuestión de opinión, podríamos eliminarlo simplemente cambiando de opinión. Las personas que se quejan del mal comportamiento primero deben aceptar la objetiva y verdadera premisa de que existe el "bien" y el "mal". Deben aceptar que algunas cosas son moralmente virtuosas y otras moralmente repulsivas, sin importar quien sea, donde se encuentre o en qué momento de la historia viva. Este tipo de maldad moral nos trasciende a todos; si no fuera así, ¿por qué quejarse entonces? Si la maldad fuera simplemente un asunto de opinión, ¿por qué el hombre que me escribió simplemente no cambia de opinión?

Verá, para que exista el verdadero mal (para que el escritor de ese correo electrónico tenga algo legítimo de qué quejarse), debe haber un verdadero barómetro de lo correcto y lo incorrecto. Para que un acto sea objetivamente "malo" debe haber algún estándar objetivo de lo "bueno" con el cual medirlo. ¿Cuál sería ese estándar sino Dios? ¿Puede el estándar venir de un proceso evolutivo? ¿Puede venir del lento desarrollo de los grupos culturales? Si fuera así, la moral es simplemente una cuestión de opinión (aunque una opinión mayoritariamente sostenida), y no habría nada objetivamente malo de qué quejarse. Recuerde, incluso los regímenes más atroces de la historia identificaron sus propios comportamientos como moralmente virtuosos. Para que exista el verdadero mal, debe haber una fuente de verdadera bondad que trascienda a cualquiera —a todos y cada uno de los grupos que pudieran afirmar la existencia del mal. En otras palabras, la existencia de la verdadera maldad necesita la presencia de Dios como un estándar de virtud verdadera. Resulta que la existencia del mal es otra evidencia *para* afirmar la existencia de Dios, otra pieza del rompecabezas que revela la imagen de Dios.

Pero volvamos al problema real del mal comportamiento. ¿Por qué permitiría Dios que las personas se maten entre sí si Él nos ama y es lo suficientemente poderoso para impedirlo? Si bien esta pregunta tiene poder emocional, debemos preguntarnos si puede haber una explicación razonable. ¿Lo estamos pensando de manera evidente, o estamos reaccionando emocionalmente? ¿Estamos rechazando la existencia de Dios porque no hay una explicación racional para la existencia del mal, o nos resistimos voluntariamente porque nos negamos obstinadamente a aceptar cualquier explicación que alguien pueda ofrecer?

Puedo pensar en muchas buenas razones por las que Dios permitiría a la gente comportarse inmoralmente, aunque Él ama Su creación y ciertamente es lo suficientemente poderoso para detener la maldad. Pregúntese: ¿Qué es más amoroso, un Dios que creó un mundo en el que el amor es *posible* o un Dios que creó un mundo en el que el amor es *imposible*? Parece razonable que un Dios amoroso crearía un mundo en el que el amor es posible y puede ser experimentado por las criaturas diseñadas "a Su imagen". Pero un mundo en el que el amor es posible puede ser un lugar peligroso. El amor requiere libertad. El amor verdadero requiere humanos que elijan libremente; el amor no puede ser forzado si ha de ser sincero y real. El problema, por supuesto, es que las personas que tienen la libertad de amar a menudo eligen odiar. Por eso la libertad de esta naturaleza es tan costosa. Un mundo en el que la gente tiene la libertad de amar y realizar grandes actos de bondad es también un mundo en el que la gente tiene la libertad de odiar y cometer grandes actos de maldad. No se puede tener uno sin el otro.

(Diagrama de la escena del crimen de Dios por J. Warner Wallace)

Además, desde una perspectiva cristiana, todos somos criaturas eternas que vivirán más allá de la tumba. Si esto es cierto, entonces las preguntas sobre por qué Dios no podría detener la maldad son un poco prematuras. En el mejor de los casos, solo podríamos decir que Dios no ha detenido el mal *todavía*. Pero Dios tiene toda la eternidad para actuar en este asunto. Nuestra vida eterna proporciona el contexto para que Dios trate con justicia a aquellos que eligen odiar y cometen actos de maldad. Dios *es* lo suficientemente poderoso para detener el mal por completo, y *se preocupa* por la justicia. Pero como un Ser eterno, puede elegir ocuparse de eso en una línea del tiempo eterna. Comparada con la eternidad, esta existencia mortal no es más que una neblina creada por Dios para ser un maravilloso lugar donde el amor es posible para quienes lo eligen.

Si hay buenas razones por las que Dios permitiera la maldad en esta vida (como la preservación del libre albedrío y la capacidad de amar genuinamente), las preocupaciones sobre Su falta de acción son simplemente irracionales.

Las dudas sobre la existencia de Dios basadas en el problema del mal pueden ser atractivas emocionalmente, pero carecen de fundamento racional porque, de hecho, existen explicaciones racionales. Aunque uno puede imaginar posibles dudas relacionadas al problema del mal, una cuidadosa y objetiva consideración de la naturaleza del mal revela que estas dudas no son

Teodicea

"Disciplina teológica que busca explicar cómo la existencia del mal en el mundo puede reconciliarse con la justicia y bondad de Dios". (Webster's New World College Dictionary, 2010).

razonables. Debemos dejar a un lado nuestras dudas aquí, porque el problema del mal no se nos presenta con una *duda razonable*.[2]

HERRAMIENTA PARA EL MALETÍN, UN CONSEJO PARA LA LISTA

En cada investigación que he realizado, este principio relacionado con la *suficiencia de la evidencia* me ha ayudado a evaluar mis propias conclusiones y determinar si eran razonables; esta importante herramienta de nuestro maletín de trabajo también puede ayudarnos a evaluar las afirmaciones del cristianismo. Tomamos decisiones cada día con un conocimiento menos que perfecto y una información menos que completa. Actuamos con certeza, aunque no sepamos todo lo que podría saberse. Aprendemos a confiar en nuestros autos, aunque no entendamos completamente cómo operan mecánicamente. Confiamos en nuestras parejas e hijos, aunque no sepamos todo lo que piensan o todo lo que hacen cuando no estamos. Defendemos lo que creemos y aceptamos el hecho de que no podemos saberlo todo.

Los casos criminales requieren el más alto estándar legal; requieren que los miembros del jurado lleguen a una decisión "más allá de toda duda razonable". Las decisiones que toman los miembros del jurado son regularmente un asunto de vida o muerte para los acusados involucrados.

Si este estándar es apropiado para casos importantes que involucran asuntos *temporales* de vida o muerte, es apropiado para el caso que determina nuestra vida o muerte eterna. Los miembros del jurado emiten veredictos más allá de toda duda razonable, aunque queden preguntas sin respuesta. Ellos hacen esto porque la evidencia razonable que poseen es mayor que las preguntas sin respuesta. Asegurémonos de que nuestras objeciones y dudas sean menos emocionales o volitivas que racionales. Cuando era ateo, nunca me tomé el tiempo de clasificar mis dudas en "racionales" o "emocionales". Tampoco me tomé el tiempo de ver si el teísmo (o el cristianismo) ofrecía una respuesta razonable a mis dudas. En retrospectiva, muchas de mis dudas no eran más que *posibles dudas* basadas en una respuesta emocional o volitiva.

A menudo me frustro cuando comparto lo que creo acerca de Dios con mis amigos, compañeros de trabajo y familiares escépticos. Los que estamos interesados en construir un caso racional y con evidencias para nuestra cosmovisión cristiana a veces encontramos que nuestros esfuerzos son completamente infructuosos. Por mucho que lo intentemos, aun cuando presentemos un caso convincente, articulado y razonable a favor de nuestro punto de vista, nuestros esfuerzos parecen no tener impacto en nuestros oyentes. Es tentador frustrarse y comenzar a dudar de nuestra propia evidencia. En momentos como estos, es importante recordar los "rechazos" de la negación. Muchas de las personas a las que intentamos alcanzar están dispuestas a negar la verdad de la existencia de Dios basados en una respuesta emocional o volitiva, en lugar de una buena evidencia. Esto no quiere decir que todos los ateos sean irracionales, emocionales o deliberadamente resistentes. Muchos se han tomado el tiempo para presentar su propio caso razonado. Es nuestra responsabilidad como cristianos conocer a nuestros amigos y familiares lo suficientemente bien para entender la naturaleza de su rechazo. Cuando se resistan con base en la evidencia, examinemos los hechos juntos y evaluemos qué explicaciones son las más razonables. Cuando ellos se resistan por otras razones, seamos lo suficientemente sensibles para hacer preguntas y entender de dónde vienen antes de abrumarlos con la evidencia que estamos ansiosos por compartir. No espere que alguien responda a sus argumentos *razonados* cuando la *evidencia* no era importante para él o ella en primer lugar.

Capítulo 10
Principio #10:

PREPÁRESE PARA EL ATAQUE

Mi compañero me envió una broma que involucra a un abogado defensor y un juicio por homicidio que ha estado circulando por nuestra agencia de policía desde hace algún tiempo:

Un acusado estaba siendo juzgado por homicidio. Había abrumadoras evidencias circunstanciales que señalaban su culpabilidad a pesar de que el cuerpo de la víctima nunca fue recuperado. Después de sentarse por semanas en el juicio, el acusado y su abogado sabían que él probablemente sería encarcelado. En un acto de desesperación, el abogado defensor recurrió a un truco: —¡Damas y caballeros del jurado, les tengo una sorpresa! —el abogado proclamó, mientras miraba su reloj—. En menos de sesenta segundos, la persona que ustedes piensan que ha sido asesinada entrará a este tribunal.

Volteó y miró hacia la puerta del tribunal. Los miembros del jurado, sorprendidos por la proclamación, observaron la puerta con expectación. Transcurrió un minuto y nada pasó. Finalmente, el abogado defensor dijo: —Debo admitir que mentí sobre esa última declaración. Pero todos ustedes voltearon conmigo y miraron la puerta con ansiosa expectación. ¡Esto demuestra que tienen una duda razonable en este caso sobre si alguien fue asesinado! Por tanto, insisto en emitir un veredicto de no culpabilidad.

El jurado, claramente desconcertado por el ingenioso esfuerzo, se retiró a deliberar. Momentos después regresó y prontamente entregó un veredicto de culpabilidad. El abogado defensor estaba sorprendido.

—¿Cómo pudieron regresar con un veredicto tan rápido? —preguntó al jurado—. Deben haber tenido alguna duda, ¡los vi a todos mirar expectantes esa puerta!

El presidente del jurado respondió: —Sí, miramos, pero tu cliente no lo hizo.

He estado involucrado en muchos juicios por homicidio a lo largo de los años. Algunos de nuestros casos abrumamban de tanta evidencia, y otros fueron más difíciles de probar. En todos los casos, el acusado estuvo representado por un abogado defensor elocuente, inteligente y comprometido que elaboró cuidadosamente una defensa para su cliente. Muchos de estos abogados parecían increíblemente confiados, a pesar de la abrumadora evidencia que apuntaba a la culpabilidad de sus clientes.

Nunca me sorprendo por el entusiasmo y la confianza en sí mismos de los buenos abogados defensores. Muchos factores pueden motivar a un abogado a actuar confiada y agresivamente en nombre de un acusado. Sospecho que algunos abogados trabajan diligentemente porque creen verdaderamente en la inocencia de sus clientes. Otros probablemente trabajan diligentemente porque creen verdaderamente en la importancia de una representación justa y adecuada en nuestro sistema de justicia penal, aunque personalmente no crean en la inocencia de sus clientes. Algunos abogados pueden trabajar diligentemente porque creen verdaderamente en avanzar sus carreras. Una cosa es segura; los abogados defensores presentan el mejor caso posible, incluso cuando no crean que están defendiendo la verdad.

EL CRECIENTE ATAQUE DE LOS ESCÉPTICOS

Me hice cristiano en 1996. Hasta 2001, el Jim Wallace que yo conocía antes de 1996 era el ateo más sarcástico que hubiera conocido. Recuerdo algunas de mis conversaciones con cristianos antes de convertirme en creyente, y ahora estoy muy avergonzado por la manera en la que me comporté; muchos de mis compañeros de trabajo continúan recordándome aquellos días. Pero mi propio nivel de sarcasmo previo fue rápidamente eclipsado por los ateos que comenzaron a escribir y hablar en contra de la religión luego del ataque al World Trade Center en 2001. Una nueva era en la retórica atea comenzó luego de aquel terrible día, cuando los ateos prominentes respondieron a lo que vieron como evidencia de la maldad en el "fundamentalismo religioso". Varios libros inundaron los estantes de las librerías locales. Sam Harris escribió *El fin de la fe: religión, terror y el futuro de la razón* (2004) y *Carta a una nación cristiana* (2006). Richard Dawkins escribió *El espejismo de Dios* (2006), y Christopher Hitchens escribió *Dios no es bueno: Alegato contra la religión* (2007). El ataque de los ateos y escépticos aumentó y tomó una nueva forma de inmediatez, agresión y sarcasmo.

Muchos cristianos, especialmente aquellos que habían sido creyentes la mayor parte de sus vidas, se sorprendieron por la oposición segura y elocuente de estos autores y de quienes compartían su visión negativa del cristianismo. La cultura rápidamente pareció abrazar las atractivas críticas ateas; las ventas de libros para estos tres escritores fueron fenomenales. El hecho de que alguien pudiera ofrecer una defensa reflexiva y atractiva del ateísmo pareció sacudir la confianza de muchos creyentes que habían dado su fe por sentado. No era como si estos escépticos estuvieran ofreciendo algo nuevo. Más bien presentaron antiguos argumentos con nuevo vigor, humor, cinismo y urgencia. Se parecían mucho a los abogados defensores que yo había enfrentado a través de los años.

He descubierto que los buenos abogados defensores regularmente sacan a relucir lo mejor de los fiscales y detectives, así que he aprendido a aceptar el trabajo de los abogados defensores que me han obligado a asegurarme de que mi caso es sólido y razonable. El hecho de que hay un defensor del lado opuesto del problema, que está discutiendo a gritos en contra nuestra, no es razón para creer que el defensor posee la verdad. Los abogados defensores operan en esa forma aun cuando defienden lo que resulta ser una mentira. La simple existencia de una defensa bien articulada no es razón para renunciar a nuestra posición, pero debería motivarnos a conocer nuestro caso mejor que nadie. Los abogados defensores (al igual que los que se oponen a las afirmaciones del cristianismo) deben sacar a relucir lo mejor de nosotros.

LA ESTRATEGIA DEFENSIVA

Los abogados defensores abordan cada caso de manera diferente, pero he notado varias estrategias generales que adoptan cuando intentan derrotar mis investigaciones de casos sin resolver. Al examinar esas estrategias defensivas y compararlas con el enfoque que a menudo adoptan quienes se oponen al cristianismo, podemos evaluar la validez de estas tácticas.

1 LOS ABOGADOS DEFENSORES DESAFÍAN LA NATURALEZA DE LA VERDAD

Si toda la verdad es solo un asunto de perspectiva y opinión subjetiva, es prácticamente imposible condenar a alguien por un delito. Vivimos en una cultura que es cada vez más pluralista con cada generación que pasa. A muchos de nuestros jóvenes adultos se les ha enseñado (en universidades y colegios, y a través del cine, la televisión y libros) que la verdad objetiva no existe o simplemente no se puede conocer. Como resultado, el relativismo es una característica común en nuestra cosmovisión cultural. Las personas se sienten cada vez menos cómodas aceptando una versión particular de la verdad que sea exclusivamente correcta. De hecho, muchos creen que tal punto de vista de la verdad es arrogante y de mente estrecha. Para empeorar las cosas, ha surgido una nueva definición cultural de "tolerancia". La tolerancia solía ser la actitud que tomábamos el uno con el otro cuando no estábamos de acuerdo sobre un tema importante; acordaríamos tratarnos con respeto, aunque nos negáramos a aceptar el punto de vista del otro sobre un tema en particular. Ahora la tolerancia es el acto de reconocer *y aceptar* todos los puntos de vista como igualmente valiosos y verdaderos, aunque con frecuencia sean contrarios a las afirmaciones de la verdad. De acuerdo con esta redefinición de tolerancia, cualquier cosa que no sea aceptación y aprobación es de mente estrecha e intolerante. Los abogados defensores están sacando provecho de estas evolutivas redefiniciones de la verdad y tolerancia. Si un abogado puede convencer a un jurado de que ninguna versión de lo sucedido es mejor que otra (porque toda la verdad es simplemente una cuestión de perspectiva y opinión), el jurado tendrá problemas para condenar al acusado con cualquier nivel de confianza. Por esta razón, algunos abogados defensores comienzan atacando la naturaleza de la verdad antes siquiera de atacar la naturaleza del caso de la fiscalía.

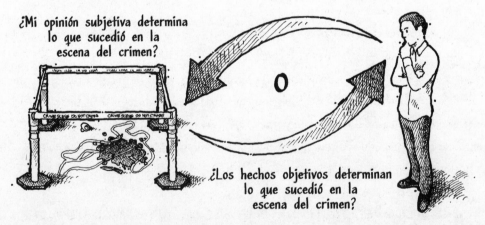

¿Mi opinión subjetiva determina lo que sucedió en la escena del crimen?

O

¿Los hechos objetivos determinan lo que sucedió en la escena del crimen?

La erosión de la visión clásica de la verdad objetiva y de la tolerancia también le está afectando a quienes tienen una cosmovisión cristiana. La noción de que puede haber un solo camino a Dios (o una sola verdad sobre la identidad y naturaleza de Dios) es ofensiva e intolerante para muchos escépticos y no creyentes. Al igual que los fiscales que enfrentan malentendidos similares sobre la naturaleza de la verdad, los cristianos también pueden tener que exponer los problemas lógicos inherentes a las nuevas definiciones culturales. Aunque algunos de ellos sostengan que todas las religiones son básicamente lo mismo, esto es sencillamente falso. Las religiones del mundo proponen afirmaciones contrarias relacionadas con la naturaleza de Dios. Las religiones orientales proponen la existencia de un Dios impersonal, mientras que las religiones monoteístas del judaísmo, cristianismo y el islam, afirman que Dios es personal. El judaísmo se niega a reconocer a Jesús como algo más que un "rabino" o maestro espiritual, mientras que el cristianismo declara que Jesús es Dios mismo. El islam niega que Jesús murió en la cruz, mientras que el cristianismo declara que Jesús murió en la crucifixión y resucitó de entre los muertos, lo que confirmó Su deidad. Todas estas afirmaciones sobre Dios y Jesús pueden ser falsas, pero no todas pueden ser verdaderas; se contradicen entre sí por definición. La ley lógica de la "no contradicción" establece que las declaraciones contradictorias no pueden ser verdaderas al mismo tiempo. Quienes evalúan las afirmaciones de las religiones del mundo, al igual que los jurados al evaluar un caso penal, deben decidir qué punto de vista está sustentado por la evidencia, en lugar de rendir la decisión ante una visión errada de la verdad.

Además, aquellos que investigan el cristianismo querrán replantearse las últimas definiciones culturales de verdad y tolerancia.

"Verdad objetiva"

Si bien muchas verdades son ciertamente una cuestión de opinión, algunas verdades son completamente independientes de la opinión de cualquier persona. Mi declaración "los autos de la policía son los más geniales en la carretera" puede ser cierta para mí (dado que yo frecuentemente conduzco estos carros), mientras que para usted es completamente falsa (especialmente cuando lo detengo por pasarse una señal de alto). Esta declaración es un asunto de mi opinión "subjetiva"; depende del "sujeto" que la posee. Sin embargo, la declaración: "los carros de la policía están equipados para viajar a más de 160 km/h" no depende de mi opinión; esta segunda declaración es verdadera o falsa en función del "objeto" mismo. Los carros de la policía están equipados para viajar a esa velocidad y mi opinión "subjetiva" no tiene nada que ver con eso.

Quienes afirman que la verdad es un asunto de perspectiva y opinión proclaman esto como algo más que un asunto de perspectiva y opinión. Les gustaría que nosotros creyéramos que esta definición es objetivamente cierta, incluso cuando niegan la existencia de la verdad objetiva. Cuando una declaración no alcanza su propio estándar para ser verdadera, se dice que es "autorrefutación". La afirmación de que "la verdad objetiva no existe" es una autorrefutación porque es, de hecho, una afirmación objetiva sobre la verdad. A la redefinición actual de tolerancia no le va mucho mejor. Quienes afirman que la tolerancia exige que todas las ideas y perspectivas sean aceptadas como iguales, verdaderas y valiosas niegan simultáneamente la visión clásica de tolerancia. En otras palabras, la nueva definición de tolerancia es intolerante con la definición anterior. No puede seguir sus propias reglas. Es tan autorrefutable como la nueva redefinición de la verdad; simplemente necesitamos ayudar a la gente a entender que este es el caso.

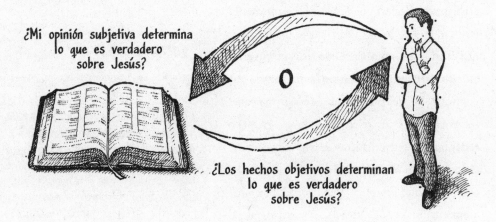

¿Mi opinión subjetiva determina lo que es verdadero sobre Jesús?

¿Los hechos objetivos determinan lo que es verdadero sobre Jesús?

2 LOS ABOGADOS DEFENSORES SE ENFOCAN EN LO MEJOR QUE LA FISCALÍA TIENE PARA OFRECER

Aunque los casos circunstanciales se basan en muchas piezas de evidencia evaluadas como un grupo, algunas piezas son mejores (y más importantes para el caso) que otras. Por esta razón, los abogados defensores enfocan su atención en la esencia del caso de la fiscalía: en las piezas de evidencia más prominentes y condenatorias. Si pueden desacreditar o eliminar esas piezas clave de evidencia, la base del caso de la fiscalía puede comenzar a desmoronarse. De hecho, si yo quisiera saber lo que la defensa piensa de mi caso (y qué consideran la pieza de evidencia más devastadora), simplemente prestaría atención a lo que están atacando con mayor vigor. Si mi caso es débil o endeble, la defensa estará cómoda atacando la única pieza que considera crítica. Si mi caso es sustancial y fuerte, la defensa intentará atacar un número mayor de problemas en un esfuerzo por limitar el impacto acumulativo de la evidencia. Sé cuál es la fortaleza de mi caso cuando veo lo que la defensa ha elegido atacar.

Los escépticos hacen algo similar cuando atacan las afirmaciones del cristianismo. La cosmovisión cristiana se basa en las declaraciones de los testigos oculares que escribieron los Evangelios. Por esta razón, muchos escépticos atacan la veracidad de los Evangelios como su táctica principal para intentar derrotar el caso del cristianismo. Este ataque enfocado en los Evangelios revela la fortaleza de nuestro caso. Al igual que los abogados defensores, los escépticos reconocen nuestra pieza de evidencia más valiosa. Como resultado, algunos críticos intentan debilitar la confiabilidad de los escritores como testigos oculares (examinaremos más de esto en la sección 2), mientras otros buscan que este testimonio sea "desechado" como "de oídas" y poco fiable antes de que pueda ser evaluado. Argumentan que los relatos de los Evangelios no cumplen con el estándar judicial que requerimos de testigos oculares en casos criminales. Los testigos deben estar presentes en el tribunal para que su testimonio sea considerado en un juicio criminal. Esto a menudo representa un problema para mí como detective de casos sin resolver. Tengo algunos casos sin resolver porque los testigos clave murieron y no están disponibles para testificar en el tribunal. Aunque estos testigos hayan descrito sus observaciones a un amigo o familiar, no puedo convocar estos testigos de "segundo nivel" ante el tribunal, ya que su testimonio se consideraría "de oídas". Las declaraciones de amigos o familiares serían inadmisibles porque el testigo original no estaría disponible para el contrainterrogatorio o la evaluación. Esta exclusión del testimonio de oídas de testigos secundarios es razonable en los juicios penales; como sociedad, creemos que "es mejor que diez personas culpables escapen… a que sufra un inocente".[1] Por esta razón, hemos creado un riguroso (y a veces difícil) estándar legal para testigos oculares.

¿Qué lo convierte en "de oídas"?

Testimonio de oídas es todo lo dicho fuera del tribunal que luego se ofrece dentro del tribunal (durante un proceso judicial) como evidencia de la verdad del asunto afirmado. Debido a que los miembros del jurado deben evaluar la credibilidad de un testigo, los tribunales generalmente requieren que los testigos estén en la sala del tribunal para que (1) puedan "jurar" o prometer que su testimonio es verdadero, (2) puedan estar físicamente presentes en el procedimiento para que el jurado pueda evaluarlos visualmente, y (3) puedan ser interrogados por la oposición.

Pero este estándar es simplemente demasiado cuando se requiere el testimonio de testigos históricos. La gran mayoría de los eventos históricos deben evaluarse a pesar de que los testigos estén muertos y no puedan acudir al juicio para testificar. Los testigos que observaron la redacción y firma de la constitución de los Estados Unidos están lejos de nuestro alcance. Quienes atestiguaron la vida de Abraham Lincoln también. Una cosa es exigir un contrainterrogatorio de testigos oculares en un caso que podría condenar al acusado a la cámara de gas, y otra cosa es mantener la historia ante necesidad tan irrazonable. Si requerimos este estándar para relatos históricos, prepárese para echar por la borda todo lo que cree que sabe sobre el pasado. Nada se puede saber de la historia si los testigos vivos son los únicos testigos confiables que podemos consultar. Si este fuera el caso, no podríamos saber nada con certeza más allá de dos o tres generaciones vivas.

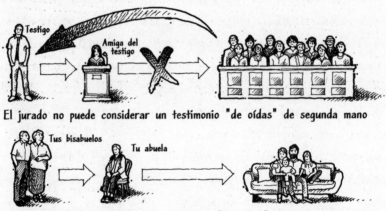

El jurado no puede considerar un testimonio "de oídas" de segunda mano

Tu historia familiar *requiere* un testimonio "de oídas" de segunda mano

En cuanto murieran los testigos oculares, la historia se perdería. Pero tenemos mucha certeza sobre muchos eventos históricos, a pesar de que los testigos oculares han estado por mucho tiempo en sus tumbas. Cuando evaluamos a los escritores de cualquier acontecimiento histórico, simplemente debemos hacer nuestro mejor esfuerzo para evaluarlos según los cuatro criterios que discutimos en el capítulo 4 (aplicaremos estos criterios en la sección 2). Nuestros objetivos son los mismos que para los testigos oculares en el tribunal, pero nuestras expectativas son apropiadas para examinar la historia. Esto es razonable, dada la naturaleza de los eventos ocurridos en el pasado lejano.

3 LOS ABOGADOS DEFENSORES SE ENFOCAN EN EL MICRO Y DISTRAEN DEL MACRO

Como ya hemos descrito, los casos circunstanciales sólidos se basan en grandes recopilaciones de evidencia; cuantas más piezas de evidencia apunten al sospechoso, más sólido será el caso. Por esta razón, los abogados defensores intentan distraer al jurado de la gran compilación enfocándose en piezas individuales. Lo último que el abogado defensor quiere que el jurado vea es cómo las piezas se unen para completar el rompecabezas. En cambio, quiere que los miembros del jurado examinen cada pieza del rompecabezas aislada del resto, esperando que el objeto bajo consideración se explique de una manera que no implique a su cliente. Si existe más de una forma razonable de interpretar una pieza individual de evidencia, la ley requiere que el jurado decida en favor de la inocencia del acusado. Por lo tanto, los abogados defensores dedican tiempo intentando desviar los ojos del jurado lejos de la gran colección y los enfocan en las minucias. Una sola pieza del rompecabezas, cuando se examina aisladamente, es difícil de entender sin ver la imagen completa. Una pequeña pieza de rompecabezas puede ser parte de cualquier otro rompecabezas, solo que no hay forma de saberlo hasta que vemos cómo encaja con el resto. Es el trabajo de los abogados defensores evitar que los miembros del jurado vean cómo encajan las piezas.

Quienes cuestionan las afirmaciones del cristianismo adoptan un enfoque similar. Veamos como ejemplo el caso de la influencia de Pedro en el Evangelio de Marcos. Los escépticos han notado que el relato de Marcos no incluye el hecho de que Pedro saliera de la barca y casi se ahogara cuando Jesús caminaba sobre el agua (como describimos anteriormente, compare Mr. 6:45–52 con Mt. 14:22–33). Si esta parte del rompecabezas se examina de forma aislada, parece razonable que Pedro no influyera en absoluto en el Evangelio de Marcos (como muchos escépticos afirman). ¿Cómo pudo Marcos omitir este detalle si verdaderamente tenía acceso a Pedro? Los escépticos han usado este pasaje de la Escritura para argumentar en contra de la autoría de los testigos oculares y la confiabilidad de la Biblia. Pero cuando este pasaje individual se examina junto a todos los demás versículos que involucran a Pedro en el Evangelio de Marcos, surge la explicación más razonable. Solo cuando examinamos todos esos pasajes *colectivamente* vemos un patrón consistente de respeto y mayordomía de Marcos hacia Pedro. Es en el contexto más amplio donde descubrimos que Marcos consistentemente busca proteger la reputación y el honor de Pedro. Cuando combinamos este hecho con las otras piezas del rompecabezas que se ofrecen en el capítulo 5, el caso de la influencia de Pedro en el Evangelio de Marcos es substancial y razonable. Al igual que el jurado en un juicio penal, necesitamos resistir el esfuerzo de aquellos que quieren que nos enfoquemos en las piezas individuales del rompecabezas como si no fueran parte de un rompecabezas más grande.

Enfóquese en el rompecabezas completo, no en una pieza

4 LOS ABOGADOS DEFENSORES ATACAN AL MENSAJERO

Casi todas las evidencias judiciales se presentan a través de la participación de un agente humano. El testimonio de un testigo ocular es un ejemplo obvio de esto, pero incluso la evidencia forense depende de la participación humana: un detective que la observó primero o un criminalista que la examinó más tarde. Los abogados defensores algunas veces atacan a la persona que presenta la evidencia cuando no les gusta lo que la evidencia dice sobre su cliente. Por eso frecuentemente se ve un contrainterrogatorio vigoroso (y crítico) de testigos clave; los abogados defensores suelen denigrar a estos testigos alegando cierta parcialidad o resaltando un comportamiento potencialmente ofensivo en' la vida personal o profesional del testigo. Si la defensa puede lograr que

Ataques *ad hominem*

Ad hominem (del latín "al hombre") es una forma abreviada de *argumentum ad hominem*. Describe lo que normalmente se considera una falacia lógica; el intento de desacreditar la verdad de una afirmación señalando alguna característica, comportamiento o creencia negativa de la persona que hace la afirmación. Dictionary.com describe *ad hominem* como "atacar el carácter de un oponente en lugar de responder su argumento".

el jurado odie al testigo, podría lograr que el jurado odie la evidencia que el testigo ha presentado.

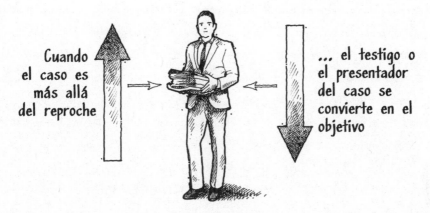

Cuando el caso es más allá del reproche

... el testigo o el presentador del caso se convierte en el objetivo

Esto se ha convertido en una táctica común de los escépticos que niegan las afirmaciones del cristianismo. La historia obviamente está repleta de ejemplos de personas que decían ser cristianas, pero se portaron mal. De hecho, muchas personas han cometido gran violencia en nombre del cristianismo, afirmando que su cosmovisión cristiana autorizaba o justificaba sus acciones, aunque las enseñanzas de Jesús claramente se oponían a su comportamiento. Pero un examen justo de la historia también revelará que los cristianos no eran los únicos. Los grupos que sostienen prácticamente cualquier visión del mundo, desde teístas hasta ateos, han sido igualmente culpables de comportamientos violentos. Los ateos señalan las Cruzadas y la Inquisición española cuando argumentan en contra de los cristianos; los teístas señalan los regímenes ateos de Joseph Stalin y Mao Tse-Tung cuando argumentan en contra de los ateos. Las estadísticas de muertes se debaten en un esfuerzo por discutir qué grupos fueron más violentos, pero todo esto parece no entender el punto. El común denominador de este mal comportamiento violento no fue una cosmovisión, sino la presencia de seres humanos.

Si buscamos decidir qué es verdad con base en cómo se comporta la gente, estamos ante un gran problema, porque cada cosmovisión tiene ejemplos de seguidores que se han comportado inconsistente e incorrectamente. Anticipo que los titulares de las noticias continúen presentando la aparente hipocresía de aquellos que dicen ser cristianos. Ciertamente Jesús predijo que habría falsos cristianos ("cizaña") viviendo junto a aquellos que eran verdaderos seguidores de Cristo ("trigo") en la "parábola del trigo y la cizaña"

(Mt. 13:24–30). También anticipo que los escépticos continúen usando los incidentes que involucran a "falsos cristianos" para su beneficio, buscando desacreditar a esas personas para invalidar la evidencia misma. El discurso y el diálogo relacionado al cristianismo parecen volverse más virulentos y degradantes con cada año que pasa. Los debates públicos suelen ser menos sobre argumentos sustanciosos que sobre ataques *ad-hominem*. Al final, sin embargo todo dependerá de la evidencia. Por eso los fiscales advierten al jurado sobre las diferencias entre ataques personales y explicaciones razonadas. Las tácticas que recaen en el sarcasmo y la ridiculización no deben remplazar argumentos que se apoyan en la evidencia y la razón.

5 *LOS ABOGADOS DEFENSORES QUIEREN PERFECCIÓN*

Cada investigación criminal (y acusación) es un asunto serio, y el jurado lo entiende. Los abogados defensores a veces se aprovechan de la actitud correctamente seria de los miembros del jurado, criticando el hecho de que el procesamiento del caso no fue perfecto. Dada la gran importancia de este tipo de casos, ¿no deberían las autoridades haber hecho todo lo concebible para conducir una investigación perfecta e impecable? ¿No deberían haberse recuperado todas las pruebas imaginables? ¿No deberían haber sido localizados todos los posibles testigos? Al identificar las imperfecciones y limitaciones de la investigación, los abogados esperan revelar una falta de preocupación y precisión para socavar el caso de la fiscalía.

Algo similar ocurre cuando los escépticos señalan la supuesta "imperfecta" o "incompleta" evidencia histórica que respalda las afirmaciones del cristianismo. ¿Por qué, por ejemplo, no tenemos un paquete completo de documentos de todos los apóstoles que escribieron en el primer siglo? ¿Por qué no tenemos algunas de las cartas perdidas mencionadas en el Nuevo Testamento,

Trabajando con todas las imperfecciones

El jurado debe entender que no existe un caso "perfecto". A los miembros del jurado se les dice de antemano, por ejemplo, que no tendrán acceso a todo lo que pudiera saberse sobre el caso. Los jueces le aconsejan al jurado: "Ninguna de las partes está obligada a llamar a todos los testigos que puedan tener información sobre el caso o a presentar todas las pruebas físicas que puedan ser relevantes" (Sección 300, Instrucciones para el Jurado Penal del Consejo Judicial de California, 2006). El jurado no puede especular sobre lo que falta, sino que debe enfocarse en las inferencias razonables extraídas de lo que no falta.

como la carta anterior de Pablo a la iglesia de Corinto descrita en 1 Co. 5:9 o la carta de Juan a la iglesia de Diótrefes citada en 3 Jn. 1:9? ¿Por qué no hay más evidencia de las fuentes fuera del registro bíblico que corrobore los eventos descritos en la Biblia? (más de esto en el capítulo 12).

Aunque las expectativas de perfección pueden ayudar a los abogados defensores cuando atacan el caso de la fiscalía y a los escépticos cuando atacan las afirmaciones del cristianismo, este tipo de expectativas son irrazonables. Nunca he visto una investigación "perfecta", y ciertamente nunca he conducido una; todas las indagaciones y exámenes de la verdad (incluyendo investigaciones históricas) tienen sus deficiencias singulares. Los miembros del jurado entienden que deben trabajar con lo que tienen frente a ellos. La evidencia es suficiente o no lo es. Los miembros del jurado no pueden detenerse en lo que "podría haber sido" o en lo que "podría haberse hecho", a menos que tengan pruebas y una buena razón para creer que la verdad se perdió en el camino. El jurado no puede suponer que existe una mejor explicación (otra además de la ofrecida por la fiscalía) simplemente porque hubo imperfecciones en el caso; las dudas razonables se deben establecer con evidencia. De forma similar, los escépticos no pueden rechazar las inferencias razonables de la evidencia que *sí* tenemos, simplemente porque posiblemente hay alguna evidencia que *no* tenemos; los escépticos también necesitan defender sus dudas con evidencia.

LOS ABOGADOS DEFENSORES PROVEEN "POSIBILIDADES" ALTERNAS

Los abogados defensores hacen todo lo posible para evitar que los miembros del jurado acepten la versión de los hechos de la fiscalía. A veces no es suficiente solo "hacer agujeros" en el caso de la fiscalía para distraer al jurado de la totalidad de la evidencia. En ocasiones, los abogados defensores brindan una teoría alternativa sobre lo que ocurrió en un crimen en particular, construyendo sus propios argumentos para una explicación totalmente diferente. Sin embargo, la mayoría de las veces la defensa simplemente insinuará una explicación alternativa haciendo preguntas sugestivas que abren una serie de "posibilidades" alternas, aunque estas "posibilidades" no estén respaldadas por ninguna evidencia. El objetivo aquí es proporcionar al jurado alguna forma de armar una narrativa en la que el acusado *no esté involucrado*. Los fiscales deben ayudar al jurado a

Explicaciones alternativas

Los jueces mandan a los miembros del jurado que sean cautelosos con las explicaciones que no son razonablemente sustentadas por la evidencia. Los jueces aconsejan a los miembros del jurado que "...deben estar convencidos que la única conclusión razonable sustentada por la evidencia circunstancial es que el acusado es culpable. Si pueden presentar dos o más conclusiones razonables a partir de la evidencia circunstancial y una de esas conclusiones razonables apunta a la inocencia y otra a la culpabilidad, deben aceptar la que apunta a la inocencia. Sin embargo, cuando se considera la evidencia circunstancial, deben aceptar solo conclusiones razonables y rechazar cualquiera que sea no razonable" (Sección 224, Instrucciones para jurados penales del Consejo Judicial de California, 2006).

evaluar la diferencia entre "posible" y "razonable" en momentos como este, y motivarlo a limitar sus deliberaciones a una inferencia razonable a partir de la evidencia, en lugar de especular sobre posibilidades sin fundamento.

Quienes niegan la historicidad de Jesús a veces adoptan un enfoque similar al de los abogados defensores. Algunos escépticos han negado totalmente la existencia de Jesús proponiendo una posibilidad alternativa. Citando las similitudes entre Jesús y otros "salvadores mitológicos" de la antigüedad, han argumentado que Jesús es simplemente otra obra de ficción, creada por personas que querían comenzar una nueva tradición religiosa. Muchos de estos críticos señalan a la antigua deidad Mitra como un primer ejemplo del préstamo ficticio que ellos afirman que ocurrió en la formación del cristianismo. Describen a Mitra como un salvador que apareció cerca de cuatrocientos años antes que los primeros cristianos y señalan las siguientes similitudes:

Mitra nació de una virgen.

Mitra nació en una cueva, atendido por pastores.

Mitra tuvo doce compañeros o discípulos.

Mitra fue sepultado en una tumba y resucitó a los tres días.

Mitra fue llamado "el buen pastor".

Mitra fue asociado con el Cordero y el León.

Aunque estas similitudes son sorprendentes y parecen sustentar una teoría alternativa relacionada con la historicidad de Jesús, una breve investigación rápidamente revela que no están respaldadas con evidencia. No existe una "escritura del mitraísmo" disponible para nosotros hoy; todas nuestras especulaciones sobre la leyenda de Mitra dependen de pinturas y esculturas del mitraísmo y sobre lo que escribieron los cristianos acerca de los adoradores de Mitra que los observaron entre el primer y tercer siglo. Incluso con lo poco que sabemos, es claro que Mitra no nació de una virgen en una cueva. Según los informes, Mitra emergió de una roca sólida, saliendo de una cueva en la ladera de una montaña. Tampoco hay evidencia de que Mitra tuviera doce compañeros o discípulos; esta similitud puede estar basada en un mural que coloca los doce personajes del zodiaco en un círculo alrededor de Mitra. No hay evidencia de que Mitra fuera alguna vez llamado el "Buen Pastor", y aunque Mitra era un "dios-sol" y estaba asociado con Leo (la casa del sol en la astrología babilónica) no hay evidencia de que fuera identificado con un león. Tampoco hay evidencia de que Mitra haya muerto y mucho menos que haya resucitado después de tres días. Estas declaraciones de los escépticos (al igual que las "posibilidades" ofrecidas por los abogados defensores) no están sustentadas por la evidencia. Es importante recordar que una "posible" respuesta no requiere una refutación "plausible".

7. LOS ABOGADOS DEFENSORES EMPLEAN UNA ACTITUD CULTURALMENTE ATRACTIVA

La mayoría de los abogados defensores comprenden la importancia de las "primeras impresiones". He estado involucrado en muchos casos de alto perfil con abogados defensores prominentes. Estos abogados fueron brutalmente agresivos, sarcásticos y rencorosos en las audiencias preliminares, aunque agradables, entrañables y carismáticos en los juicios con jurado. ¿Cuál es la diferencia? La presencia de un jurado; este no está presente en las audiencias preliminares. Los abogados defensores comprenden que el estilo suele ser tan importante como la sustancia. La forma de presentar una declaración es en ocasiones más importante que la declaración en sí. Por esta razón, los abogados defensores suelen ser buenos observadores de la cultura; ellos adoptan ademanes y lenguaje para hacerse querer por el jurado que intentan convencer. A veces los hechos son de menor importancia.

Los escépticos en nuestro medio son igualmente inteligentes. Los cristianos no son las únicas personas que adoptan un enfoque urgente y evangélico de su cosmovisión. Muchos ateos populares están igualmente interesados en hacer proselitismo con quienes los rodean. Son muy conscientes de lo que es popular. Como parte de la cultura que intentan alcanzar, comprenden lo que la gente ve en televisión y en Internet. Han visto las películas exitosas y comprado la música con mayores ventas. Han dominado el lenguaje y están dando forma al arte, la música y la literatura de nuestra sociedad. A menudo retratan a los cristianos como "dinosaurios" anticuados y retrógrados que no están en contacto con los conceptos progresistas y la cultura actual. Reconocen y capitalizan el deseo bien intencionado de muchos cristianos de resistir las cosas del mundo en favor de las cosas de Dios (1 Jn. 2:14). Los escépticos regularmente tienen una ventaja al comunicar su oposición y teorías alternativas simplemente porque están más alineados con la cultura que intentan influenciar.

Esto suele ser más evidente en los debates televisados entre cristianos y no creyentes. Los escépticos más efectivos son aquellos que (al igual que los abogados defensores efectivos) establecen una atractiva conexión con la audiencia. Son entrañables, entretenidos, comprenden y destacan las dudas e inquietudes que la gente tiene sobre el cristianismo y usan una retórica persuasiva para defender sus argumentos. He visto varios debates en los que el representante cristiano poseía los mejores argumentos y dominio de la evidencia, pero parecía menos influyente desde la perspectiva de la comunicación. En una cultura donde la imagen es más importante que la información, y el estilo más importante que la sustancia, no es suficiente poseer la verdad. Los presentadores de caso también deben dominar los medios de comunicación.

Cuando la fiscalía presenta un caso en el tribunal, la defensa se queda con tres posibles respuestas: pueden declarar, destruir o distraer. En raras ocasiones, la defensa presentará una teoría alternativa sólida para explicar lo que sucedió en un caso particular. Sin embargo, esto es difícil porque requiere que la defensa justifique su escenario alternativo con evidencia. En esencia, han tenido que construir su caso de la misma manera que la fiscalía ha construido un caso contra su cliente. La mayoría de las veces, los abogados defensores adoptan un enfoque diferente; se enfocan en destruir el caso de la fiscalía desacreditando la evidencia. Si pueden encontrar deficiencias legítimas en las evidencias individuales, pueden socavar el caso de la fiscalía pieza por pieza. Sin embargo, una tercera táctica suele ser igual de efectiva en casos circunstanciales. Usando las tácticas que hemos descrito en este capítulo, los abogados defensores pueden distraer al jurado del impacto acumulativo de la evidencia circunstancial.

Al atacar la naturaleza de la verdad, enfocarse en el fundamento del caso de la fiscalía, centrarse en lo micro más que en lo macro, despreciar a los testigos de la fiscalía, aumentar la expectativa de perfección, ofrecer posibilidades no sustentadas y presentar todo esto en una manera atractiva, los abogados defensores intentan distraer al jurado del panorama general. Ellos no quieren que el jurado vea el bosque a través de los árboles. No quieren que el jurado vea la naturaleza conectada y razonable del caso circunstancial acumulativo.

Quienes se oponen a las declaraciones del cristianismo a menudo toman un enfoque muy similar. Al igual que los abogados defensores, en ocasiones ignoran la naturaleza más grande conectada del caso para el cristianismo y se centran en las posibilidades y afirmaciones falsas o sin impacto en la evidencia.

HERRAMIENTA PARA EL MALETÍN, UN CONSEJO PARA LA LISTA

Aunque las tácticas de los abogados defensores no parezcan las herramientas apropiadas para su maletín de trabajo de investigación, piense en ellas como principios *preventivos* para su lista. Si estas tácticas son inapropiadas para los abogados defensores, son igualmente inapropiadas para quienes presentamos las afirmaciones del cristianismo. Mantengamos un estándar alto, incluso mientras pedimos que nuestros oponentes reconozcan sus propias responsabilidades razonables. Es bien sabido que la "carga de la prueba" en los juicios penales recae sobre la fiscalía. Los acusados son presumidos como inocentes hasta ser hallados culpables; no tienen obligación de montar defensa alguna. Pero si, por ejemplo, un acusado en un juicio por asesinato quiere que el jurado crea que él simplemente cometió el homicidio en defensa propia, la carga para plantear esta duda recae en el equipo de defensa. Los escépticos han afirmado durante mucho tiempo que la carga de la prueba de la verdad de la cosmovisión cristiana (por ejemplo, la existencia de Dios o la deidad de Jesús) recae sobre los cristianos; el naturalismo es su posición asumida "por defecto". Sin embargo, la carga de la prueba *cambia* una vez que declaran una posibilidad alternativa (por ejemplo, Jesús es una recreación de Mitra). *Las posibles alternativas no son refutaciones razonables.* Si no ofrecen una declaración sustentada por evidencia, probablemente estén intentando *destruir* o *distraer*. Espero que mis amigos escépticos vean las diferencias entre estos dos enfoques. Las tácticas de destrucción que tratan de descalificar a los Evangelios también podrían descalificar otros textos históricos. Si los escépticos aplicaran el mismo estándar a otros documentos de la antigüedad, les sería difícil creer cualquier cosa sobre el pasado antiguo. En adición a esto, cualquier esfuerzo por distraer la atención del caso acumulativo a favor del cristianismo mediante la redefinición de la verdad o denigrando a los cristianos, aunque es potencialmente efectivo, no hace nada para demostrar la verdad del naturalismo. Conozco muchos abogados defensores que trabajaron duro porque verdaderamente creían que su cliente era inocente. Otros trabajaron duro por otras razones. Tengo amigos escépticos que están en una posición similar. Algunos rechazan el cristianismo porque creen que es evidentemente falso, y están preparados para declarar (y argumentar) un caso alternativo. Por otra parte, algunos rechazan el cristianismo por otra razón (quizá alguna experiencia personal pasada o un deseo de vivir su vida sin restricciones religiosas). Cuando este es el caso, a menudo recurren a tácticas de *destrucción* o *distracción*. Ayudemos a nuestros amigos que dudan a examinar el carácter de sus objeciones. Todos deberíamos estar dispuestos a argumentar los méritos de nuestro caso sin recurrir a tácticas impropias de nuestras cosmovisiones.

Aunque crecí como ateo, muchos de mis amigos cristianos crecieron en la iglesia o vivieron en áreas donde encontraron poca o ninguna oposición a su cosmovisión cristiana. Como resultado, algunos se estremecieron cuando tuvieron su primer encuentro con alguien que no solo se opuso a ellos, sino que lo hizo de forma táctica y atractiva. Para algunos cristianos, su primer encuentro con la oposición atea ocurre en el nivel universitario, ya sea como estudiante o como padre de un estudiante. El número de jóvenes cristianos que rechazan el cristianismo en la universidad es alarmante, de acuerdo con casi todos los estudios realizados sobre el tema.[2] Parte de esto es cuestión de preparación. Aunque con frecuencia estamos dispuestos a pasar tiempo leyendo la Biblia, orando o participando en los programas y servicios de la iglesia, pocos reconocemos la importancia de convertirnos en buenos cristianos *presentadores del caso*. Los fiscales tienen éxito cuando dominan los hechos del caso y luego aprenden a navegar y responder a las tácticas del equipo de defensa. Los cristianos también debemos aprender de ese modelo. Necesitamos dominar los hechos y las pruebas que respaldan las declaraciones del cristianismo y anticiparnos a las tácticas de quienes se oponen a nosotros. Esta preparación es una forma de adoración. Cuando nos dedicamos a esta preparación y estudios racionales, estamos adorando a Dios con nuestra mente, justo lo que Él nos ha llamado a hacer (Mt. 22:37).

EXAMINE LA EVIDENCIA

Aplicando los principios de la investigación a las afirmaciones del Nuevo Testamento

Yo estaba recostado en la cama, mirando al techo.

—Pienso que puede ser verdad —le dije a mi esposa.

—¿Qué puede ser verdad? —preguntó.

—El cristianismo. —Estoy seguro de que ella estaba harta de mi creciente obsesión. Por muchas semanas, era todo en lo que podía pensar, y ya le había hablado de esto en varias ocasiones. Ella se dio cuenta que me tomaba esto más en serio que nunca, así que toleró pacientemente mi obsesión y conversación constante—. Cuanto más busco en los Evangelios, más pienso que parecen relatos de testigos reales —continué—. Y los escritores parecen haber creído lo que escribían.

Sabía que estaba al borde de algo profundo; comencé a leer los Evangelios para aprender lo que Jesús enseñó sobre vivir una buena vida y descubrí que Él enseñó mucho más sobre Su identidad como Dios y la naturaleza de la vida eterna. Sabía que sería difícil aceptar una dimensión de Su enseñanza mientras rechazaba las demás. Si tenía buenas razones para creer que los Evangelios eran relatos o declaraciones confiables de testigos oculares, era tiempo de confrontar mucho de lo que yo resistía como escéptico. ¿Qué de todos los milagros registrados entre las notables palabras de Jesús? ¿Cómo separaría lo milagroso de lo notable? ¿Y por qué continuaba resistiéndome a los elementos milagrosos?

El paso inicial en mi viaje hacia el cristianismo fue una evaluación de los Evangelios. Pasé semanas y semanas examinando los relatos de los Evangelios como lo haría con cualquier declaración de un testigo ocular en un caso criminal. Utilicé muchas de las herramientas que ya he descrito para tomar una decisión que cambió mi vida para siempre. Me gustaría compartir algo de esa investigación con usted.

Capítulo 11

¿ESTUVIERON PRESENTES?

"¿Por qué supuestamente la tumba estaba vacía? Digo supuestamente
porque, francamente, no sé si lo estaba. Nuestra primera referencia
a que la tumba de Jesús estaba vacía está en el Evangelio de Marcos,
escrito cuarenta años después por alguien que vivía en un país diferente
que había escuchado que estaba vacía. ¿Cómo lo sabría?".[1]

(Bart Ehrman, Erudito del Nuevo Testamento, profesor de
estudios religiosos y autor de *Jesus Interrupted*)

"El llamado Evangelio de Juan es algo especial y refleja...
la altamente evolucionada teología de un escritor cristiano
que vivió tres generaciones después de Jesús".[2]

(Geza Vermes, erudito, historiador, y autor de *The Changing Faces of Jesus*)

"Nunca se ha descubierto una obra de arte de ningún tipo, ni pintura,
ni grabado, ni escultura u otra reliquia de la antigüedad que pueda
considerarse como prueba adicional de la existencia de estos Evangelios,
y que se haya realizado antes de la última parte del segundo siglo".[3]

(Charles Burlingame Waite, historiador y autor de *History of*
The Christian Religion to the Year Two Hundred)

SI LOS EVANGELIOS SON TARDÍOS, SON MENTIRA

Cuando no era creyente, aceptaba con entusiasmo las declaraciones escépticas de personas como Ehrman, Vermes y Waite. De hecho, a menudo hacía declaraciones similares (aunque las mías eran mucho menos elocuentes) cuando discutía con amigos cristianos y compañeros de trabajo en el departamento de policía. Al igual que los escépticos citados aquí, me incliné a rechazar los Evangelios por ser obras tardías de ficción. Los consideraba relatos mitológicos bien escritos después de que todos los verdaderos testigos oculares murieran. Los Evangelios llegaron tarde y eran una mentira.

Trabajé en nuestro departamento de pandillas a principios de la década de 1990 e investigué una variedad de agresiones relacionadas con pandillas. Una de ellas involucraba un apuñalamiento entre miembros de dos pandillas rivales; ambas partes estaban armadas con navajas. Fue difícil determinar cuál de los dos pandilleros era la víctima, ya que ambos resultaron seriamente heridos y ningún testigo estuvo dispuesto a testificar sobre lo que realmente sucedió. Casi un año después de que me asignaran el caso, recibí una llamada telefónica de una mujer que dijo que había presenciado el crimen y estaba dispuesta a decirme cómo ocurrió. Ella dijo que había sido desplegada como miembro del ejército durante el año pasado, y por esta razón no sabía que el caso aún no se había resuelto. Tras "indagar" un poco, descubrí que esta "testigo" era *prima* de uno de los pandilleros. Luego de una larga entrevista, finalmente admitió haber estado en otro estado al momento del apuñalamiento. Ella no se había enterado de esto hasta una semana antes de contactarme. Ella estaba mintiendo para intentar implicar al miembro de la pandilla rival y proteger a su primo. Claramente, su historia fue una pieza tardía de ficción, creada mucho después del evento original con la finalidad expresa de lograr su objetivo. Para empezar, ni siquiera estuvo disponible o presente en el crimen y, por esta razón, no tenía ningún valor para mí como *testigo*. Como escéptico, creía que los Evangelios se escribieron en el siglo II y que tampoco valían nada. Si se escribieron *tanto* tiempo después, no eran declaraciones de testigos. Es realmente tan simple como eso; los verdaderos testigos de la vida de Jesús habrían vivido (y escrito) en el primer siglo. El primer criterio de la confiabilidad de los testigos requiere que respondamos esta pregunta: "¿Los presuntos testigos estuvieron presentes?". Al igual que los eruditos no creyentes, respondí esta pregunta argumentando que los Evangelios fueron escritos en el segundo o tercer siglo, mucho más cerca del establecimiento del cristianismo en el Imperio romano que de la presunta vida de Jesús:

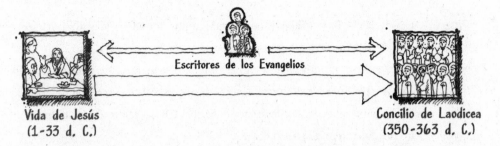

Vida de Jesús
(1-33 d. C.)

Escritores de los Evangelios

Concilio de Laodicea
(350-363 d. C.)

Antes de que pudiera tomar en serio los Evangelios como relatos o informes de testigos necesitaba decidir qué lugar ocupaban en esta línea de tiempo. Si los escritores aparecieron primero hacia la derecha (más cerca de los concilios de la iglesia y del establecimiento formal de la iglesia católica), había una buena razón para dudar que ellos fueran verdaderos testigos de los padecimientos de Cristo (1 P. 5:1) y buenas razones para dudar que vieron a Jesús con sus propios ojos (1 Jn. 1:1–3). Si, por el contrario, aparecían a la izquierda de la línea de tiempo, al menos podría comenzar a considerarlos seriamente. Cuanto más cerca estuvieran a la vida y ministerio de Jesús, más seriamente podía considerar sus afirmaciones.

RETROCEDIENDO EN LA LÍNEA DE TIEMPO

Hay muchas piezas de evidencia circunstancial que forman un caso convincente para la datación temprana de los Evangelios. Existen muchas buenas razones para creer que los escritores de los Evangelios están en el lado izquierdo de la línea de tiempo. Cuanto más examinaba esta evidencia, más creía que los Evangelios fueron escritos lo suficientemente temprano en la historia como para ser tomados seriamente como declaraciones de testigos oculares. Veamos esta evidencia antes de ubicar cada pieza en la línea de tiempo.

EL NUEVO TESTAMENTO NO DESCRIBE LA DESTRUCCIÓN DEL TEMPLO

Comenzamos con quizá el evento más significativo de la historia judía del primer siglo, la destrucción del templo de Jerusalén en el año 70 d. C. Roma envió un ejército a Jerusalén en respuesta a la rebelión judía del 66 d. C. El ejército romano (bajo el liderazgo de Tito) finalmente destruyó el templo en el año 70 d. C.,[4] tal como Jesús había predicho en los

Evangelios (en Mt. 24:1–3). Podría pensar que este importante detalle estaría incluido en el registro del Nuevo Testamento, especialmente considerando que este hecho corroboraría la predicción de Jesús. Pero ningún relato de los Evangelios registra la destrucción del templo. De hecho, ningún documento del Nuevo Testamento lo menciona en absoluto, aunque hay muchas ocasiones en las que la descripción de la destrucción del templo pudo haber ayudado a establecer un punto teológico o histórico.

EL NUEVO TESTAMENTO NO DESCRIBE EL SITIO DE JERUSALÉN

Incluso antes de que el templo fuera destruido, la ciudad de Jerusalén fue atacada. Tito rodeó la ciudad con cuatro grandes grupos de soldados y con el tiempo destruyó la "Tercera muralla" de la ciudad con un ariete. Tras largas batallas y conflictos, los soldados romanos finalmente incendiaron los muros de la ciudad y el templo fue destruido como resultado.[5] Ningún aspecto de este ataque de tres años se describe en ningún documento del Nuevo Testamento, a pesar de que los escritores de los Evangelios ciertamente pudieron haber señalado la angustia resultante del asedio como un poderoso punto de referencia para los muchos pasajes de la Escritura que abordan ampliamente el tema del *sufrimiento*.

LUCAS NO MENCIONÓ LA MUERTE DE PABLO Y PEDRO

Años antes del sitio Jerusalén y la destrucción del templo, ocurrieron otro par de eventos significativos para la comunidad cristiana. El apóstol Pablo fue martirizado en la ciudad de Roma en el año 64 d. C., y Pedro fue martirizado poco después en el año 65 d. C.[6] Aunque Lucas escribió extensamente sobre Pablo y Pedro en el libro de Hechos y los presentó prominentemente, no dijo nada sobre sus muertes. De hecho, Pablo todavía estaba vivo (bajo arresto domiciliario en Roma) al final del libro de Hechos.

LUCAS NO MENCIONÓ LA MUERTE DE SANTIAGO

Lucas presentó otra figura importante de la historia cristiana en el libro de Hechos. Santiago (el hermano de Jesús) se convirtió en el líder de la iglesia de Jerusalén y fue descrito en una posición de prominencia en Hechos 15. Santiago fue martirizado en la ciudad de Jerusalén en el año 62 d. C.[7], pero al igual que las muertes de Pablo y Pedro, la ejecución de Santiago está ausente del relato bíblico, aunque Lucas describió las muertes de Esteban (Hch. 7:54–60) y de Santiago el hermano de Juan (Hch. 12:1–2).

**Vida de Jesús
(1-33 d. C.)**

Muerte de Santiago, Sitio de   Destrucción
Pedro y Pablo   Jerusalén   del Templo
61-65 d. C. 67-70 d. C. 70 d. C.

EL EVANGELIO DE LUCAS PRECEDE AL LIBRO DE HECHOS

Lucas escribió tanto el libro de Hechos como el Evangelio de Lucas. Estos dos textos contienen introducciones que los unen en la historia. En la introducción del libro de Hechos, Lucas escribió: *"En el primer tratado, oh, Teófilo, hablé acerca de todas las cosas que Jesús comenzó a hacer y a enseñar, hasta el día en que fue recibido arriba, después de haber dado mandamientos por el Espíritu Santo a los apóstoles que había escogido"* (Hch. 1:1–2).

Está claro que el Evangelio de Lucas (su "libro anterior") fue escrito antes del libro de Hechos.

PABLO CITÓ EL EVANGELIO DE LUCAS EN SU CARTA A TIMOTEO

Pablo parecía estar al tanto del Evangelio de Lucas y escribió como si fuera de conocimiento común alrededor de los años 63–64 d. C., cuando Pablo escribió su primera carta a Timoteo. Observe el siguiente pasaje: *"Los ancianos que gobiernan bien, sean tenidos por dignos de doble honor, mayormente los que trabajan en predicar y enseñar. Pues la Escritura dice: No pondrás bozal al buey que trilla; y: Digno es el obrero de su salario"* (1 Ti. 5:17–18).

Pablo citó dos pasajes aquí como "Escritura", uno en el Antiguo Testamento y otro en el Nuevo Testamento. "No pondrás bozal al buey que trilla" se refiere a Dt. 25:4, y "Digno es el obrero de su salario" hace referencia a Lc. 10:7. Está claro que el Evangelio de Lucas ya era de conocimiento común y aceptado como Escritura para la época en que esta carta fue escrita. Cabe mencionar que muchos críticos (como Bart Ehrman) han argumentado que Pablo no fue en realidad el autor de 1 Timoteo. Sostienen que esta carta fue escrita tiempo después en la historia. Sin embargo, muchos eruditos reconocen que los primeros líderes de la iglesia estaban familiarizados con 1 Timoteo desde tiempos muy tempranos.[8]

PABLO REPITIÓ LAS AFIRMACIONES DE LOS ESCRITORES DE LOS EVANGELIOS

Aunque algunos críticos modernos cuestionan la autoría de las cartas pastorales de Pablo, incluso los eruditos más escépticos concuerdan en que Pablo es el autor de las cartas escritas a los romanos, a los corintios y a los gálatas. Estas cartas datan entre el año 48–60 d. C. La carta a los romanos (usualmente fechada en el 50 d. C.) revela algo importante. Pablo comenzó la carta proclamando que Jesús es el "Hijo de Dios" resucitado. En toda la carta, Pablo aceptó la opinión de Jesús que los testigos oculares del Evangelio describieron en sus propios relatos. Tan solo diecisiete años después de la resurrección, se describía a Jesús como divino. Él es Dios encarnado, tal como los testigos oculares del Evangelio lo describieron en sus relatos. De hecho, el bosquejo de Pablo de la vida de Jesús coincide con el de los Evangelios. En 1 Co. 15 (escrito entre los años 53–57 d. C.), Pablo resumió el mensaje del Evangelio y reforzó los relatos de los testigos oculares tal como le fueron descritos: *"Porque primeramente os he enseñado lo que asimismo recibí: Que Cristo murió por nuestros pecados, conforme a las Escrituras; y que fue sepultado, y que resucitó al tercer día, conforme a las Escrituras; y que apareció a Cefas, y después a los doce. Después apareció a más de quinientos hermanos a la vez, de los cuales muchos viven aún, y otros ya duermen. Después apareció a Jacobo; después a todos los apóstoles; y al último de todos, como a un abortivo, me apareció a mí"* (1 Co. 15:3–8).

En su carta a los gálatas (también escrita a mediados de los años 50 d. C.), Pablo describió su interacción con estos apóstoles (Pedro y Jacobo) y dijo que su encuentro ocurrió al menos catorce años antes de la redacción de su carta:

Pero cuando agradó a Dios, que me apartó desde el vientre de mi madre, y me llamó por su gracia, revelar a su Hijo en mí, para que yo le predicase entre los gentiles, no consulté en seguida con carne y sangre, ni subí a Jerusalén a los que eran apóstoles antes que yo; sino que fui a Arabia, y volví de nuevo a Damasco. Después, pasados tres años, subí a Jerusalén para ver a Pedro, y permanecí con él quince días; pero no vi a ningún otro de los apóstoles, sino a Jacobo el hermano del Señor (Gal. 1:15-19).

Después, pasados catorce años, subí otra vez a Jerusalén con Bernabé, llevando también conmigo a Tito (Gal. 2:1).

Esto quiere decir que Pablo vio a Cristo resucitado y aprendió sobre los relatos del Evangelio de los testigos oculares (Pedro y Jacobo) en los cinco años posteriores a la Crucifixión (la mayoría de los eruditos ubican la conversión de Pablo entre los años 33-36 d. C. y él visitó a Pedro y a Jacobo tres años después de su conversión, según Gal. 1:19). Por ello, Pablo pudo decirles a los corintios que aún habían "más de quinientos hermanos" que podían confirmar los relatos de la resurrección (en 1 Co. 15:6). Esa es una declaración valiente hecha entre los años 53-57 d. C., cuando sus lectores podían fácilmente haber aceptado el desafío y llamarlo mentiroso si la afirmación no era verdadera.

PABLO CITÓ EL EVANGELIO DE LUCAS EN SU CARTA A LOS CORINTIOS

Pablo también parece haber estado familiarizado con el Evangelio de Lucas cuando escribió a la iglesia de Corinto (casi diez años antes de su carta a Timoteo). Note la similitud entre la descripción de Pablo de la cena del Señor y la del Evangelio de Lucas:

Porque yo recibí del Señor lo que también os he enseñado: Que el Señor Jesús, la noche que fue entregado, tomó pan; y habiendo dado gracias, lo partió, y dijo: Tomad, comed; esto es mi cuerpo que por vosotros es partido; haced esto en memoria de mí. Asimismo, tomó también la copa, después de haber cenado, diciendo: Esta copa es el nuevo pacto en mi sangre (1 Co. 11:23–25).

Y tomó el pan y dio gracias, y lo partió y les dio, diciendo: Esto es mi cuerpo, que por
vosotros es dado; haced esto en memoria de mí. De igual manera, después que hubo
cenado, tomó la copa, diciendo: Esta copa es el nuevo pacto en mi sangre, que por
vosotros se derrama (Lc. 22:19–20).

Pablo parece estar citando el Evangelio de Lucas, el único Evangelio en el que Jesús dice a los discípulos "haced esto en memoria de mí". Si Pablo estaba tratando de utilizar una descripción de la cena que ya era bien conocida en esa época, este relato debió haber estado circulando por un periodo previo a la carta de Pablo.

Vida de Jesús
(1-33 d. C.)

Pablo cita a Lucas 53-57 d. C.   Lucas escribe Hechos 57-60 d. C.   Muerte de Santiago, Pedro y Pablo 61-65 d. C.   Sitio de Jerusalén 67-70 d. C.   Destrucción del Templo 70 d. C.

LUCAS CITÓ REPETIDAMENTE A MARCOS (Y A MATEO)

Lucas, al escribir su propio Evangelio, admitió que no fue un testigo ocular de la vida y ministerio de Jesús. En cambio, Lucas se describió a sí mismo como un historiador, recabando las afirmaciones de los testigos de la época que estuvieron presentes en ese momento:

Puesto que ya muchos han tratado de poner en orden la historia de las cosas que entre
nosotros han sido ciertísimas, tal como nos lo enseñaron los que desde el principio
lo vieron con sus ojos, y fueron ministros de la palabra, me ha parecido también
a mí, después de haber investigado con diligencia todas las cosas desde su origen,
escribírtelas por orden, oh, excelentísimo Teófilo, para que conozcas bien la verdad
de las cosas en las cuales has sido instruido (Lc. 1:1–4).

Como resultado, Lucas a menudo repitió o citó pasajes completos ofrecidos previamente por Marcos (350 versículos de Marcos aparecen en el Evangelio de Lucas) o por Mateo (250 versículos de Mateo aparecen en el relato de Lucas).[9] Estos pasajes fueron insertados en el Evangelio de Lucas como si simplemente hubieran sido copiados de los otros relatos. Es razonable, por lo tanto, concluir que el relato de Marcos ya era reconocido, aceptado y disponible para Lucas antes de ser autor de su Evangelio.

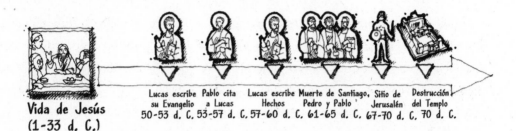

Vida de Jesús (1-33 d. C.)

Lucas escribe su Evangelio 50-53 d. C. Pablo cita a Lucas 53-57 d. C. Lucas escribe Hechos 57-60 d. C. Muerte de Santiago, Pedro y Pablo 61-65 d. C. Sitio de Jerusalén 67-70 d. C. Destrucción del Templo 70 d. C.

EL EVANGELIO DE MARCOS PARECE SER UNA TEMPRANA "TRANSMISIÓN DEL CRIMEN"

El Evangelio de Marcos se parece mucho a una "transmisión del crimen". Cuando los primeros oficiales que responden llegan a la escena de un crimen, recopilan rápidamente los detalles relacionados con el crimen y la descripción del sospechoso, luego "aclaran los hechos" con los aparatos de radio y transmiten estos detalles a otros oficiales que podrían estar en el área. Esta primera *transmisión del crimen* es breve y se enfoca en los elementos esenciales. Habrá tiempo más adelante para agregar detalles adicionales, numerar el orden de los eventos y escribir reportes extensos. Esta primera transmisión está impulsada por la inmediatez del momento; tenemos que comunicar lo esencial a nuestros compañeros porque los sospechosos en este caso todavía pueden estar tratando de huir del área. Hay un sentido de urgencia en la primera transmisión porque los oficiales están intentando atrapar a los malos antes de que escapen.

Aunque el Evangelio de Marcos contiene detalles importantes de la vida y ministerio de Jesús, es breve, es menos ordenado que los otros Evangelios y está lleno de verbos de "acción" y adjetivos. Hay un sentido de urgencia en él. Esto es lo que podríamos esperar, si fuera, de hecho, un relato temprano del ministerio de Jesús, escrito con un sentido de urgencia. Está claro que los testigos oculares sintieron esta urgencia y creyeron que Jesús regresaría muy pronto. Pablo escribió: "…porque ahora está más cerca de nosotros nuestra salvación que cuando creímos" (Rom. 13:11), y Santiago dijo: "…porque la venida del Señor se acerca" (Stg. 5:8). Pedro, el mentor y compañero de Marcos, concordó "…Mas el fin de todas las cosas se acerca" (1 P. 4:7). Seguramente Marcos escribió con este mismo sentido de urgencia mientras escribía las experiencias de Pedro en su propio Evangelio. El relato de Marcos desempeña el rol de "transmisor del crimen", comunicando los detalles esenciales sin tener en cuenta la composición o el estilo de la prosa. Papías confirmó esto en su declaración acerca de los esfuerzos de Marcos:

"Marcos, habiéndose convertido en el intérprete de Pedro, escribió con precisión, aunque no en orden, todo lo que recordaba de las cosas dichas o hechas por Cristo. Puesto que no escuchó al Señor ni lo siguió, sino que después, como dije, siguió a Pedro, quien adaptó su enseñanza a las necesidades de sus oyentes, pero sin intención de dar un relato ligado a los discursos del Señor, por lo que Marcos no cometió ningún error mientras escribía algunas cosas tal como las recordaba. Porque en una cosa tuvo cuidado: de no omitir ninguna de las cosas que él había escuchado y en no declarar ninguna de ellas falsamente".[10]

La precisión del relato era más importante para Marcos que cualquier otra cosa; hasta donde Marcos sabía, Jesús regresaría antes de que hubiera la necesidad de escribir una especie de *biografía* ordenada. Marcos estaba a cargo de la *transmisión del crimen* de manera básica. A medida que pasaban los años y los testigos oculares envejecían, otros hicieron un esfuerzo más deliberado de colocar la narración en el orden correcto. Papías parece indicar que esta fue la intención de Mateo: "Por lo tanto, Mateo puso el tratado en un arreglo ordenado en el idioma hebreo, pero cada persona las interpretó lo mejor que pudo".[11]

Lucas también parece hacer algo similar según la introducción de su propio Evangelio: *"Me ha parecido también a mí, después de haber investigado con diligencia todas las cosas desde su origen, escribírtelas por orden, oh, excelentísimo Teófilo" (Lc. 1:3).*

Tanto Mateo como Lucas parecen estar escribiendo con una intención muy diferente a la de Marcos. Sus relatos son más sólidos y ordenados. Aunque Marcos nos proporciona la "transmisión del crimen" inicial, Mateo y Lucas están más preocupados por el "reporte final".

Vida de Jesús
(1-33 d. C.)

Marcos escribe su Evangelio 45-50 d. C.

Lucas escribe su Evangelio 50-53 d. C.

Pablo cita a Lucas 53-57 d. C.

Lucas escribe Hechos 57-60 d. C.

Muerte de Santiago, Pedro y Pablo 61-65 d. C.

Sitio de Jerusalén 67-70 d. C.

Destrucción del Templo 70 d. C.

MARCOS PARECE ESTAR PROTEGIENDO A LOS PARTICIPANTES CLAVE

Ya hablamos de lo importante que es "prestar atención a cada palabra". En mis años como investigador, hubo muchas ocasiones en que un testigo eligió cuidadosamente sus palabras para no involucrar a alguien más en el caso. Esto fue particularmente común cuando trabajaba en casos de pandillas. Hubo varias ocasiones en las que un testigo tuvo el valor de presentar información, pero no comunicó mucho sobre la identidad de otras personas que pudieron haber visto algo similar. Impulsados por el temor de que estos testigos adicionales pudieran estar en peligro, el testigo los mencionaba en su relato, pero se negaba a identificarlos específicamente. La mayoría de las veces, los testigos simplemente intentaban proteger a alguien que consideraban indefenso y vulnerable. Experimenté justo lo opuesto en algunas de mis investigaciones de casos sin resolver. Al volver a interrogar a los testigos que hablaron con los investigadores años antes, me encontré con que ahora estaban dispuestos a proporcionarme las identidades de personas que previamente rechazaron identificar. A veces fue porque desarrollaron alguna antipatía hacia esas personas a lo largo de los años; esto era especialmente cierto cuando las parejas terminaban su relación y, con el tiempo, estaban dispuestas a hablar el uno del otro. En algunas ocasiones era por disminuir el miedo; cuando el sospechoso de un caso moría, regularmente las personas se presentaban e identificaban solas simplemente porque ya no tenían miedo de hacerlo.

Muchos lectores cuidadosos del Evangelio de Marcos han observado que hay varias personas no identificadas descritas en su relato. Estos personajes anónimos a menudo ocupan posiciones clave en la narrativa, pero Marcos eligió dejarlos sin nombre. Por ejemplo, la descripción de Marcos sobre la actividad en el jardín de Getsemaní incluye el informe: "Pero uno de los que estaban allí, [en el arresto de Jesús] sacando la espada, hirió al siervo del sumo sacerdote, cortándole la oreja" (Mr. 14:47). Marcos eligió dejar al atacante y al hombre atacado sin nombre; aunque Juan identificó a ambos (Pedro como el atacante y Malco como la persona siendo atacada) en su relato del Evangelio. De manera similar, Marcos no identificó a la mujer que ungió a Jesús en casa de Simón el leproso (Mr. 14:3–9), aunque Juan nos dice que fue María (la hermana de Marta), quien vació el perfume sobre la cabeza de Jesús.[12] Aunque los escépticos han mostrado una serie de explicaciones para estas variaciones (argumentando, por ejemplo, que pueden ser simplemente adornos insertados después en un esfuerzo por crear la creciente mitología de los Evangelios), algo mucho más simple podía estar en juego. Si Marcos, así como algunos de los testigos en mis casos de pandillas, estaba interesado en proteger la identidad de Pedro (como atacante de Malco) y María (cuya unción pudo haber sido interpretada como proclamación de la posición real de Jesús como el Mesías), tiene sentido que los haya dejado sin nombrar para que el liderazgo judío no fuera capaz de identificarlos fácilmente. De hecho, Marcos nunca describió la resurrección del hermano de María, Lázaro. Esto también tiene sentido si Marcos trataba de proteger la identidad de Lázaro en los primeros años del movimiento cristiano, dado que la resurrección de Lázaro fue una preocupación crítica para el liderazgo judío y provocó que buscaran a Jesús en su complot para matarlo. Si Marcos escribió su Evangelio con prontitud, mientras María, Lázaro, Pedro y Malco aún vivían, es razonable que Marcos quisiera dejarlos sin nombre o simplemente omitir los relatos que los incluían. Los eruditos generalmente reconocen el Evangelio de Juan como la última adición a la colección de relatos de los Evangelios del Nuevo Testamento. Lo más probable es que se escribiera cuando Pedro, Malco y María ya hubieran muerto. Juan, como algunos de los testigos en mis casos sin resolver, tuvo la libertad de identificar a estas personas importantes; ya no estaban en peligro.

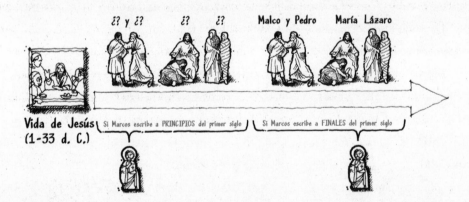

ESTUVIERON TEMPRANO EN LA LÍNEA DE TIEMPO

Dadas estas once piezas de evidencia circunstancial, ¿qué inferencia razonable se puede obtener sobre la datación de los Evangelios? Primero, debemos explicar la sospechosa ausencia de varios eventos históricos clave en el registro del Nuevo Testamento: la destrucción del templo, el sitio de Jerusalén y las muertes de Pedro, Pablo y Santiago. Estas omisiones pueden explicarse razonablemente si el libro de Hechos (el texto bíblico más probable de describir estos eventos) fue escrito antes del 61–62 d. C. Estos acontecimientos faltan en los relatos porque no habían sucedido aún.

Sabemos, por las líneas introductorias del libro de Hechos, que el Evangelio de Lucas fue escrito antes que Hechos, pero debemos utilizar la evidencia circunstancial restante para intentar determinar *qué tan antes*. El hecho de que Pablo repitiera la descripción de Jesús dada por los escritores de los Evangelios es ciertamente consistente con el hecho de que conocía las afirmaciones de los Evangelios, y sus citas del Evangelio de Lucas en 1 Timoteo y 1 Corintios confirman razonablemente la existencia temprana del relato de Lucas, ubicándolo mucho antes del 53–57 d. C. Pablo pudo citar el Evangelio de Lucas y referirse a él como Escritura porque ya estaba escrito, circulaba en esa época y era ampliamente aceptado. Los lectores de Pablo reconocieron que esto era cierto al leer las cartas de Pablo.

Lucas nos dijo que estaba recolectando datos de "los que desde el principio lo vieron con sus ojos, y fueron ministros de la palabra" (Lc. 1:2). Como resultado, se refirió a más de 500 versículos (o los citó directamente) del Evangelio de Marcos o del Evangelio de Mateo. Es razonable inferir la existencia de estos relatos antes de la investigación de Lucas. Si este es el caso, el Evangelio de Marcos dataría mucho antes que el de Lucas, y puede situarse sensatamente a finales de los años 40 o principios de los 50. Esto explica algunas de las características que vemos en el Evangelio de Marcos. Parece haber un sentido de urgencia en el Evangelio similar a las *transmisiones del crimen* hechas por los oficiales que responden al llamado, y Marcos parece estar protegiendo a los participantes clave del relato como si aún estuvieran vivos al momento de escribir. Coloquemos la evidencia en la línea de tiempo para ver dónde se ubican los relatos de los Evangelios en relación con la vida de Jesús:

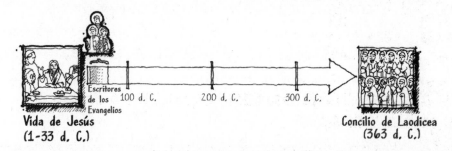

La inferencia razonable a partir de la evidencia circunstancial es que los Evangelios fueron escritos muy temprano en la historia, en un momento en que los testigos originales y los escritores de los Evangelios aún vivían y podían testificar lo que habían visto. Es por ello que Marcos fue cuidadoso de no identificar a los participantes clave y Pablo pudo razonablemente señalar a quinientos testigos oculares vivos que aún podían testificar de sus observaciones sobre la resurrección de Jesús. Aunque los escépticos afirman que los Evangelios fueron escritos mucho después de la presunta vida de los apóstoles y mucho más cerca de los concilios que lo afirmaron, la evidencia indica algo muy diferente. La evidencia circunstancial sustenta una datación temprana de los Evangelios. Los escritores de los Evangelios aparecen en la historia justo donde esperaríamos que aparecieran si fueran, de hecho, testigos oculares. Esta ubicación temprana por sí sola no asegura que los Evangelios sean relatos confiables, pero los mantienen "participando" y se convierten en una pieza importante de evidencia circunstancial, en sí misma, mientras determinamos la fiabilidad de los escritores de los Evangelios.

ENTONCES, ¿POR QUÉ ALGUNOS CONTINÚAN NEGÁNDOLO?

Algunos continúan siendo escépticos sobre la datación temprana de los Evangelios, a pesar de la evidencia circunstancial que respalda tal conclusión. Muchos escépticos se apresuran a aceptar explicaciones alternativas que sitúan a los Evangelios tan tarde en la historia que simplemente no podrían haber sido escritos por testigos oculares. Como con cualquier proceso de *razonamiento abductivo*, necesitamos examinar las *posibilidades* alternas para ver si algunas son *razonables* (basadas en evidencia). Examinemos algunas de las razones por las que escépticos como Ehrman, Vermes, y Waite afirman que los Evangelios se escribieron "cuarenta años después", "tres generaciones después de Jesús" o en "la última parte del s. II".

LOS AUTORES DE LOS EVANGELIOS SON ANÓNIMOS

Algunos han argumentado que los Evangelios son tardíos debido a que ninguno de los autores se identifica específicamente en los relatos. Esta falta de identificación la ven como evidencia de que los relatos en realidad no fueron escritos por nadie en el primer siglo, sino que fueron falsamente atribuidos a estos autores mucho más tarde en un esfuerzo para legitimar las falsificaciones.

PERO...

Los Evangelios no son los únicos documentos antiguos que no logran identificar al autor dentro del texto. Tácito (el senador e historiador romano que vivió entre el 56 al 117 d. C.)

escribió una historia del Imperio romano desde el reinado de César Augusto hasta Nerón titulada *Anales*. De hecho, Tácito presenció gran parte de este periodo, pero no se incluyó a sí mismo en ninguna de sus descripciones ni se identificó como el autor. Al igual que los Evangelios, los *Anales* fueron escritos *anónimamente*, pero los eruditos de la historia los atribuyen a Tácito sin reservas. ¿Por qué? Porque, al igual que los Evangelios, la autoría de Tácito está respaldada por evidencia externa (como las declaraciones de otros escritores tempranos que le atribuyeron la obra). Los Evangelios también fueron atribuidos a sus autores tradicionales muy pronto en la historia (Papías, que vivió a finales del primer siglo y principios del segundo, es un ejemplo de ello).

De hecho, nadie en la antigüedad jamás atribuyó los Evangelios a nadie más que a los cuatro autores tradicionalmente aceptados. Esa es una declaración poderosa en sí misma, especialmente si se considera el hecho de que los primeros cristianos reconocieron, identificaron y condenaron constantemente los falsos escritos de los falsificadores que intentaron atribuir los falsos evangelios a los testigos apostólicos. *Las tradiciones de Matías* (110-160 d. C.), por ejemplo, fue identificado como una falsificación por los primeros cristianos y finalmente fue incluido en una lista con otras falsificaciones (incluidos los evangelios de Tomás y Pedro) hecha por Eusebio, el "Padre de la Historia de la Iglesia". Uno también podría preguntarse por qué, si estos relatos de los Evangelios fueron falsamente atribuidos a los autores que aceptamos hoy, los falsificadores del segundo o tercer siglo no habrían elegido mejores *seudónimos* (atribuciones falsas) que las personas que finalmente fueron acreditadas con los escritos. ¿Por qué elegirían a Marcos o a Lucas cuando podían fácilmente haber elegido a Pedro, Andrés o Santiago? Marcos y Lucas no aparecen en ninguna parte de los registros de los Evangelios como testigos oculares, entonces, ¿por qué los primeros falsificadores elegirían a estos dos hombres alrededor de los cuales construir sus mentiras cuando claramente había mejores candidatos disponibles para legitimar su trabajo? No es que los Evangelios de Marcos, Mateo, Lucas o Juan hubieran sido descubiertos en alguna colección antigua bajo el nombre de otra persona. Las únicas copias que poseemos de estos Evangelios, independientemente de su antigüedad o ubicación geográfica, se atribuyen a uno de los cuatro autores tradicionales. Ningún líder de la Iglesia primitiva ha atribuido estos Evangelios a nadie más que a Marcos, Mateo, Lucas o Juan. No existe una tradición antigua alternativa que afirme, por ejemplo, que el Evangelio de Marcos fue escrito por alguien que no sea Marcos.

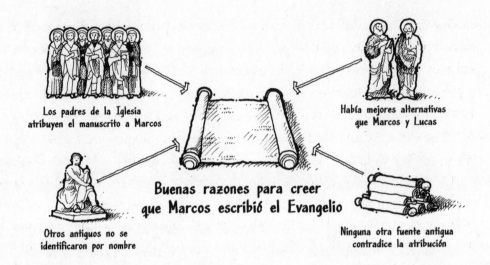

Los padres de la Iglesia
atribuyen el manuscrito a Marcos

Había mejores alternativas
que Marcos y Lucas

**Buenas razones para creer
que Marcos escribió el Evangelio**

Otros antiguos no se
identificaron por nombre

Ninguna otra fuente antigua
contradice la atribución

Si bien es *posible* que los Evangelios no hayan sido escritos por los autores tradicionales del primer siglo y que hayan recibido estas atribuciones mucho después en la historia, no es evidentemente *razonable*. Si los escépticos estuvieran dispuestos a dar a los Evangelios el mismo "beneficio de la duda" que están dispuestos a dar a otros documentos antiguos, los Evangelios pasarían fácilmente la prueba de autoría.

SE PREDICE LA DESTRUCCIÓN DEL TEMPLO

Aunque la ausencia de cualquier descripción de la destrucción del templo puede interpretarse razonablemente como una pieza de evidencia circunstancial que apoya la datación temprana de los relatos del Nuevo Testamento, los escépticos a veces utilizan este hecho para argumentar lo contrario. Muchos han propuesto que la predicción de Jesús relacionada con la destrucción fue insertada para legitimar el texto y hacer que pareciera tener algún poder profético. Si este fuera el caso, los Evangelios claramente podrían datar *después* del evento (posterior al año 70 d. C), debido a que los escritores ya sabían el resultado antes de insertar hábilmente la predicción.

PERO...

Este tipo de escepticismo está claramente arraigado en la presuposición que describimos en el capítulo 1. Si comenzamos a partir de una posición de naturalismo filosófico (la presunción de que solo las leyes y fuerzas naturales, en oposición a las sobrenaturales, operan en el universo), no tenemos otra opción más que calificar como mentiras los elementos sobrenaturales que encontramos en los Evangelios. Desde una perspectiva naturalista, las afirmaciones proféticas son imposibles. El escéptico, por tanto, debe encontrar otra explicación a la predicción de Jesús relacionada con el templo; los críticos suelen mover la fecha de autoría más allá de la fecha en que la profecía se cumplió para evitar la apariencia de una confirmación sobrenatural. Pero como describimos anteriormente, un examen justo de la evidencia que respalda el sobrenaturalismo debe al menos permitir la posibilidad del sobrenaturalismo en primer lugar. El sesgo naturalista de estos críticos les impide aceptar cualquier datación anterior a la destrucción del templo en el año 70 d. C. y los obliga a ignorar toda evidencia circunstancial que respalda la datación temprana. Al explicar por qué la destrucción del templo no fue incluida en el registro del Evangelio, los escépticos argumentan que los escritores de los Evangelios omitieron intencionalmente el cumplimiento para hacer que los relatos parecieran haber sido escritos antes. Pero si este fuera el caso, ¿por qué los escritores de los Evangelios no tuvieron miedo de describir el cumplimiento de la profecía en otros pasajes de los Evangelios? Repetidamente vemos el cumplimiento de profecías mesiánicas del Antiguo Testamento atribuidas a Jesús de una manera u otra. Además, en varias ocasiones Jesús predijo Su propia resurrección. Los escritores de los Evangelios fácilmente describieron el cumplimiento de estas predicciones en los relatos de la resurrección. ¿Por qué estarían dispuestos a describir este aspecto de la profecía cumplida, pero evitar hablar de la destrucción del templo?

Además, Lucas admitió abiertamente que no fue testigo ocular de los eventos de su Evangelio. Desde el principio nos dijo que estaba escribiendo mucho tiempo después de que ocurrieron los eventos, trabajando como un historiador cuidadoso. ¿Por qué no incluir el sitio de Jerusalén y la destrucción del templo? No había razón para reservárselo. Otros autores del Antiguo Testamento escribieron desde una perspectiva posterior a los eventos que describieron y no tuvieron miedo de decirlo. Moisés, Josué y Samuel, por ejemplo, informaron repetidamente eventos que ocurrieron mucho antes de su relato escrito; a menudo escribieron que las condiciones que estaban describiendo continuaron desde el evento "hasta el día de hoy" (indicando el momento tardío en el que estaban escribiendo). ¿Por qué no podría Lucas adoptar un enfoque similar respecto a la destrucción del templo, sobre todo teniendo en cuenta que admitió escribir como historiador?

Si bien es ciertamente *posible* que todos los Evangelios fueran escritos después de la destrucción del templo, no es evidentemente *razonable*. De hecho, la motivación principal para negar la temprana autoría de los Evangelios es simplemente el prejuicio contra el sobrenaturalismo que lleva a los escépticos a volver a datar las Escrituras en algún momento posterior al cumplimiento de la profecía de Jesús.

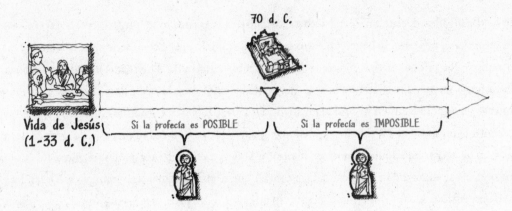

70 d. C.

Vida de Jesús
(1-33 d. C.)

Si la profecía es POSIBLE   Si la profecía es IMPOSIBLE

LOS RELATOS ESTÁN REPLETOS DE EVENTOS MILAGROSOS

Muchos críticos también han señalado la presencia de hechos milagrosos para justificar la datación tardía. Seguramente los milagros son obras de ficción. Si los relatos de los Evangelios se escribieron temprano, los testigos oculares de la vida de Jesús habrían expuesto estos milagros como ficticios, ¿verdad? Gran parte de este análisis crítico proviene de una disciplina literaria conocida como "crítica de las formas". Los críticos de las formas intentan clasificar porciones de las Escrituras con base en su "tipo", "patrón" o "forma" literaria. Una vez que estas piezas son aisladas dentro de una narrativa más amplia, los críticos de las formas intentan explicar su origen. En el caso de los Evangelios, han argumentado que los elementos sobrenaturales son diferentes de aquellas partes de la narrativa que se consideran históricamente precisas. Explican los "paradigmas,"[13] "dichos",[14] "historias milagrosas"[15] y "leyendas"[16] como adiciones tardías insertadas por comunidades cristianas locales para crear un caso teológico particular o para presentar a Jesús como algo más de lo que era.

PERO...

A estas alturas, probablemente reconozca que la presuposición del naturalismo (y la tendencia en contra del sobrenaturalismo) es, una vez más, el ímpetu detrás de esta crítica. Los *críticos de las formas* de la historia (un movimiento mayormente popular a mediados del siglo XX) simplemente rechazaron la posibilidad de que cualquier descripción de un milagro pudiera ser cierta. Resulta que fue el "contenido" milagroso de estos pasajes, en lugar de su *estilo* o *forma* literaria común, lo que hizo que los críticos identificaran los versículos que pensaban que debían eliminarse o manejarse con desconfianza. De hecho, a menudo seleccionaban pasajes que diferían entre sí estilísticamente.

A veces identificaron pasajes que no encajaban en alguna de sus categorías (o que parecían ser una mezcla de más de una forma literaria), y a menudo estuvieron en desacuerdo entre sí sobre la identidad de ciertos tipos de *formas* y pasajes literarios. Sin embargo, sí estuvieron de acuerdo en una cosa: los pasajes que contenían eventos milagrosos no debían tomarse en serio como parte de la narrativa original. Estos escépticos evalúan los relatos de los Evangelios con la premisa (basada en la presencia de lo milagroso) de que se deben haber escrito en el segundo o tercer siglo por autores que no temían que sus mentiras fueran detectadas por aquellos que vivieron en el primer siglo. Esta premisa ignora, por supuesto, toda la evidencia que sustenta una datación temprana de los documentos del Nuevo Testamento. También supone que los relatos de los Evangelios son falsos hasta que se pruebe que son ciertos. Este es justo el enfoque opuesto que adoptamos con el testimonio de los testigos cuando se presentan en el tribunal. Debemos presumir que los testigos nos dicen la verdad hasta que descubramos lo contrario, y la sola presencia de lo milagroso no debe hacernos creer que los testigos oculares del Evangelio estaban mintiendo.

Recuerde también que la mayoría de los naturalistas filosóficos que critican los relatos milagrosos de los Evangelios aceptan simultáneamente la noción de que nuestro universo surgió *de la nada*. Como se describe en el capítulo 1, este tipo de universo finito requiere una causa fuera del espacio, tiempo y materia; una causa extranatural y "sobrenatural", *por definición*. Datar los Evangelios basándose en el rechazo de elementos sobrenaturales relativamente menores mientras se acepta la existencia de una fuerza causal "sobrenatural" para el universo revela una contradicción lógica.

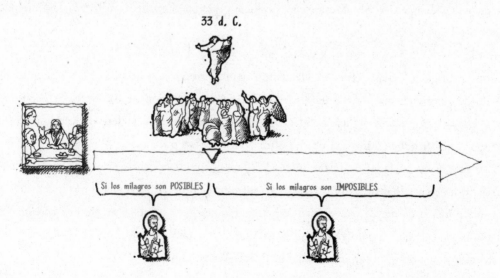

33 d. C.

Si los milagros son POSIBLES   Si los milagros son IMPOSIBLES

No hay evidencia, aparte de la existencia de elementos sobrenaturales dentro de los relatos de los Evangelios, para apoyar la premisa de datación tardía que los críticos han propuesto. Aunque la inserción tardía de elementos milagrosos en la historia puede ser *posible*, no es evidentemente *razonable*. Una vez más, la principal motivación para negar la temprana autoría de los Evangelios es simplemente la inclinación en contra del sobrenaturalismo.

EXISTIÓ UN OBISPO EN EL SIGLO II EN ANTIOQUÍA LLAMADO "TEÓFILO"

Algunos han intentado argumentar que el "Teófilo" descrito por Lucas en la introducción de su Evangelio y el libro de Hechos fue Teófilo, el obispo de Antioquía (quien sirvió aproximadamente del 169–183 d. C.). Respaldan esta afirmación citando algunas autoridades antiguas que sostenían que Lucas provenía originalmente de esta ciudad, y el hecho de que Teófilo de Antioquía escribió una defensa del cristianismo mencionando el canon del Nuevo Testamento (el cual, por supuesto, habría incluido el Evangelio de Lucas). Los escépticos que defienden esta identificación de Teófilo también apuntan al enunciado de apertura del Evangelio de Lucas, donde Lucas escribió: "Puesto que ya muchos han tratado de poner en orden la historia de las cosas que entre nosotros han sido ciertísimas". ¿No es lógico que Lucas se refiriera a los muchos evangelios tardíos, heréticos, y falsos del siglo II (como el evangelio de los egipcios) que hicieron que Teófilo de Antioquía escribiera su propia defensa? Si esto fuera verdad, el Evangelio de Lucas debería ser datado en el siglo II, después de la aparición de esos evangelios heréticos y durante el mandato de Teófilo de Antioquía.

PERO...

Lucas se dirigió a Teófilo como "excelentísimo" en la introducción de su Evangelio. Este es un título de autoridad, que indica que Teófilo ocupaba una posición de liderazgo. Si Teófilo ya estuviera en una posición vitalicia de liderazgo cristiano (gobernando la iglesia de Antioquía como obispo y mereciendo el título de Lucas), ¿sabría realmente tan poco acerca de la vida de Jesús que Lucas necesitaría enviarle "un relato ordenado" para que pudiera conocer bien "la verdad de las cosas en las cuales [había] sido instruido"? La introducción de Lucas suena como si él estuviera en una posición de mayor conocimiento que Teófilo y parece completamente incoherente con la posibilidad de que Teófilo ya fuera alguien con el conocimiento suficiente como para haber ascendido a una posición tan importante de liderazgo cristiano.

Sin embargo, parece que Teófilo estaba en alguna posición de liderazgo, dada la manera en que Lucas se dirigió a él. ¿Existen explicaciones razonables del primer siglo que concuerden con las otras piezas de evidencia circunstancial para colocar el Evangelio en el primer siglo? Sí, de hecho, las hay. Lucas utilizó el mismo título de "excelentísimo" al dirigirse a Félix (Hch. 24:3) y a Festo (Hch. 26:25), quienes eran oficiales romanos. Por lo tanto, Teófilo pudo haber sido un oficial romano de algún tipo. Es interesante notar que Lucas no utilizó este título cuando se dirigió a Teófilo en el libro de Hechos. Esto podría reflejar que Teófilo estaba sirviendo en una posición a corto plazo en el gobierno romano (en lugar de una posición vitalicia como obispo en Antioquía). Quizás Teófilo comenzó a cumplir su mandato durante el tiempo en que Lucas escribía el Evangelio. Tales posiciones de liderazgo ciertamente estaban disponibles en el gobierno del primer siglo del Imperio romano.

Los oficiales romanos del primer siglo no son los únicos candidatos razonables para la identidad de Teófilo. Hubo varios líderes judíos en el primer siglo que tenían ese nombre, incluyendo Teófilo ben Ananus (el sumo sacerdote del templo de Jerusalén designado por los romanos entre el 37–41 d. C.).[17] Si este fuera, de hecho, el Teófilo a quien Lucas se

¿Quién es "Teófilo"?

Muchos han intentado identificar a "Teófilo". Aunque nadie sabe la respuesta con certeza, existen muchas posibilidades razonables:

Es cada "amigo de Dios". Algunos han observado que la palabra "Teófilo" en griego significa "amigo de Dios". Por eso proponen que Lucas escribió sus obras para todos aquellos que eran amigos de Dios e interesados en las afirmaciones de Jesús.

Es un oficial romano. Dado que Lucas solo usa la expresión "excelentísimo" para dirigirse a los oficiales romanos, muchos creen que Teófilo debe haber ocupado algún cargo romano similar. Paul Maier, en su novela *The Flames of Rome* (Kregel Publications, 1995), defiende a Tito Flavio Sabino II como la persona a quien Lucas le escribe.

Es un sumo sacerdote judío. Otros han identificado un par de sumos sacerdotes judíos que vivieron en el s. I (Teófilo ben Ananus o Matatías ben Teófilo), sosteniendo que el énfasis de Lucas en el templo y las costumbres judías relacionadas con los saduceos podrían explicarse mejor si uno de estos dos sacerdotes fuera su destinatario.

dirigía, eso podría explicar por qué Lucas comenzó su Evangelio con la descripción de otro sacerdote, Zacarías, y su actividad en el templo. Esto también podría explicar por qué solo Lucas dedicó tanto tiempo a escribir sobre la forma que José y María llevaron a Jesús al templo después de Sus días de purificación y de nuevo cuando tenía doce años. Y también por qué, curiosamente, Lucas no mencionó el papel de Caifás en la crucifixión de Jesús (Caifás era cuñado de Teófilo ben Ananus).

Si bien es *posible* que Lucas le escribiera a Teófilo de Antioquía a finales del siglo II, no es evidentemente *razonable*. Incluso si no tenemos suficiente evidencia para identificar con precisión al verdadero Teófilo, existen algunas explicaciones razonables y disponibles del primer siglo, y la forma en que Lucas describió a Teófilo en Lucas 1 es inconsistente con Teófilo de Antioquía.

LUCAS ESTUVO DE ACUERDO CON MUCHO DE LO QUE JOSEFO REGISTRÓ

Algunos escépticos han examinado los escritos de Tito Flavio Josefo, el historiador judío-romano del primer siglo quien vivió desde el año 37 d. C. hasta aproximadamente el año 100 d. C. y escribió sobre la vida en el área de Palestina, incluido el sitio de Jerusalén y la destrucción del templo. Josefo escribió *Antigüedades de los judíos* a principio de los años 90 (93–94 d. C.). Los críticos citan varias similitudes entre Lucas y Josefo y argumentan que Lucas en realidad utilizó a Josefo como fuente de su propio trabajo. Esto, por supuesto, ubicaría la fecha del trabajo de Lucas en algún momento después de principios de los años 90, tal vez incluso a principios del siglo II.

PERO...

El hecho de que Josefo mencionara detalles históricos también descritos por Lucas (por ejemplo, el censo bajo el mando de Quirino, la muerte de Herodes Agripa, la identidad del tetrarca Lisanias y la hambruna durante el reinado de Claudio) no significa necesariamente que Lucas hubiera usado a Josefo como su fuente. Josefo, podría, de hecho, estar haciendo referencia al trabajo de Lucas, o ambos podrían estar haciendo referencia al trabajo de alguien que los precedió, o cada uno puede simplemente estar citando los hechos de la historia de forma independiente. En cualquier caso, las dos menciones que vemos aquí deben darnos confianza de que el registro de Lucas es históricamente preciso.

Sin embargo, Lucas y Josefo no concuerdan en todos los detalles históricos. Algunos críticos incluso han señalado estos desacuerdos en un esfuerzo por desacreditar el relato de Lucas. Si Lucas simplemente copió a Josefo a principios del segundo siglo, ¿por qué no estaría *completamente* de acuerdo con Josefo?

Finalmente, si Lucas estuvo usando a Josefo como fuente (de forma similar a su uso de Marcos o Mateo), ¿por qué no citó a Josefo? Esto ciertamente sería coherente con su proclamación introductoria en la que afirmó referirse a otras fuentes para compilar su historia. Lucas fácilmente citó a Marcos e insertó muchos relatos paralelos que también se encuentran en el registro de Mateo; ¿por qué no citar o reflejar a Josefo de forma similar? Sin embargo, Lucas nunca hizo esto y su trabajo no demuestra similitud con el estilo literario de Josefo.

Si bien es *posible* que Lucas haya tomado prestado de Josefo, no es evidentemente *razonable*. Existen varias piezas de evidencia circunstancial no relacionadas que apuntan a una datación temprana del Evangelio de Lucas, casi cuarenta años antes de la obra de Josefo. Toda la presunta evidencia que sustenta la afirmación de que Lucas se refirió a Josefo también puede utilizarse para defender la declaración de que Josefo se refirió a Lucas. El caso circunstancial acumulativo para la datación temprana nos ayuda a determinar cuál de estas posibilidades es la más razonable.

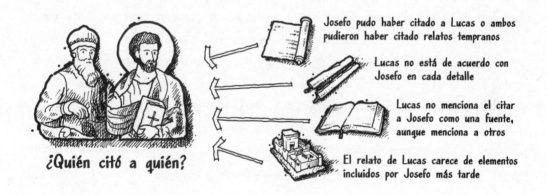

¿Quién citó a quién?

Josefo pudo haber citado a Lucas o ambos pudieron haber citado relatos tempranos

Lucas no está de acuerdo con Josefo en cada detalle

Lucas no menciona el citar a Josefo como una fuente, aunque menciona a otros

El relato de Lucas carece de elementos incluidos por Josefo más tarde

LA CONCLUSIÓN MÁS RAZONABLE

Ahora podemos emplear algo del *razonamiento abductivo* mientras intentamos determinar qué explicación relacionada a la datación es la más sensata. Al igual que nuestra escena del cadáver en el capítulo 2, comenzamos enumerando toda la evidencia que hemos examinado hasta ahora, incluyendo la evidencia identificada por los escépticos. Luego, enumeramos las dos posibles explicaciones que expliquen esta evidencia:

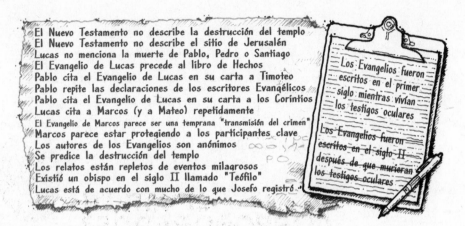

El Nuevo Testamento no describe la destrucción del templo
El Nuevo Testamento no describe el sitio de Jerusalén
Lucas no menciona la muerte de Pablo, Pedro o Santiago
El Evangelio de Lucas precede al libro de Hechos
Pablo cita el Evangelio de Lucas en su carta a Timoteo
Pablo repite las declaraciones de los escritores Evangélicos
Pablo cita el Evangelio de Lucas en su carta a los Corintios
Lucas cita a Marcos (y a Mateo) repetidamente
El Evangelio de Marcos parece ser una temprana "transmisión del crimen"
Marcos parece estar protegiendo a los participantes clave
Los autores de los Evangelios son anónimos
Se predice la destrucción del templo
Los relatos están repletos de eventos milagrosos
Existió un obispo en el siglo II llamado "Teófilo"
Lucas está de acuerdo con mucho de lo que Josefo registró

Los Evangelios fueron escritos en el primer siglo mientras vivían los testigos oculares

Los Evangelios fueron escritos en el siglo II después de que murieran los testigos oculares

Utilizando la línea de tiempo de los presuntos testigos oculares (los escritores de los Evangelios) y la destrucción del templo como punto de diferenciación, la evidencia permite dos posibles inferencias: los Evangelios se escribieron antes de la destrucción del templo (y durante el lapso en el que los presuntos testigos vivían), o los Evangelios se escribieron mucho después de la destrucción del templo y de que los presuntos testigos oculares murieran. Si aceptamos la primera explicación, podemos integrar y aceptar toda la evidencia sin ninguna contradicción o fricción entre las piezas. La segunda explicación puede explicar las últimas cinco piezas de evidencia, pero tiene gran dificultad (en el mejor de los casos) para explicar las primeras once. La inferencia de que los Evangelios se escribieron en el primer siglo, antes de la destrucción del templo (y durante la vida de aquellos que declararon ver a Jesús) es la mejor explicación. La explicación es *viable*, *directa* y *lógica*. *Agota* toda la evidencia que hemos recopilado y es *superior* a la explicación alternativa. Cumple con los cinco criterios que establecimos para el razonamiento abductivo; podemos confiar en que hemos llegado a la explicación más razonable.

APRUEBA
REPRUEBA

LOS EVANGELIOS SUPERAN LA PRIMERA PRUEBA

Se motiva a los miembros del jurado a evaluar a los testigos en las cuatro categorías que describimos en el capítulo 4. Comienzan asegurándose que los testigos estuvieron realmente presentes al momento del crimen. Al evaluar a los escritores de los Evangelios, la inferencia más razonable a partir de la evidencia es una fecha temprana de autoría. ¿Significa esto que son confiables? Aún no; hay mucho más que considerar. Pero los Evangelios han pasado la primera prueba; su testimonio aparece lo suficientemente temprano en la historia para confirmar que en realidad estuvieron presentes para ver lo que dijeron haber visto.

Capítulo 12

¿FUERON CORROBORADOS?

"La palabra dios no es para mí más que la expresión y el producto de las debilidades humanas, la Biblia una colección de leyendas honorables, pero aún primitivas y bastante infantiles. Ninguna interpretación, por sutil que sea, puede (para mí) cambiar esto".[1]

(Albert Einstein, padre de la física moderna)

¿Hay algún hombre o mujer inteligente en el mundo que crea en la historia del Jardín del Edén? Si lo hay, golpea aquí (golpeando su frente) y escucharás un eco. Algo está en alquiler".[2]

(Robert Green Ingersoll, líder político estadounidense del siglo XIX, conocido como "El gran agnóstico")

"Pienso que las personas que creen que Dios escribió un libro llamado La Biblia son simplemente infantiles".

(Bill Maher, comediante, presentador de televisión y comentarista político)

DEBE HABER ALGÚN RESPALDO

Las Escrituras cristianas no son simplemente una colección de proverbios o mandamientos relacionados con una vida moral, aunque el Nuevo Testamento ciertamente contiene estos elementos. La Biblia es una afirmación sobre la historia. Al igual que otros relatos de testigos oculares, la Biblia describe eventos que ocurrieron en el pasado de una forma en particular en un tiempo particular, con un resultado particular. Si los relatos son ciertos, no son simplemente "leyendas" o historias "infantiles", aunque pueden contener elementos milagrosos difíciles de aceptar para los escépticos. No es sorprendente que aquellos que rechazan lo sobrenatural duden de aquellos que afirmen haber visto algo milagroso. Tampoco es sorprendente que estos escépticos quieran que las afirmaciones milagrosas sean corroboradas.

Aunque hay ocasiones en las que un testigo es la única pieza de evidencia que tengo a mi disposición, la mayoría de mis casos se sustentan por otras pruebas que corroboran al testigo. Una vez tuve un caso de 1982 en el que una testigo (Aimee Thompson) admitió haber visto a un sospechoso de asesinato (Danny Herrin) parado en el patio delantero de la casa de la víctima minutos antes de que ocurriera el asesinato. En el momento de la investigación original, Aimee identificó a Danny por una "rueda de reconocimiento" en fotografías, donde seis fotografías de hombres (completamente desconocidos para Aimee) se dispusieron en dos líneas en una carpeta de fotos. Aimee no conocía a Danny personalmente, pero reconoció su rostro en la foto. Recordó que él vestía una camiseta de un concierto popular con el logo de la banda musical Journey, que promocionaba la gira de su álbum *Escape*. Además, me dijo que el hombre se paraba de una forma peculiar, ligeramente encorvado como si tuviera algún tipo de lesión física. Yo sabía que Danny también tenía esta postura inusual y encajaba con su descripción. Dada esta identificación, viajé a la ciudad donde vivía Danny para entrevistarlo. Cuando hablé con Danny, negó haber estado cerca de la casa de la víctima. De hecho, afirmó que ni siquiera estuvo en la misma ciudad que la víctima el día en cuestión. Aunque hubiera sido agradable encontrar evidencia forense en la escena que corroborara las observaciones de Aimee, lamentablemente no fue así. Sin embargo, los investigadores originales encontraron un recibo de gasolina en el automóvil de Danny expedido en una estación de gasolina el día del asesinato, a solo un kilómetro y medio de la casa de la víctima. Además de esto, más tarde interrogué a la hermana de Danny; me dijo que Danny mencionó que pasó a ver a la víctima el día del asesinato.

Ahora bien, es cierto que el recibo de gasolina y la declaración de su hermana por sí solos no probarían que Danny asesinó a la víctima, pero estos dos hechos adicionales corroboraron las declaraciones de Aimee; si acaso sus afirmaciones se hicieron más razonables por sus observaciones de la postura inusual de Danny y estos hechos de apoyo adicionales. Había dos formas de corroboración en este caso. Primero, la corroboración *interna* de la declaración de Aimee. Ella describió algo verdadero sobre el sospechoso (su postura) que Aimee no podía haber sabido a menos que estuviera presente como afirmaba. Además de esta evidencia interna, también había evidencia *externa* que corroboraba su declaración. El recibo de gasolina y la declaración de la hermana de Danny eran independientes de Aimee, pero aún así sustentaban sus afirmaciones. Juntas, la evidencia interna y externa coincidieron con la declaración principal de Aimee como testigo ocular.

CORROBORACIÓN DE "ADENTRO HACIA AFUERA"

Resulta que hay corroboraciones similares a nuestra disposición cuando examinamos las afirmaciones de los relatos de los Evangelios. Parte de esta corroboración es *interna* (evidencia dentro de los documentos del Evangelio coherente con las afirmaciones del texto) y parte es *externa* (evidencias independientes de los documentos del Evangelio, pero que confirman las afirmaciones del texto). Mucho se ha escrito sobre la evidencia interna que respalda la confiabilidad de los autores del Nuevo Testamento; los eruditos han estudiado el uso del lenguaje y los modismos griegos para intentar descubrir si el estilo de escritura de cada autor corrobora las afirmaciones del Nuevo Testamento relacionadas con los autores. ¿Es el uso del lenguaje de Juan consistente con el de un pescador del primer siglo? ¿Es coherente el lenguaje de Lucas con el de un médico del primer siglo? Aunque estos ejercicios son interesantes desde una perspectiva académica, no despertaron mi curiosidad investigadora como detective. Sin embargo, sí me interesaron dos áreas de evidencia interna como alguien que ha entrevistado a cientos de testigos.

LOS ESCRITORES DEL EVANGELIO PROPORCIONARON RESPALDO INVOLUNTARIO COMO TESTIGOS OCULARES

Como comentamos en el capítulo 4, una de las tareas más importantes para un detective es escuchar atentamente cuando varios testigos brindan una declaración sobre lo que observaron en la escena de un crimen. Es mi trabajo ensamblar la "imagen" completa de lo sucedido en la escena. Es probable que ningún testigo haya visto todos los detalles, por lo que debo juntar los relatos, permitiendo que las observaciones de un testigo *rellenen los vacíos* existentes en las observaciones de otro testigo. Por eso es tan importante separar a los testigos antes de interrogarlos. Los relatos de testigos auténticos y confiables nunca son completamente paralelos e idénticos. En cambio, son diferentes piezas del mismo rompecabezas que sin querer se apoyan y complementan entre sí para proporcionar todos los detalles relacionados con lo que realmente ocurrió.

Cuando leí por primera vez los Evangelios de manera forense, comparando aquellos lugares donde dos o más escritores de los Evangelios describían el mismo evento, inmediatamente me llamó la atención el respaldo involuntario que cada escritor brindaba al otro. Los relatos *coincidían* tal y como se podría esperar de testigos oculares independientes. Cuando un testigo ocular del Evangelio describía un evento y omitía un detalle que generaba una duda, esta duda era involuntariamente respondida por otro escritor del Evangelio (quien, por cierto, omitía un detalle proporcionado por el primer escritor). Esta interdependencia entre los relatos puede explicarse de dos maneras. Quizá los escritores trabajaban juntos, escribiendo precisamente al mismo tiempo y en el mismo lugar para crear una mentira inteligente tan sutil que muy poca gente pudiera notarla. La segunda posibilidad es que los Evangelios fueran escritos por diferentes testigos que presenciaron el evento e incluyeron estos detalles de respaldo no planeados, ellos simplemente describían *hechos reales*.

Respaldo involuntario de testigos
Los testigos completan los detalles omitidos por otros

Como alguien que era nuevo en la Biblia, comencé a investigar si alguien más había observado este fenómeno y encontré a un profesor de teología llamado J.J. Blunt que escribió un libro en 1847 titulado *Undesigned Coincidences in the Writings of the Old and New Testament, an Argument of Their Veracity; with an Appendix, Containing Undesigned Coincidences Between the Gospels and Acts, and Josephus*. Este fue uno de los primeros libros sobre la Biblia que compré. En su sección relacionada con los Evangelios y el libro de Hechos, Blunt identificó los mismos pasajes paralelos involuntarios que descubrí al examinar los Evangelios de manera forense. Blunt describió el fenómeno como una serie de "coincidencias no planeadas" e identificó más de cuarenta lugares en el Nuevo Testamento donde esta característica de respaldo involuntario de testigos oculares podía ser vista en las páginas de las Escrituras. Permítame darle algunos ejemplos de lo que estamos hablando.

EL LLAMADO DE LOS DISCÍPULOS

Como alguien que no está familiarizado con la Biblia, el llamado de Pedro, Andrés, Santiago y Juan me pareció extraño la primera vez que lo leí en el Evangelio de Mateo:

Mientras caminaba junto al mar de Galilea, Jesús vio a dos hermanos: uno era Simón, llamado Pedro, y el otro Andrés. Estaban echando la red al lago, pues eran pescadores. «Vengan, síganme—les dijo Jesús—, y los haré pescadores de hombres». Al instante dejaron las redes y lo siguieron. Más adelante vio a otros dos hermanos: Jacobo y Juan, hijos de Zebedeo, que estaban con su padre en una barca remendando las redes. Jesús los llamó, y dejaron en seguida la barca y a su padre, y lo siguieron (Mt. 4:18-22 NVI).

¿Así nada más? Jesús caminó y dijo: "Vengan, síganme", ¿y dejaron todo "inmediatamente"? ¿Quién haría eso? ¿Cómo supieron siquiera quién era Jesús o si algo sobre Él merecía su dedicación? Si el relato de Mateo fuera el único testimonio disponible para nosotros (y para muchas comunidades en el mundo antiguo, *fue* el único testimonio disponible por muchos años), esto continuaría siendo un misterio. Creo que sí hay una pista en la versión de los eventos de Mateo (el remiendo de las redes), pero las dudas que surgen de Mateo no tienen respuesta para nosotros hasta que leemos a Lucas:

> *Un día estaba Jesús a orillas del lago de Genesaret, y la gente lo apretujaba para escuchar el mensaje de Dios. Entonces vio dos barcas que los pescadores habían dejado en la playa mientras lavaban las redes. Subió a una de las barcas, que pertenecía a Simón, y le pidió que la alejara un poco de la orilla. Luego se sentó, y enseñaba a la gente desde la barca. Cuando acabó de hablar, le dijo a Simón: —Lleva la barca hacia aguas más profundas, y echen allí las redes para pescar. —Maestro, hemos estado trabajando duro toda la noche y no hemos pescado nada —le contestó Simón—. Pero, como tú me lo mandas, echaré las redes. Así lo hicieron, y recogieron una cantidad tan grande de peces que las redes se les rompían. Entonces llamaron por señas a sus compañeros de la otra barca para que los ayudaran. Ellos se acercaron y llenaron tanto las dos barcas que comenzaron a hundirse.*

> *Al ver esto, Simón Pedro cayó de rodillas delante de Jesús y le dijo: —¡Apártate de mí, Señor; soy un pecador! Es que él y todos sus compañeros estaban asombrados ante la pesca que habían hecho, como también lo estaban Jacobo y Juan, hijos de Zebedeo, que eran socios de Simón. —No temas; desde ahora serás pescador de hombres —le dijo Jesús a Simón. Así que llevaron las barcas a tierra y, dejándolo todo, siguieron a Jesús (Lucas 5:1-11 NVI).*

Más "respaldo involuntario"

Hay muchos ejemplos de "coincidencias no planeadas" en los relatos de los testigos oculares del Evangelio. Aquí hay dos más:

Duda: Mt. 8:16: ¿Por qué esperaron hasta el atardecer para traer a los que necesitaban ser sanados?

Respuesta: Mr. 1:21, Lc. 4:31: Porque era sábado.

Duda: Mt. 14:1: ¿Por qué Herodes dijo a sus *sirvientes* que pensaba que Jesús era Juan el Bautista resucitado de entre los muertos?

Respuesta: Lc. 8:3, Hch. 13:1: Muchos seguidores de Jesús servían en la casa de Herodes.

Resulta que los discípulos no se *apresuraron a ir* con Jesús por capricho. Mateo estaba interesado en describir cómo fueron llamados los discípulos, pero Lucas estaba interesado en proporcionar un poco más de detalles. Cuando el testimonio de todos los testigos se considera al unísono, tenemos la imagen completa. Los discípulos escucharon a Jesús predicar y vieron el milagro de la pesca abundante. Esta cosecha de peces fue tan impresionante y grande que rompió sus redes. Solo después de regresar a la orilla (y mientras Santiago y Juan remendaban sus redes rotas) Jesús los llamó a seguirlo. Dejaron su vida de pescadores con base en las cosas que Jesús les enseñó y el milagro que realizó.

 ## *LA GOLPIZA DE JESÚS*

En el siguiente ejemplo, examinemos la descripción de la golpiza de Jesús ofrecida por Mateo en el capítulo 26 de su Evangelio. En esta escena, que describe el interrogatorio de Jesús ante Caifás, Mateo nos dice que el sumo sacerdote y los miembros del concilio golpearon a Jesús y lo abofetearon cuando "blasfemó" al identificarse como "el Hijo del Hombre":

> *Entonces le escupieron en el rostro, y le dieron de puñetazos, y otros le abofeteaban, diciendo: Profetízanos, Cristo, quién es el que te golpeó (Mt. 26:67–68).*

Esta pregunta hecha por los miembros del concilio parece extraña. Los atacantes de Jesús estaban parados justo frente a Él. ¿Por qué le preguntarían: "¿Quién es el que te golpeó?"? No parece un gran desafío dado que Jesús podía ver a Sus atacantes e identificarlos fácilmente. Sin embargo, Lucas nos dice más:

> *Y los hombres que custodiaban a Jesús se burlaban de él y le golpeaban; y vendándole los ojos, le golpeaban el rostro, y le preguntaban, diciendo: Profetiza, ¿quién es el que te golpeó? Y decían otras muchas cosas injuriándole (Lc. 22:63–65).*

Una vez más, un testigo del Evangelio sin querer apoyó a otro en lo que J.J. Blunt llamó una "coincidencia no planeada". La narración de Mateo tiene sentido cuando leemos lo que Lucas dice sobre que Jesús tenía los ojos vendados. Imagine por un momento que usted es uno de los primeros convertidos al cristianismo, en un momento y lugar de la historia donde el Evangelio de Mateo era el único relato disponible (en el capítulo 13, por ejemplo, veremos un relato del Evangelio de Mateo utilizado en los primeros días del cristianismo para enseñar a los nuevos creyentes de África del Este). Este pasaje sería desconcertante; plantearía un duda que nunca podría responderse a menos que se tuviera acceso a los relatos de los otros testigos oculares. Como detective de casos sin resolver, he experimentado algo similar a esto varias veces. A menudo, las dudas que genera un testigo en el momento del crimen quedan sin respuesta hasta que localizamos un testigo adicional años después. Esta es una característica común de los relatos de testigos verdaderos y confiables.

LA ALIMENTACIÓN DE LOS CINCO MIL

Tal vez el más claro ejemplo de *respaldo involuntario* se encuentra en un episodio descrito en los cuatro Evangelios: el milagro de la "alimentación de los cinco mil". El relato de Marcos de este milagro genera una duda cuando no se considera el aporte de los otros escritores de los Evangelios. Justo antes de este evento (según Marcos), Jesús envió a los discípulos a predicar el arrepentimiento en los pueblos y aldeas cercanas. Cuando regresaron, se encontraron rodeados por una multitud de personas:

"Entonces los apóstoles se juntaron con Jesús, y le contaron todo lo que habían hecho, y lo que habían enseñado. Él les dijo: Venid vosotros aparte a un lugar desierto, y descansad un poco. Porque eran muchos los que iban y venían, de manera que ni aun tenían tiempo para comer. Y se fueron solos en una barca a un lugar desierto. Pero muchos los vieron ir, y le reconocieron; y muchos fueron allá a pie desde las ciudades, y llegaron antes que ellos, y se juntaron a él. Y salió Jesús y vio una gran multitud, y tuvo compasión de ellos, porque eran como ovejas que no tenían pastor; y comenzó a enseñarles muchas cosas. Cuando ya era muy avanzada la hora, sus discípulos se acercaron a él, diciendo: El lugar es desierto, y la hora ya muy avanzada. Despídelos para que vayan a los campos y aldeas de alrededor, y compren pan, pues no tienen qué comer. Respondiendo él, les dijo: Dadles vosotros de comer. Ellos le dijeron: ¿Que vayamos y compremos pan por doscientos denarios, y les demos de comer? Él les dijo: ¿Cuántos panes tenéis? Id y vedlo. Y al saberlo, dijeron: Cinco, y dos peces. Y les mandó que hiciesen recostar a todos por grupos sobre la hierba verde. Y se recostaron por grupos, de ciento en ciento, y de cincuenta en cincuenta. Entonces tomó los cinco panes y los dos peces, y levantando los ojos al cielo, bendijo, y partió los panes, y dio a sus discípulos para que los

pusiesen delante; y repartió los dos peces entre todos. Y comieron todos, y se saciaron. Y recogieron de los pedazos doce cestas llenas, y de lo que sobró de los peces. Y los que comieron eran cinco mil hombres" (Mr. 6:30–44).

Según Marcos, muchas personas iban y venían por la zona, incluso antes de que Jesús y Sus discípulos se convirtieran en el punto focal de esta multitud. ¿Por qué estaba esta multitud en esta zona en primer lugar? Marcos nunca lo dijo. La duda generada en el relato de Marcos no se responde hasta que escuchamos el testimonio de Juan:

"Después de esto, Jesús fue al otro lado del mar de Galilea, el de Tiberias. Y le seguía gran multitud, porque veían las señales que hacía en los enfermos. Entonces subió Jesús a un monte, y se sentó allí con sus discípulos. Y estaba cerca la pascua, la fiesta de los judíos. Cuando alzó Jesús los ojos, y vio que había venido a él gran multitud, dijo a Felipe: ¿De dónde compraremos pan para que coman estos? Pero esto decía para probarle; porque él sabía lo que había de hacer. Felipe le respondió: Doscientos denarios de pan no bastarían para que cada uno de ellos tomase un poco. Uno de sus discípulos, Andrés, hermano de

> ## Más "respaldo involuntario"
>
> Aquí hay más "coincidencias no planeadas" en los relatos de los testigos oculares de los Evangelios:
>
> **Duda: Lc. 23:1-4:** ¿Por qué Pilato no encontró ningún cargo contra Jesús aun cuando Jesús afirmó ser un rey?
>
> **Respuesta: Jn. 18:33-38:** Jesús le dijo a Pilato que Su reino no era de este mundo.
>
> **Duda: Mt. 26:71:** ¿Por qué la sierva se fijó en Pedro?
>
> **Respuesta: Jn. 18:16:** Un discípulo habló con ella cuando llevó a Pedro adentro.
>
> **Duda: Mr. 15:43:** ¿Por qué Marcos le dijo a José de Arimatea que actuó "con valentía"?
>
> **Respuesta: Jn. 19:38:** José fue anteriormente un discípulo secreto que temía a los judíos.

Simón Pedro, le dijo: Aquí está un muchacho, que tiene cinco panes de cebada y dos pececillos; mas ¿qué es esto para tantos? Entonces Jesús dijo: Haced recostar la gente. Y había mucha hierba en aquel lugar; y se recostaron como en número de cinco mil varones. Y tomó Jesús aquellos panes, y habiendo dado gracias, los repartió entre los discípulos, y los discípulos entre los que estaban recostados; asimismo de los peces, cuanto querían. Y cuando se hubieron saciado, dijo a sus discípulos: Recoged los pedazos que sobraron, para que no se pierda nada. Recogieron, pues, y llenaron doce cestas de pedazos, que de los cinco panes de cebada sobraron a los que habían comido" (Jn. 6:1–13).

Juan respondió la duda generada por Marcos. La gran multitud fue el resultado de dos circunstancias: primero, solo Juan informó que las personas buscaban a Jesús porque sabían que Él había estado haciendo sanidades milagrosas. Segundo, solo Juan dijo que estaba cerca la Pascua, la fiesta sagrada judía que hace que miles de personas viajen a través de la zona para llegar a Jerusalén para la celebración. Aunque Marcos mencionó a la multitud, solo Juan nos dijo por qué estaban allí. Pero al responder involuntariamente la duda generada por Marcos, Juan planteó una duda propia sin respuesta. El relato de Juan menciona específicamente a Felipe y a Andrés. Esto me llamó la atención, solo porque el uso de los pronombres y nombres propios es un enfoque importante del análisis forense de las declaraciones. Andrés y Felipe no son personajes importantes en los Evangelios; los escritores de los Evangelios rara vez los mencionan, especialmente cuando se comparan con Pedro, Juan y Santiago. Por eso, su aparición aquí genera un par de dudas. ¿Por qué Jesús le preguntó a Felipe adónde debían ir a comprar pan? ¿Por qué Andrés intervino en la respuesta? Además, Juan también menciona

¿"Armonización" o "Interpolación"?

Cuando un investigador considera dos o más relatos de testigos, es deber del detective "armonizar" los relatos. Los detalles de cada relato deben ensamblarse sin modificar las declaraciones ni añadir detalles ajenos a las observaciones de los testigos. Al terminar, la "armonía" final proporcionará una versión de los hechos en la que los testigos pueden ser escuchados clara y distintamente, aunque puedan estar proporcionando detalles diferentes. Los detectives deben evitar la "interpolación", la inserción de material adicional o ajeno en el registro del testigo.

un detalle no encontrado en el breve relato de Marcos. Juan dijo que los discípulos alimentaron a la multitud con "panes de cebada". Juan también repitió el testimonio de Marcos describiendo "mucha hierba" en el área. Para dar sentido a las dudas generadas por Juan y el papel de la hierba y la cebada, terminemos examinando el relato de Lucas:

"Vueltos los apóstoles, le contaron todo lo que habían hecho. Y tomándolos, se retiró aparte, a un lugar desierto de la ciudad llamada Betsaida. Y cuando la gente lo supo, le siguió; y él les recibió, y les hablaba del reino de Dios, y sanaba a los que necesitaban ser curados. Pero el día comenzaba a declinar; y acercándose los doce, le dijeron: Despide a la gente, para que vayan a las aldeas y campos de alrededor, y se alojen y encuentren alimentos; porque aquí estamos en lugar desierto. Él les dijo: Dadles vosotros de comer. Y dijeron ellos: No tenemos más que cinco panes y dos pescados, a no ser que vayamos nosotros a comprar alimentos para toda esta multitud. Y eran como cinco mil hombres.

Entonces dijo a sus discípulos: Hacedlos sentar en grupos, de cincuenta en cincuenta. Así lo hicieron, haciéndolos sentar a todos. Y tomando los cinco panes y los dos pescados, levantando los ojos al cielo, los bendijo, y los partió, y dio a sus discípulos para que los pusiesen delante de la gente. Y comieron todos, y se saciaron; y recogieron lo que les sobró, doce cestas de pedazos" (Lc. 9:10–17).

Lucas es el único que informa que este evento ocurrió cuando Jesús se retiró a la ciudad de Betsaida. Esta revelación revela el misterio de la prominencia de Felipe y Andrés en el testimonio de Juan; ambos eran de Betsaida (según Jn. 1:44). Descubrimos este detalle no por Lucas (quien describe el milagro que ocurrió en Betsaida) sino por Juan (quien lo mencionó sin ninguna conexión con el milagro). Jesús le pregunta a Felipe dónde conseguir el pan porque sabía que Felipe era de esta parte del país. Felipe y Andrés, naturalmente, hicieron todo lo posible por responder, dado que eran los únicos calificados para responder la pregunta de Jesús.

¿Qué hay de la hierba y la cebada? ¿Por qué se incluyeron estos detalles en la narración? ¿Son consistentes con lo que los testigos oculares pudieron haber visto o experimentado? Resulta que la Pascua se celebró (en abril) luego de los cinco meses más lluviosos en la zona de Betsaida. Además, la Pascua ocurrió al final de la cosecha de cebada.[3] Estos detalles insignificantes son justo lo que esperaría escuchar de testigos oculares que simplemente describían lo que vieron, incluidos los detalles relativamente insignificantes en la narrativa más amplia.

Respaldo involuntario de testigos
Los testigos completan los detalles omitidos por otros

Los escritores de los Evangelios proporcionan entre sí respaldo involuntario como testigos oculares, al igual que muchos de los testigos que he interrogado a lo largo de los años. Sus relatos se apoyan y complementan mutuamente ya que describen los detalles relacionados a lo que realmente ocurrió.

LOS ESCRITORES DE LOS EVANGELIOS CITARON LOS NOMBRES CORRECTAMENTE

Cuando interrogo a testigos oculares, escucho atentamente sus descripciones del sospechoso y del entorno en el que el crimen tuvo lugar. Sus observaciones de la escena, si son genuinas, deben reflejar la verdadera naturaleza del tiempo y ubicación del crimen. Cuando Aimee me contó sus observaciones sobre el sospechoso en 1982, describió una camiseta del concierto de Journey que promocionaba un álbum (*Escape*) lanzado en 1981. La descripción de la camiseta coincidía con el marco temporal del asesinato. Si Aimee hubiera descrito una camiseta que no estuvo disponible hasta 1990, por ejemplo, me habría preocupado que su declaración fuera inadvertidamente imprecisa o deliberadamente falsa.

Algo similar se puede observar en los relatos del Evangelio. Se cree que los escritores de los Evangelios escribieron desde varias ubicaciones geográficas. Marcos probablemente escribió desde Roma, Mateo pudo haber escrito desde Judea, Lucas desde Antioquía o Roma y Juan desde Éfeso.[4] Los escépticos han argumentado que estos relatos no fueron escritos por personas que tenían conocimiento de primera mano de la vida y ministerio de Jesús, sino que solo fueron invenciones escritas generaciones más tarde por personas que no estaban del todo familiarizadas con los lugares que describían. Los escritores de los Evangelios describieron a muchas personas cuando escribieron sus testimonios, y a menudo los identificaron por nombre. Resulta que esos nombres nos proporcionan pistas importantes para ayudarnos a determinar si los escritores de los Evangelios estaban familiarizados con la vida en Palestina del primer siglo.

La corroboración del lenguaje

Los escritores del Evangelio hacen más que citar correctamente los nombres populares de los judíos palestinos del primer siglo. También parecen haber escrito en un estilo similar a aquellos que vivían en esa época. Fragmentos no bíblicos de papiros y poesía del primer siglo nos proporcionan ejemplos de la forma del griego popular en el antiguo Medio Oriente. El griego utilizado por los escritores de los Evangelios es muy similar al griego vernáculo "común" usado por otros que vivieron en esta región en este momento de la historia.

Richard Bauckham[5] examinó la obra de Tal Ilan[6] y utilizó sus datos al investigar el uso bíblico de los nombres. Ilan armó un léxico de todos los nombres registrados usados por los judíos de Palestina entre el 330 a. C. y el 200 d. C. Ella examinó los escritos de Josefo, los textos del Nuevo Testamento, documentos del desierto de Judea y Masada, y los primeros trabajos rabínicos del periodo. Incluso examinó epitafios en osarios (tumbas funerarias) de Jerusalén. Ilan también incluyó los escritos del Nuevo Testamento en su estudio. Descubrió que los nombres masculinos más populares en Palestina (en el tiempo que abarcan los relatos de los Evangelios) eran Simón y José. Los nombres femeninos más populares fueron María y Salomé. Es posible que reconozca estos nombres de los relatos de los Evangelios. Así que, cuando Bauckham examinó todos los nombres descubiertos por Ilan, encontró que las narraciones del Nuevo Testamento reflejan casi los mismos porcentajes encontrados en todos los documentos que Ilan examinó:

Popularidad de los nombres citados en la literatura palestina de la época	Popularidad de los nombres citados por los autores del Nuevo Testamento
15.6% de los hombres tenían el nombre Simón o José	18.2% de los hombres tenían el nombre de Simón o José
41.5% de los hombres tenían uno de los nueve nombres más populares	40.3% de los hombres tenían uno de los nueve nombres más populares
7.9% de los hombres tenían un nombre que nadie más tenía	3.9% de los hombres tenían un nombre que nadie más tenia
28.6% de las mujeres tenían el nombre de María o Salomé	38.9% de las mujeres tenían el nombre de María o Salomé
49.7% de las mujeres tenían uno de los nueve nombres más populares	61.1% de las mujeres tenían uno de los nueve nombres más populares
9.6% de las mujeres tenían un nombre que nadie más tenia	2.5% de las mujeres tenían un nombre que nadie más tenía[7]

Los nombres más populares encontrados en los Evangelios coinciden con los nombres más populares en Palestina en el primer siglo. Esto es aún más sorprendente cuando se comparan los nombres populares antiguos de los judíos palestinos con los nombres antiguos populares judíos egipcios:

Nombres populares judíos masculinos en Palestina	Nombres populares judíos masculinos en Egipto
Simón	Eleazar
José	Sabateo
Eleazar	José
Judá	Dositeo
Johanan	Papus
Yeshua	Ptolomeo

Si los escritores de los Evangelios simplemente estuvieron adivinando los nombres que usaron en sus relatos, lo hicieron con notable precisión. Muchos de los nombres judíos populares en Palestina eran diferentes de los nombres populares en Egipto, Siria o Roma. El uso de estos nombres por los escritores de los Evangelios es consistente con su afirmación de que escribían con base en la familiaridad de testigos oculares reales.

Cuando los nombres son muy comunes, las personas se ven obligadas a hacer una distinción añadiendo información adicional. Mi nombre es Jim Wallace, pero frecuentemente me confunden con Jim Wallis, el fundador y editor de la revista *Sojourners*. Por esta razón, a veces añado la descripción: "de ColdCaseChristianity.com" al describirme. Soy Jim Wallace "de ColdCaseChirstianity.com" (a diferencia de Jim Wallis "de *Sojourners*"). Cuando vea que se añade un descriptor, puede estar seguro de que el nombre modificado es probablemente común en la región o época en la historia. Vemos esto a lo largo de los relatos evangélicos. Los escritores de los Evangelios nos presentan a Simón "Pedro", Simón "el zelote", Simón "el curtidor", Simón "el leproso" y Simón "de Cirene". El nombre Simón era tan común en el área de Palestina en el primer siglo que los escritores de los Evangelios tuvieron que añadir descriptores para diferenciar a un Simón de otro. Esto es algo que esperaríamos ver si los escritores de los Evangelios estuvieron realmente presentes en Palestina en el primer siglo y familiarizados con los nombres comunes de la región (y la necesidad de describir mejor a aquellos que poseían nombres populares).

La corroboración de la ubicación

Evidentemente, los escritores de los Evangelios estaban muy familiarizados con los lugares sobre los que escribieron. Mientras que las falsificaciones no canónicas tardías escritas fuera del área de Palestina rara vez mencionan alguna ciudad además de Jerusalén (la única ciudad famosa que todos sabían que estaba en Israel), solo los escritores de los Evangelios incluyen los nombres específicos de pueblos y aldeas menores del primer siglo. Los escritores de los Evangelios mencionan o describen Enón, Arimatea, Betfagé, Cesarea de Filipo, Caná, Corazín, Dalmanuta, Emaús, Efraín, Magdala, Naín, Salim y Sicar. Algunos de estos pueblos son tan recónditos que solo gente familiarizada con el área sabría que existieron.

Jesús (en hebreo: Yeshua) fue uno de estos nombres populares del primer siglo en Palestina, ocupando la sexta posición en los nombres masculinos. Por ello, Jesús fue uno de esos nombres que a menudo requerían un descriptor adicional para mayor claridad. Curiosamente, los escritores de los Evangelios por sí mismos (al actuar como narradores) no utilizaron descriptores adicionales para Jesús, aunque citaron personajes dentro de la narración que sí lo hicieron. Mateo, por ejemplo, repetidamente se refirió a Jesús solo como "Jesús" al describir lo que Jesús hizo o dijo. Pero al citar a otros que usaban el nombre de Jesús Mateó los citó identificando a Jesús como "Jesús de Nazaret en Galilea", "Jesús el galileo", "Jesús de Nazaret", "Jesús llamado el Cristo", "Jesús, quien fue crucificado". ¿Por qué la diferencia? Mateo, como narrador de la historia, simplemente llamó a Jesús por Su primer nombre a lo largo de muchos capítulos. Sus lectores ya estaban familiarizados con la persona de Jesús que Mateo presentó al principio de su relato, pero Mateo registró con precisión la forma que esperaríamos que la gente identificaría a Jesús en el contexto del primer siglo. Mateo parece estar actuando solamente como un testigo que *registra los hechos*, limitándose a "Jesús" cuando él narra, pero reportando exactamente la manera en que escuchó a otros referirse a Jesús.

La forma en que los escritores de los Evangelios describieron los detalles (apoyándose involuntariamente unos a otros) y el enfoque que adoptaron los escritores de los Evangelios cuando se refirieron a personas (usando los nombres y descriptores que esperaríamos en la Palestina del primer siglo), corroboran sus testimonios *internamente*. Los relatos de los Evangelios parecen auténticos "de adentro hacia afuera". Las palabras de los Evangelios por sí solas son coherentes con lo que esperaríamos de los testigos oculares.

Respaldo involuntario

estilo correcto

Corroboración de "adentro hacia afuera"

HOLA
mi nombre es

Uso preciso de nombres

ubicaciones correctas

CORROBORACIÓN DE "AFUERA HACIA ADENTRO"

Si los Evangelios son verdaderos, también deberíamos esperar que fueran corroborados *externamente*. El testimonio de Aimee, por ejemplo, fue corroborado por dos piezas de evidencia adicionales (el descubrimiento del recibo de gasolina y el testimonio de la hermana de Danny). Los Evangelios son corroborados de manera similar de "afuera hacia adentro" por el testimonio de testigos que informaron lo que sabían que era cierto, aunque no fueran cristianos y no creyeran necesariamente en el testimonio de los escritores de los Evangelios. Estos testigos no cristianos a menudo eran hostiles al creciente movimiento cristiano y críticos de las afirmaciones de los Evangelios. A pesar de esto, confirmaron muchos de los detalles registrados por los escritores de los Evangelios.

Como detective de casos sin resolver, muchas veces me he encontrado con este tipo de cosas. Una vez tuve un caso con una víctima que fue asesinada en su condominio. El principal sospechoso de su asesinato originalmente negó haber estado en su casa. Lo interrogué por segunda vez y le dije que habíamos descubierto que su ADN estaba en la casa, en la misma habitación donde asesinaron a la víctima. Él cambió su historia y me dijo que recordaba que la víctima lo llamó y le pidió ir a su casa para ayudarle a mover algunas cajas de la habitación al garaje. El sospechoso dijo haber ido el día del asesinato y haber estado en la habitación de la víctima por muy poco tiempo para ayudarla a mover las cajas. Sin embargo, aún negó estar involucrado en el asesinato. A pesar de que continuaba negando su participación en el crimen, su nueva declaración incluyó dos *admisiones renuentes*. El sospechoso ahora admitió haber estado en la habitación donde ocurrió el asesinato el mismo día que la víctima fue asesinada. Aunque todavía negó haber cometido el crimen, *admitió renuentemente* hechos importantes que con el tiempo podrían ser ensamblados con otras piezas de evidencia circunstancial para formar el caso en su contra.

TESTIGOS OCULARES NO BÍBLICOS CORROBORARON LOS EVANGELIOS

De manera similar, los antiguos observadores y escritores que eran hostiles al cristianismo *admitieron renuentemente* varios hechos clave que corroboraban las afirmaciones de los testigos oculares cristianos, aunque negaban que Jesús era quien Él afirmaba ser. Examinemos algunas de estas *admisiones renuentes* y reconstruyamos la imagen que ofrecen de Jesús.

JOSEFO (37–101 d. C.) DESCRIBIÓ A JESÚS

Josefo describió a los cristianos en tres citas separadas en sus *Antigüedades de los judíos*. En uno de esos pasajes, Josefo describió la muerte de Juan el Bautista, en otro mencionó la ejecución de Santiago (el hermano de Jesús) y en un tercer pasaje describió a Jesús como un "hombre sabio". Existe controversia sobre los escritos de Josefo porque los primeros cristianos parecen haber alterado algunas copias de su obra en un esfuerzo por *amplificar* las referencias de Jesús. Por esta razón, al examinar el pasaje de Josefo relacionado con Jesús, nos basaremos en el texto que los eruditos creen que escapó de tal alteración. En 1971, Shlomo Pines, erudito de lenguas antiguas y distinguido profesor de la Universidad Hebrea de Jerusalén, publicó un texto árabe del siglo X que estuvo perdido por mucho tiempo, escrito por un obispo melquita de Hierápolis llamado Agapio. Este líder árabe citó a Josefo y lo hizo en idioma árabe, a diferencia del griego utilizado por otros autores de la antigüedad. Además, las referencias abiertamente cristianas en otras versiones del relato de Josefo no están en la cita de Agapio y, como resultado, los eruditos creen que esta versión refleja mejor el texto original de Josefo:

> En este tiempo había un hombre sabio llamado Jesús. Y su conducta era buena, y era conocido por ser virtuoso. Y mucha gente de entre los judíos y de otras naciones se hicieron sus discípulos. Pilato lo condenó a ser crucificado y a morir. Y los que se habían convertido en sus discípulos no abandonaron su discipulado. Informaron que se les había aparecido tres días después de su crucifixión y que estaba vivo; por consiguiente, quizás era el Mesías del cual los profetas habían relatado maravillas (Agapius, Kitâb al-ʿunwân 2:15–16).[8]

Hay muchas otras versiones antiguas de las citas de Josefo más explícitas sobre la naturaleza de los milagros de Jesús, Su vida, resurrección y estatus como "El Cristo", pero esta versión breve y conservadora del texto de Josefo admite renuentemente muchos hechos clave sobre Jesús. De este texto, podemos concluir que Jesús vivió, fue un maestro sabio y virtuoso quien supuestamente demostró un poder maravilloso, que fue condenado y crucificado bajo Pilato, que tuvo seguidores que informaron que se les apareció después de su muerte en la cruz y que se creía que era el Mesías.

THALLUS (CA. 5 a. C.-60 d. C.) DESCRIBIÓ A JESÚS

Thallus fue un historiador samaritano que escribió un amplio relato (en tres volúmenes) de la historia del área del mediterráneo a mediados del primer siglo, solo veinte años después de la crucifixión de Jesús. Al igual que los escritos de muchos historiadores antiguos, gran parte de su trabajo se ha perdido para nosotros. Sin embargo, otro historiador, Sextus Julius Africanus, escribió un texto titulado *Historia del mundo* en el año 221 d. C., y Africanus citó un importante pasaje del relato original de Thallus donde hizo una crónica de la presunta crucifixión de Jesús y ofreció una explicación de la oscuridad observada en el momento de la muerte de Jesús. Africanus describió brevemente la explicación de Thallus:

> En todo el mundo se extendió una oscuridad espantosa; y las rocas se partieron por un terremoto, y muchos lugares en Judea y otros distritos quedaron destruidos. Thallus, en el tercer libro de su *Historia*, explica esta oscuridad como un eclipse de sol, lo cual me parece irrazonable.[9]

No tenemos el relato y explicación completos de Thallus, pero al explicar la oscuridad Thallus *admitió renuentemente* detalles importantes que corroboran porciones de los Evangelios. Aunque Thallus negó que la oscuridad en el momento de la crucifixión fuera causada sobrenaturalmente, sin darse cuenta corroboró que en verdad Jesús fue crucificado y que la oscuridad cubrió la tierra cuando murió en la cruz.

TÁCITO (56-117 d. C.) DESCRIBIÓ A JESÚS

Cornelio Tácito fue conocido por su análisis y examen de documentos históricos y se encuentra entre los historiadores antiguos más confiables. Fue senador bajo el mando del Emperador Vespasiano y también fue procónsul en Asia. En sus *Anales* del año 116 d. C., describió la respuesta del emperador Nerón al gran incendio en Roma y la afirmación de Nerón de que los cristianos tenían la culpa:

> En consecuencia, para acabar con los rumores, Nerón presentó como culpables y sometió a los más rebuscados tormentos a los que el vulgo llamaba cristianos, aborrecidos por sus aberraciones. Aquel de quien tomaban nombre, Cristo, había sufrido la pena máxima durante el reinado de Tiberio por el procurador Poncio Pilato; y la repugnante superstición, momentáneamente reprimida, irrumpía de nuevo no sólo por Judea, el origen del mal, sino también por la Ciudad [Roma], lugar en el que todas las partes confluyen y donde se celebra toda clase de atrocidades y vergüenzas (*Anales*, 15:44).[10]

Tácito, al describir las acciones de Nerón y la presencia de los cristianos en Roma, *admitió renuentemente* varios hechos clave relacionados con la vida de Jesús. Tácito corroboró que Jesús vivió en Judea, que fue crucificado bajo Poncio Pilato y que tuvo seguidores que fueron perseguidos por su fe en Él.

Corroboración Judía Antigua

El Talmud judío (los escritos y discusiones de los rabinos antiguos) data del s. V, pero se cree que contiene las enseñanzas antiguas del periodo *Tannaítico* temprano de los Siglos I y II. Muchos de los escritos talmúdicos hacen referencia a Jesús:

"Jesús fue acusado o condenado por practicar hechicería e inducir a la apostasía al pueblo de Israel" (b. Sanedrín 43a; cf. t. Shabbat 11.15; b. 104b).

"...Rabí Jeremías bar Abba dijo, '¿Qué es eso que fue escrito, 'Ningún mal te sobrevendrá, ni ninguna plaga se acercará a tu casa'? (Salmo 91:10)... 'Ningún mal te sobrevendrá' (significa) que los malos sueños y los malos pensamientos no te tentarán; 'ni ninguna plaga se acercará a tu casa' (significa) que no tendrás un hijo o un discípulo que queme su comida como Jesús de Nazaret" (b. Sanedrín 103a; cf. b. Berakhot 17b).

"Se enseñó: El día antes de la Pascua colgaron a Jesús. Un heraldo estuvo delante de él durante cuarenta días (proclamando): 'Será apedreado, porque practicó magia y atrajo a Israel a la apostasía. Que cualquiera que sepa algo a su favor se presente y abogue por él'. Pero nada se encontró a su favor, y lo colgaron el día antes de la Pascua" (b. Sanedrín 43a).

A partir de solo estos pasajes que mencionan a Jesús por nombre, podemos concluir que Jesús tenía poderes mágicos, alejó a los judíos de sus creencias y fue ejecutado el día antes de la pascua.

MARA BAR-SERAPIÓN (70 d. C. – DESCONOCIDO) DESCRIBIÓ A JESÚS

En algún momento después del año 70 d. C., un filósofo sirio llamado Mara Bar-Serapión, escribiendo para motivar a su hijo, comparó la vida y persecución de Jesús con la de otros filósofos que fueron perseguidos por sus ideas. El hecho de que Mara Bar-Serapión describiera a Jesús como una persona real con este tipo de influencia es importante:

¿Qué ventaja obtuvieron los atenienses al condenar de muerte a Sócrates? Hambruna y peste vinieron sobre ellos como juicio por su crimen. ¿Qué ventaja obtuvieron los hombres de Samos al quemar a Pitágoras? En un momento su tierra se cubrió de arena. ¿Qué ventaja obtuvieron los judíos al ejecutar a su sabio Rey? Fue justo después de eso que su reino fue abolido. Dios vengó justamente a estos tres hombres sabios: los atenienses murieron de hambre; los samios fueron inundados por el mar; los judíos arruinados y expulsados de su tierra, viven en completa dispersión. Pero Sócrates no murió para siempre, vivió en las enseñanzas de Platón. Pitágoras no murió para siempre, vivió en la estatua de Hera. Tampoco el sabio Rey murió para siempre; Él vivió en las enseñanzas que había dado.[11]

Aunque Mara Bar-Serapión no parece colocar a Jesús en una posición de preeminencia (simplemente lo enumera junto a otros maestros históricos como Sócrates y Pitágoras), Mara Bar-Serapión admite varios hechos clave. Como mínimo, podemos concluir que Jesús fue un hombre sabio e influyente que murió por sus creencias. También podemos concluir que los judíos desempeñaron un papel en la muerte de Jesús y los seguidores de Jesús adoptaron y vivieron vidas que reflejaban sus creencias.

FLEGÓN (80-140 d. C.) DESCRIBIÓ A JESÚS

De manera similar a su cita de Thallus, Sextus Julius Africanus también escribió sobre un historiador llamado Flegón que escribió un registro de la historia aproximadamente en el año 140 d. C. En su relato histórico, Flegón también mencionó la oscuridad alrededor de la crucifixión.

Flegón registra que, en el tiempo de Tiberio Cesar, en luna llena, hubo un eclipse total de sol desde la hora sexta hasta la novena.[12]

Orígenes, el teólogo y erudito de la iglesia primitiva nacido en Alejandría, también citó a Flegón varias veces en un libro que escribió en respuesta a las críticas de un escritor griego llamado Celso:

> Ahora bien, Flegón, en el libro decimotercero o decimocuarto, creo, de sus crónicas, no solo atribuyó a Jesús un conocimiento de eventos futuros (aunque cayendo en confusión sobre algunas cosas que se refieren a Pedro, como si se refirieran a Jesús), sino que también testificó que el resultado correspondía a Sus predicciones. De modo que él también, por estas mismas admisiones sobre el conocimiento previo, como si fuera en contra de su voluntad, expresó su opinión de que las doctrinas enseñadas por los padres de nuestro sistema no estaban desprovistas de poder divino.
>
> Y en cuanto al eclipse en el tiempo de Tiberio César, en cuyo reinado Jesús parece haber sido crucificado, y los grandes terremotos que entonces tuvieron lugar, Flegón también, creo, ha escrito en el libro decimotercero o decimocuarto de sus crónicas.
>
> Él también imagina que tanto el terremoto como la oscuridad fueron una invención, pero con respecto a estos, en las páginas precedentes hemos hecho nuestra defensa, según nuestra capacidad, exponiendo el testimonio de Flegón, quien relata que estos eventos sucedieron en el tiempo en el que nuestro Salvador sufrió.[13]

Aunque Flegón no era seguidor de Jesús y negó muchas de las afirmaciones de los escritores de los Evangelios, sus declaraciones *admiten renuentemente* que Jesús tenía la capacidad de predecir el futuro con exactitud y que fue crucificado bajo el reinado de Tiberio César.

Estos escritores de finales del primer siglo y principios del segundo no eran amigos del cristianismo. De hecho, eran en gran medida indiferentes al incipiente movimiento cristiano.

A pesar de ello, todos aportaron importantes detalles que corroboraron la vida de Jesús, aunque lo hicieran de forma *renuente*. Si todos los documentos cristianos hubieran sido destruidos, aún seríamos capaces de reconstruir una modesta descripción de Jesús a partir de esos escritores.

La antigua (y "renuente") descripción no bíblica de Jesús incluiría el hecho de que Jesús fue una persona histórica real y un hombre virtuoso y sabio que hizo maravillas, predijo con precisión el futuro y enseñó a sus discípulos. Sus enseñanzas atrajeron un gran número de seguidores judíos y gentiles; fue identificado como el "Cristo", se creyó que era el Mesías, y fue ampliamente conocido como el "Rey Sabio" de los judíos. Sus discípulos con el tiempo fueron llamados cristianos. Sus devotos seguidores se convirtieron en una amenaza para el liderazgo judío y, como resultado, estos líderes presentaron acusaciones a las autoridades romanas. Poncio Pilato condenó a Jesús a la crucifixión durante el reinado de Tiberio César. Una gran oscuridad descendió sobre la tierra cuando Jesús fue crucificado y un terremoto sacudió una gran región cercana a la ejecución. Luego de su ejecución, una "repugnante superstición" acerca de él se extendió desde Palestina hasta Roma.

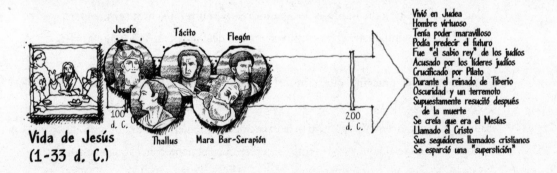

Esta descripción de Jesús, aunque incompleta, es notablemente similar a la descripción ofrecida por los escritores de los Evangelios. Las primeras fuentes externas no cristianas corroboran el testimonio de los autores del Nuevo Testamento (para más información sobre la confirmación temprana de detalles relacionados con la vida y ministerio de Jesús encontrada en la literatura, el arte, la música, la educación, la ciencia y las cosmovisiones religiosas no cristianas, consulte mi libro *Person of Interest: Why Jesús Still Matters in a World That Rejects the Bible*).

LA ARQUEOLOGÍA CONTINÚA CORROBORANDO LOS EVANGELIOS

Debido a que el cristianismo hace afirmaciones históricas, la arqueología es una herramienta que podemos utilizar para determinar si estas afirmaciones son ciertas. De hecho, la arqueología ha corroborado repetidamente muchas afirmaciones del Nuevo Testamento, particularmente en relación con personajes históricos, ubicaciones geográficas, eventos y condiciones de la época. El profesor y arqueólogo Dr. Joseph P. Free señala que "la arqueología ha confirmado innumerables pasajes que han sido rechazados por los críticos como no históricos o contrarios a los hechos conocidos".[14] Los esfuerzos arqueológicos de los últimos dos siglos han confirmado varios detalles que los escépticos usaban para resaltar las áreas de *debilidad* en el caso del cristianismo. Existen muchos pasajes bíblicos ahora corroborados tanto por antiguos testigos no cristianos como por evidencias arqueológicas. Aquí solo algunos:

PERSONAJES HISTÓRICOS DEL NUEVO TESTAMENTO CORROBORADOS POR LA ARQUEOLOGÍA:

PONCIO PILATO

Por muchos años, la única corroboración que teníamos de la existencia de Poncio Pilato (el gobernador de Judea que autorizó la crucifixión de Jesús) era una brevísima cita de Tácito (descrita en la sección anterior). Sin embargo, en 1961 se descubrió un trozo de piedra caliza con una inscripción con el nombre de Pilato.[15] La inscripción fue descubierta en Cesarea, una capital provincial durante el mandato de Pilato (26–36 d. C.), y describe la dedicación de un edificio de Pilato para Tiberio César. Este único descubrimiento corrobora lo que dijeron los escritores de los Evangelios sobre la existencia de Pilato en la historia, su posición dentro del Gobierno y su relación con Tiberio César.

CAIFÁS

Caifás fue el sumo sacerdote que presidió el juicio de Jesús como se registra en los Evangelios de Mateo, Lucas y Juan (las primeras fuentes primarias en mencionarlo). Si bien Josefo también reconoce la existencia de Caifás,[16] la arqueología parece confirmar aún más su presencia en la historia. A principios de la década de 1990, doce osarios (cajas funerarias) fueron descubiertos en una tumba familiar al sur de Jerusalén. La mayoría de los eruditos ahora creen que uno de estos osarios contiene los restos del Caifás descrito en los Evangelios.[17]

SERGIO PAULO

En Hechos 13, Lucas identificó a Sergio Paulo, un procónsul de Pafos. Los escépticos dudaron de la existencia de este hombre y afirmaban que cualquier líder de esta área sería un "propretor" en lugar de un procónsul. Pero una inscripción descubierta en Soli en Chipre reconoce a Paulo y lo identifica como procónsul. Otra inscripción descubierta en Roma describe el papel de Lucio Sergio Paulo bajo el Emperador Claudio, y también se descubrió una inscripción que nombra a "L. Sergio Paulo" cerca de Antioquía de Pisidia.[18]

LISANIAS

Lucas también describió a un tetrarca llamado Lisanias y describió que este hombre reinaba sobre Abilene cuando Juan el Bautista comenzó su ministerio (Lc. 3:1). Josefo también registró la existencia de un hombre llamado Lisanias,[19] pero este hombre era un rey que gobernó la región entre los años 40–36 a. C. (mucho antes del nacimiento de Juan el Bautista). Los escépticos volvieron a utilizar esta aparente discrepancia para sembrar dudas sobre el relato de Lucas. Al igual que antes, la arqueología parece haber resuelto el problema y corroborado la afirmación de Lucas. Se han descubierto dos inscripciones que mencionan a Lisanias por nombre. Una de ellas, que data del 14–37 d. C., identifica a Lisanias como el tetrarca de Abila, cerca de Damasco.[20] Esta inscripción confirma la existencia razonable de dos hombres llamados Lisanias, uno que gobernó antes del nacimiento de Jesús, y un tetrarca que reinó en el periodo preciso descrito por Lucas.[21]

GALIÓN

Los escépticos también pensaron que la designación de "procónsul" otorgada a Galión (Lucio Junio Galión Anneano) en Hch. 18:12–17 era dudosa[22] hasta el descubrimiento de lo que ahora se llama la Inscripción de Galión (también identificada como la Inscripción de Delfos). En Delfos, Grecia, se descubrieron nueve fragmentos del Emperador Claudio en los que se describe a Junio Galión como "mi amigo y procónsul". Los arqueólogos ahora pueden datar el proconsulado de Galión desde el 1 de mayo del año 51 d. C. hasta finales de abril del año 52 d. C., lo que ayuda a establecer la cronología del viaje misionero del apóstol Pablo.[23]

ERASTO

En Rom. 16:23, Pablo escribió: "Os saluda Erasto, tesorero de la ciudad". Durante muchos años, los eruditos no estaban seguros si Pablo estaba usando la palabra griega para "tesorero" (*oikonomos*) como un título oficial para Erasto, o simplemente como una descripción de su función (*oikonomos* también puede traducirse como "administrador" o "mayordomo"). Los arqueólogos en Corinto descubrieron una gran lápida que llevaba una inscripción de mediados del primer siglo. En ella se lee: "Erasto, a cambio de su *cargo de edil*, colocó (este pavimento) por cuenta propia". Los *ediles* eran magistrados romanos responsables del mantenimiento de los edificios públicos, la administración de los juegos públicos y el suministro de cereales. Parece que Lucas utilizó correctamente el termino *oikonomos* para describir la función que Erasto desempeñaba como *edil*.[24]

CIRENIO [TRANSLITERACIÓN DEL LAT. QUIRINIUS]

Lucas escribió que José y María regresaron a Belén porque un gobernador sirio llamado Cirenio estaba realizando un censo (Lc. 2:1-3). Josefo confirmó la existencia de este gobernador, pero Josefo registró que Cirenio gobernó del año 5 al 6 d. C.[25] Sin embargo, este periodo es demasiado tardío, ya que Mateo escribió que Jesús nació durante el reinado de Herodes el Grande (quien murió nueve años antes de que Cirenio gobernara, como fue registrado por Josefo). Durante muchos años, los escépticos señalaron esta discrepancia como evidencia de que el Evangelio de Lucas había sido escrito tarde en la historia por alguien que no estaba familiarizado con la cronología de los líderes. Los descubrimientos arqueológicos del siglo XIX han proporcionado información adicional para remediar esta aparente contradicción, y revelaron que Cirenio (o alguien con el mismo nombre) también fue procónsul de Siria y Cilicia del 11 a. C. hasta la muerte de Herodes. El nombre de Cirenio fue descubierto en una moneda de este periodo,[26] y en la base de una estatua erigida en Antioquía de Pisidia.[27] La arqueología ahora corrobora la existencia temprana de Cirenio como gobernador en la época del censo registrado por Lucas.

POLITARCAS

Durante muchos siglos, Lucas fue el único escritor antiguo que se supiera que usó la palabra "politarca" para describir a las "autoridades de la ciudad" (como lo hizo en Hch. 17:6, 8). Los escépticos dudaron que fuera un término griego legítimo[28] hasta que los arqueólogos descubrieron unas inscripciones. Un bloque de mármol de una puerta romana en Tesalónica incluía una inscripción que enumeraba seis politarcas, un tesorero y un director de educación superior. Sorprendentemente, estas inscripciones fueron descubiertas en la misma ciudad en la que Lucas afirmó haber escuchado el término.[29]

CIUDADES Y LUGARES DEL NUEVO TESTAMENTO CORROBORADOS POR LA ARQUEOLOGÍA:

BELÉN

De acuerdo con Lucas, Jesús nació en el pueblo de Belén, aunque no había lugar para José y María en la "posada". Muchos lectores han especulado sobre la naturaleza del "pesebre" descrito por Lucas. Los escritores de la Iglesia en el segundo y tercer siglo, por ejemplo, describieron el lugar del nacimiento de Jesús como una "cueva".[30] ¿Es razonable creer que pudo haber un "establo" o un "pesebre" en una cueva en Belén en el primer siglo? Los arqueólogos han descubierto los restos de la antigua aldea de Belén, y ahora tenemos evidencia de que se utilizaron cuevas (o "corrales de piedra") para albergar animales, dando sentido tanto al relato Bíblico como a las primeras referencias de la Iglesia.[31]

NAZARET

También hubo mucho escepticismo sobre la existencia de Nazaret en el primer siglo. La pequeña ciudad no se menciona en ninguna obra literaria judía hasta mucho tiempo después de la época de Jesús; ni Josefo ni el apóstol Pablo la mencionan. Pero los arqueólogos descubrieron un mosaico antiguo en Cesarea Marítima que confirma la existencia de Nazaret,[32] y el descubrimiento de una antigua casa cerca de la Basílica de la Anunciación confirma la existencia de esta pequeña ciudad durante la época de Jesús.[33]

CAPERNAÚM

La ciudad de Capernaúm se mencionó repetidamente por los autores de los Evangelios y ahora los arqueólogos han confirmado mucho de lo que describieron los autores del Nuevo Testamento. Se han descubierto varias casas de una sola planta con techos planos de paja que coinciden con el tipo de casa descrita en Mr. 2:1–4 (cuando el paralítico fue bajado a través del techo para ser sanado por Jesús).[34] Muchos arqueólogos también creen que han descubierto la casa de Pedro en Capernaúm. Un visitante de la ciudad en el año 380 d. C. describió una iglesia antigua construida en el lugar de la "casa del príncipe de los Apóstoles",[35] y los eruditos creen que el grafiti en el lugar original confirma su identidad.[36] La profesión de Pedro como pescador también ha sido respaldada por descubrimientos arqueológicos, ya que las excavaciones en la ciudad han descubierto artefactos que demuestran que Capernaúm era un pueblo pesquero.[37] Finalmente, los autores de los Evangelios describieron una sinagoga en la ciudad[38] construida por un centurión romano.[39] Se han descubierto los cimientos de una sinagoga que datan del mismo periodo bajo una estructura del s. IV.[40] También se han descubierto varias construcciones del estilo romano en Capernaúm que confirman la presencia de soldados como el centurión mencionado por Lucas.[41]

BETSAIDA

Los autores de los Evangelios describen la ciudad de Betsaida como un pueblo pesquero asociado con Andrés, Pedro y Felipe. Los arqueólogos creen que las excavaciones en la actual Et-Tell han descubierto esta antigua ciudad del Nuevo Testamento, y se han descubierto varios artefactos de pesca que concuerdan con las descripciones bíblicas de esta ciudad.[42]

ICONIO

Lucas describió Iconio como una ciudad en Frigia (Hch. 14:6), pero otros escritores antiguos (como Cicerón) la describieron como una ciudad ubicada en Licaonia. Los escépticos, por tanto, dudaron de la veracidad del relato de Lucas. Pero el arqueólogo William Ramsay descubrió varios manuscritos antiguos que confirmaban que Iconio era una ciudad de Frigia.[43]

EL ESTANQUE DE BETESDA

Juan escribió sobre la existencia del "estanque de Betesda" (Juan 5:1–9) y dijo que estaba localizado en la región de Jerusalén, cerca de la puerta de las ovejas, rodeado por cinco pórticos. Por muchos años, no hubo evidencia de tal lugar además del Evangelio de Juan; los escépticos nuevamente señalaron este pasaje de la Escritura y argumentaron que el Evangelio de Juan fue escrito más tarde en la historia por alguien que no estaba familiarizado con las características de la ciudad. Sin embargo, el descubrimiento de los Rollos del Mar Muerto en el s. XX nos proporcionó una antigua confirmación de la existencia del estanque. El Rollo de Cobre (escrito entre el año 25 y 69 d. C.) describía una lista de lugares en Jerusalén incluyendo un estanque llamado "Bet Eshsathayin" localizado cerca de un pórtico.[44] En 1888, los arqueólogos comenzaron a excavar el área cercana a la iglesia de Santa Ana en Jerusalén y descubrieron los restos del estanque, con escalones que bajaban por un lado y cinco pórticos poco profundos del otro lado.[45] Una vez más, las afirmaciones de un escritor de los Evangelios fueron corroboradas por la arqueología.

EL ESTANQUE DE SILOÉ

Juan también escribió sobre "el estanque de Siloé" (Jn. 9:1–12) y lo describió como un lugar de purificación ceremonial. Aunque el estanque también se menciona en el Antiguo Testamento (Is. 8:6 y 22:29), Juan es el único autor antiguo que describe su existencia. Los eruditos fueron incapaces de localizar con certeza el estanque hasta su descubrimiento en la región de la Ciudad de David de Jerusalén en 2004. Los arqueólogos Ronny Reich y Eli Shukrun excavaron el estanque y lo dataron del 100 a. C. al 100 d. C. (con base en las características del estanque y las monedas encontradas en el yeso).[46] Este descubrimiento corroboró la veracidad de las Escrituras cristianas y el testimonio de Juan.

LA TUMBA DE LÁZARO

El pueblo de al-Azariya (conocido en árabe como "el lugar de Lázaro"), ha sido identificado por mucho tiempo como el pueblo más antiguo de Betania donde Jesús hizo un compromiso con María y Marta y levantó a Lázaro de la tumba (en Jn. 11:1–6). Se han excavado muchas tumbas en la ciudad que llevan nombres usados por estos tres hermanos (al menos demostrando la popularidad de los nombres en esta región), y una tumba fue identificada como la tumba de Lázaro. Los arqueólogos la reconocieron como una tumba del primer siglo, con base en su forma y construcción, y los primeros cristianos la identificaron como tal.[47] De hecho, una iglesia cristiana primitiva fue establecida cerca de la tumba para conmemorar el lugar.

COSTUMBRES, ACONTECIMIENTOS Y CONDICIONES DEL NUEVO TESTAMENTO CORROBORADOS POR LA ARQUEOLOGÍA:

LA COSTUMBRE DE LA CRUCIFIXIÓN

Los escritores de los Evangelios describieron la costumbre romana de la crucifixión, y Josefo, en su descripción de la destrucción de Jerusalén, también describió la práctica.[48] Pero aunque se informó que miles de criminales condenados y prisioneros de guerra habían sido ejecutados de esta manera ninguno se había descubierto en algún yacimiento arqueológico durante más de 1900 años después de la ejecución de Jesús. Algunos eruditos escépticos sugirieron que a los criminales crucificados no se les concedían entierros decentes, sino que eran lanzados en fosas comunes junto con otros prisioneros ejecutados de forma similar. Sin embargo, los escritores de los Evangelios afirman que Jesús recibió una sepultura digna. Los escépticos dudaron que esto fuera cierto porque carecían de evidencia de que una víctima de crucifixión hubiera sido sepultada de esta forma. Sin embargo, en 1968, Vassilios Tzaferis encontró los primeros restos de una víctima de crucifixión, Johanan Ben Ha'galgol, enterrado en una tumba judía adecuada del tipo "kôkhîm".[49] Los restos de Johanan revelaron que tuvo una estaca en ambos pies, y clavos colocados entre los huesos inferiores de los brazos. Un segundo resto óseo similar fue descubierto en diciembre de 2021 en un cementerio de la época romana en el pueblo de Fenstanton en Cambridgeshire,[50] confirmando que en efecto algunos criminales fueron crucificados y enterrados como lo describen los escritores de los Evangelios.

LA EXISTENCIA DE SINAGOGAS

Los autores de los Evangelios mencionaron varias sinagogas al describir la actividad de Jesús,[51] pero muchos eruditos se mostraron escépticos ante la existencia de sinagogas en la región a inicios del primer siglo, creyendo que las instalaciones de carácter religioso como estas solo existieron después de la destrucción del templo de Jerusalén en el año 70 d. C. Pero ahora los arqueólogos han descubierto dos sinagogas (una en 2009[52] y otra en 2021[53]) en la antigua ciudad de Magdala. Estas sinagogas de principios del primer siglo son importantes por dos razones. Primero, demuestran la existencia de sinagogas en la misma región descrita por los autores de los Evangelios: cerca del camino que lleva de Nazaret a Capernaúm y en el pueblo asociado con María Magdalena. Segundo, la evidencia de las excavaciones indica que estas instalaciones fueron usadas como centros comunitarios e incluían actividades religiosas, lo que nuevamente coincide con la descripción de los autores de los Evangelios.

EL COMPORTAMIENTO DEL GOBIERNO

Lucas describió con precisión el Gobierno existente en la Palestina del primer siglo bajo dominio romano. Su relato demuestra que estaba escribiendo en el momento y lugar que afirmaba. Por ejemplo, Lucas describió correctamente dos maneras de obtener la ciudadanía romana en Hch. 22:28. Describió correctamente el proceso por el cual los criminales acusados eran llevados a juicio en Hch. 24:1-9. Describió correctamente la manera en que un ciudadano podía solicitar su ciudadanía romana con la fórmula legal, "de quibus cognoscere volebam" en Hch. 25:18. Finalmente, describió correctamente la forma en que los soldados romanos retenían a los prisioneros y las condiciones que experimentaban cuando eran encarcelados por cuenta propia en Hch. 28:16 y Hch. 28:30–31.[54]

LA NATURALEZA DE LAS BARCAS DE PESCA

Los autores de los Evangelios también describen las barcas de pesca del primer siglo, incluyendo el famoso episodio en el que Jesús se queda dormido en una barca lo suficientemente grande como para llevar a sus "seguidores".[55] Pero ¿los pescadores de la región disponían de este tipo de embarcaciones en épocas tan tempranas de la historia? Luego de una sequía en 1986, una porción del Mar de Galilea fue explorada por dos arqueólogos aficionados locales. Recuperaron una barca de pesca junto a la antigua aldea de Magdala, el hogar de María Magdalena. Arqueólogos profesionales recuperaron la barca del primer siglo la cual medía 8.07 metros de largo, 2.28 metros de ancho y 1.37 metros de altura. Era lo suficientemente grande para llevar a 15 personas, lo que demuestra que este tipo de barcas de pesca existieron tal y como registraron los autores de los Evangelios.[56]

LA PREVALENCIA DE LA LEPRA

Las descripciones de los Evangelios sobre la lepra también fueron puestas en duda por los escépticos que cuestionaban la existencia de esta enfermedad en el Medio Oriente durante la época de Jesús. Pero descubrimientos arqueológicos recientes pusieron fin a este problema.[57] Una tumba del primer siglo fue descubierta en Jerusalén en el año 2000. Contenía un cuerpo y un sudario funerario que luego fueron examinados por investigadores médicos del University College, en Londres. Descubrieron ADN antiguo que confirmaba la presencia de la lepra (enfermedad de Hansen) y resolvía cualquier debate sobre la existencia de la enfermedad en la región.

Muchos otros detalles del Evangelio han sido corroborados por la arqueología; tales descubrimientos continúan validando las afirmaciones de los escritores de los Evangelios de "afuera hacia adentro". Aun cuando los relatos escritos de antiguos escritores no bíblicos parecen contradecir el testimonio de los autores de los Evangelios, los resultados arqueológicos continúan resolviendo las aparentes contradicciones y confirmando las afirmaciones del Nuevo Testamento.

Figuras históricas confirmadas   Ubicaciones históricas confirmadas

Reconocimiento de no cristianos   Corroboración de "afuera hacia adentro"   Condiciones históricas confirmadas

TRAZOS GENERALES Y DETALLES MENORES

Las evidencias *internas* y *externas* corroboran las narraciones de los Evangelios y capturan una imagen de la vida y ministerio de Jesús. Los antiguos autores no bíblicos del primer siglo y principios del segundo nos ofrecen una *imagen* de los elementos generales y amplios de los Evangelios, confirmada por el registro arqueológico. Esta parte de la imagen es mínima y menos enfocada, pero la imagen es lo suficientemente clara como para reconocerla. Concuerda (a grandes rasgos) con el testimonio de los escritores de los Evangelios del Nuevo Testamento. Sin embargo, más allá de esta corroboración general, la evidencia interna de los mismos Evangelios nos esclarece muchos de los detalles específicos de los relatos de los Evangelios. Entre más identifiquemos casos de *respaldo involuntario* existentes entre los escritores de los Evangelios (lo que J.J. Blunt denominó "coincidencias no planeadas"), identificaciones correctas de nombres propios y lugares y el lenguaje griego apropiado de la región y época, más confianza podemos tener en que estos relatos proporcionan detalles consistentes con la Palestina del primer siglo. Nuestra imagen de Jesús se hace más clara por la corroboración de la evidencia *interna*, ya que autentifica la evidencia *externa* y valida las afirmaciones de los escritores de los Evangelios por sí mismos.

Los trazos generales corroborados por la "evidencia externa" de los testigos antiguos no bíblicos y la arqueología

Los detalles precisos corroborados por la "evidencia interna" de nombres, ubicaciones, lenguaje y "respaldo involuntario"

ENTONCES, ¿POR QUÉ ALGUNOS CONTINÚAN NEGÁNDOLO?

Algunos críticos de los Evangelios no están impresionados con las evidencias internas y externas que hemos discutido hasta ahora, a pesar de que estas evidencias son diversas y consistentes entre sí. Muchos escépticos argumentan que todavía existen pasajes dentro de los Evangelios que aún deben entenderse o sustentarse con evidencia extrabíblica. Veamos las objeciones de los escépticos relacionadas con estas áreas de evidencia interna y externa para ver por qué algunos (como Albert Einstein) han descrito los Evangelios como una "expresión y producto de las debilidades humanas".

ALGUNOS ESCRITOS ORIGINALES DE AUTORES ANTIGUOS ESTÁN PERDIDOS

Muchos críticos han rechazado algunas de las corroboraciones *externas* que hemos descrito de los autores antiguos no cristianos como Thallus y Flegón. Han argumentado que los textos originales de estos dos antiguos historiadores no están disponibles para nosotros. En cambio, hemos estado examinando citas de estos escritores tal como fueron citadas por autores cristianos (Sextus Julius Africanus y Orígenes) quienes escribieron tiempo después. ¿Cómo sabemos que estos antiguos apologistas cristianos no distorsionaron o citaron mal a Thallus o a Flegón? Los escépticos argumentan que no podemos confiar en las citas que tenemos hoy porque no tenemos acceso a las copias de los textos completos de Thallus o Flegón.

PERO...

Tanto Africanus como Orígenes citan el trabajo de Thallus y Flegón desde una posición de escepticismo, no de acuerdo. Africanus dijo que Thallus propuso un eclipse para explicar la oscuridad en la crucifixión de Jesús, pero Africanus claramente no estaba de acuerdo con esta conclusión; él dijo que Thallus hizo esta afirmación "sin razón". De forma similar, Orígenes argumentó que Flegón estaba equivocado en muchos aspectos de su relato ("cae en confusión sobre algunas cosas que se refieren a Pedro"), incluso cuando Flegón renuentemente admitió que Jesús podía predecir el futuro. Ni Africanus ni Orígenes esterilizaron los relatos que citaron, eliminando los detalles que contradecían su caso. En lugar de ello, Africanus y Orígenes citaron el trabajo de Thallus y Flegón aunque no siempre estuvieron de acuerdo con sus conclusiones.

La mejor inferencia a partir de la evidencia es que Africanus y Orígenes citaron correcta y honestamente sus fuentes, especialmente porque no tenemos otras citas antiguas competentes de Thallus y Flegón que contradigan lo que Africanus y Orígenes informaron.

 ## ALGUNOS TÉRMINOS EVANGÉLICOS AÚN SON "PROBLEMÁTICOS"

Algunos críticos identifican términos en el texto y afirman que fueron utilizados incorrectamente por los escritores de los Evangelios. Argumentan que estas "referencias erróneas" exponen que los escritores de los Evangelios no estaban familiarizados con el tiempo y la región que estaban describiendo, o que los Evangelios fueron escritos mucho tiempo después de lo que algunos afirman. Como ejemplo, los escépticos han señalado el sermón del Monte y han argumentado que los comentarios de Jesús sobre orar en público, como lo hacían los hipócritas en las sinagogas (Mateo 6:5), están fuera de lugar. Algunos eruditos judíos sostienen que los antiguos judíos de la época de Jesús no oraban en las sinagogas y que esta práctica solo comenzó después de que el templo fuera destruido en el año 70 d. C.[58] Si este fuera el caso, el Evangelio de Mateo contiene una afirmación curiosamente fuera de secuencia. Hay un puñado de ejemplos similares ofrecidos por los críticos que afirman que existen términos sospechosamente únicos a los escritores de los Evangelios o que parecen utilizarse de una forma sin precedentes en otros escritos antiguos de la época.

PERO...

Objeciones como estas presuponen que tenemos un conocimiento perfecto del entorno del primer siglo en Palestina. En esta objeción específica, por ejemplo, no hay evidencia arqueológica o de documentos antiguos que contradigan las afirmaciones de los escritores de los Evangelios. En cambio, los críticos han argumentado en contra de los Evangelios porque aún no han encontrado cómo respaldar externamente las afirmaciones bíblicas. Pero ya hemos visto varios ejemplos de otras afirmaciones del Evangelio no corroboradas previamente (el estanque de Betesda, por ejemplo) o afirmaciones que parecen contradictorias (las identidades de Cirenio o Lisanias, por ejemplo), pero que finalmente fueron corroboradas por la arqueología. Gran parte del escepticismo dirigido al relato histórico bíblico se basa en la presunción, incluso sin sustento evidencial, de que el relato es falso a menos que sea corroborado. En esencia, los escritores de los Evangelios son culpables hasta que se pruebe su inocencia. No hay presunción de inocencia para los autores del Nuevo Testamento. A diferencia de otros testigos históricos antiguos, a los escritores de los Evangelios no se les concede el lujo de una presunta credibilidad cuando hay silencio sobre una afirmación particular de otras fuentes antiguas.

Mucho de este escepticismo se debe a la presuposición del naturalismo filosófico que describí en el capítulo 1. Los Evangelios contienen descripciones de lo sobrenatural: sanaciones, afirmaciones proféticas y milagros. Debido a que los críticos niegan la posibilidad de tales cosas, ellos rechazan los relatos bíblicos y buscan formas de describirlos como falacias. Es esta presuposición lo que lleva a muchos escépticos a afirmar que los Evangelios fueron escritos tarde en la historia, lejos de la región donde supuestamente ocurrieron los eventos milagrosos. ¿De qué otra manera podrían los escritores de los Evangelios haber engañado a tantas personas con estas historias de lo sobrenatural? Ciertamente, no podrían haber escrito estos relatos en un tiempo o lugar en el que los verdaderos testigos oculares pudieran exponer sus fabricaciones, ¿o sí? Sin embargo, la evidencia que tenemos de la arqueología y fuentes antiguas no respaldan la afirmación de una autoría distante o tardía, y Pablo argumentó que aún había muchos testigos oculares disponibles para corroborar los milagros de Jesús (particularmente Su resurrección) en el tiempo de la carta de Pablo a los corintios en los años 53–57 d. C. (1 Co. 15:6). Si podemos superar nuestro prejuicio contra las descripciones de lo sobrenatural, las afirmaciones de los relatos de los Evangelios se corroboran de manera convincente.

 ## LA ARQUEOLOGÍA NO PUEDE CONFIRMAR CADA DETALLE DE LOS EVANGELIOS

Algunos escépticos argumentan que la arqueología simplemente no puede corroborar satisfactoriamente las afirmaciones de ningún autor histórico o testigos oculares antiguos. Hay muchas porciones de los relatos de los Evangelios que no están respaldadas por los hallazgos actuales de la arqueología, y (como hemos demostrado) ha habido varias afirmaciones bíblicas que parecían contradecir otros relatos antiguos y no fueron respondidas por la arqueología durante muchos siglos. Si la arqueología es tan limitada como parece, ¿cómo podemos confiar en ella para corroborar completamente las afirmaciones de los escritores de los Evangelios? Además, ¿qué tipo de evidencia arqueológica podría corroborar los milagros descritos en la Biblia? Incluso si creyéramos que los milagros fueran razonables, ¿qué tipo de evidencia arqueológica podría, por ejemplo, corroborar la sanidad del ciego por parte de Jesús? Para estos escépticos, la arqueología, aunque interesante, parece demasiado limitada para ser de gran ayuda.

PERO...

Las evidencias arqueológicas que hemos discutido en este capítulo son solo una categoría de la evidencia en el caso circunstancial acumulativo que estamos presentando para la corroboración de los Evangelios. Como todos los casos circunstanciales, cada pieza de evidencia es incapaz de comprobar el caso por si sola. Los casos circunstanciales se basan en la fuerza de múltiples líneas de evidencia que apuntan a la misma conclusión. El apoyo arqueológico que tenemos para los relatos de los Evangelios (como el apoyo arqueológico para cualquier evento antiguo) es limitado e incompleto. Eso no debería sorprendernos. El Dr. Edwin Yamauchi, historiador y profesor emérito en la Universidad de Miami, ha descrito correctamente que la evidencia arqueológica es un asunto de "fracciones". Solo una fracción de la evidencia arqueológica del mundo aún sobrevive bajo tierra. Además, solo una fracción de los posibles yacimientos arqueológicos ha sido descubierta. De estos, solo una fracción ha sido excavada, y solo parcialmente. Para complicar más las cosas, solo una fracción de esas excavaciones parciales ha sido minuciosamente examinada y publicada. Finalmente, ¡solo una fracción de lo que ha sido examinado y publicado tiene algo que ver con las afirmaciones de la Biblia![59] A pesar de estos límites, no debemos vacilar al utilizar lo que sabemos arqueológicamente en combinación con otras líneas de evidencia. Es posible que la arqueología no sea capaz de decirnos todo, pero puede ayudarnos a completar el caso circunstancial mientras corroboramos el registro del Evangelio.

También es importante recordar que muchas de las objeciones planteadas por los escépticos se basan en la suposición de que los Evangelios fueron escritos tarde, mucho después de la vida de cualquiera que pudiera testificar lo que realmente sucedió. Sin embargo, la evidencia del capítulo 11 deja pocas dudas de que los Evangelios surgieron durante la vida de los testigos oculares. Si el Evangelio de Lucas fue escrito tan temprano como la evidencia sugiere, cualquier afirmación de que Lucas citó erróneamente un gobierno en particular o describió erróneamente una secuencia de líderes no es razonable. Si este fuera el caso, los primeros lectores del Evangelio de Lucas, al leerlo en el primer siglo con un recuerdo de lo que realmente ocurrió, habrían captado el error de Lucas desde el principio. Por lo menos esperaríamos ver a algún escriba primitivo que intentara alterar la narración para corregir la historia equivocada. Nunca se produjo ninguna alteración de este tipo, y los primeros lectores del Evangelio de Lucas no cuestionaron su relato. El Evangelio les fue entregado temprano, cuando aún conocían el orden correcto de los gobernadores y reyes. Miles de años después, solo podemos dudar de Lucas en principio para encontrar que la arqueología finalmente corrobore su relato. Sin embargo, si la evidencia que respalda la datación temprana del Evangelio de Lucas es correcta, no debería sorprendernos que finalmente Lucas sea justificado.

EL CASO A FAVOR DE LA CORROBORACIÓN

Este caso circunstancial puede ser examinado con algo de *razonamiento abductivo* mientras tratamos de determinar si los Evangelios han sido razonablemente corroborados. Enumeremos una vez más toda la evidencia que hemos examinado hasta ahora, incluyendo las afirmaciones de los escépticos. ¿Es razonable inferir que los Evangelios están suficientemente corroborados?

Aun considerando los límites de la arqueología y los límites del análisis literario *interno*, la inferencia más razonable a partir de la evidencia es que los Evangelios son increíblemente confiables, sobre todo considerando la naturaleza de dichos relatos. Pocos documentos antiguos han sido examinados tan críticamente como los Evangelios del Nuevo Testamento. Otros pocos documentos de la antigüedad han sido tan duramente cuestionados y escudriñados. Este escrutinio prolongado nos ha dado un sólido y detallado conjunto de evidencias que podemos examinar con el razonamiento abductivo.

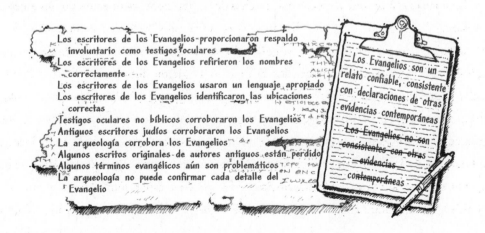

Si aceptamos la primera explicación (los Evangelios son confiables), podemos integrar y aceptar toda la evidencia sin ninguna contradicción o fricción entre las piezas. La segunda explicación puede explotar las últimas tres afirmaciones, pero no puede dar cuenta de las primeras siete verdades. La mejor inferencia es que los Evangelios son confiables y consistentes con otras evidencias contemporáneas. Esta explicación es *viable*, *directa* y *lógica*. Es *superior* a la explicación alternativa. Una vez más, cumple con los criterios que establecimos para el razonamiento abductivo; podemos confiar en que hemos llegado a la explicación más razonable.

LOS EVANGELIOS PASAN LA SEGUNDA PRUEBA

Hasta ahora, hemos examinado dos áreas que los miembros del jurado consideran al evaluar a los testigos. La evidencia respalda que los escritores de los Evangelios estuvieron presentes en el primer siglo, y sus afirmaciones son consistentes con muchas piezas de evidencia corroborativa. ¿Significa esto que son confiables? Todavía no, pero estamos a mitad de camino. Los Evangelios han superado las primeras dos pruebas; su testimonio aparece lo suficientemente temprano en la historia, y sus afirmaciones pueden ser corroboradas. Ahora debemos asegurarnos de que no se hayan corrompido con el tiempo. Tenemos que asegurarnos de que los relatos que tenemos hoy sean un reflejo exacto de lo que originalmente registraron los testigos oculares.

Capítulo 13

¿FUERON PRECISOS CON EL PASO DEL TIEMPO?

"Los personajes y eventos representados en la maldita biblia son ficticios. Cualquier similitud con personas reales, vivas o muertas, es pura coincidencia".[1]

(Comediantes y magos "Penn y Teller")

¿Cómo sabemos que nuestros libros sagrados están libres de error? Porque los mismos libros lo dicen. Los agujeros negros epistemológicos de este tipo están drenando rápidamente la luz de nuestro mundo".[2]

(Sam Harris, neurocientífico, conferencista y autor de *El fin de la Fe: Religión, Terror y el Futuro de la Razón*)

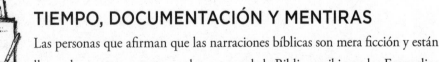

TIEMPO, DOCUMENTACIÓN Y MENTIRAS

Las personas que afirman que las narraciones bíblicas son mera ficción y están llenas de errores suponen que los autores de la Biblia escribieron los Evangelios mucho después de que supuestamente ocurrieran los eventos reportados y lejos de los lugares que describieron. Se pueden insertar elementos ficticios falsos en un relato si se agregan mucho después de que cualquier testigo ocular estuviera vivo para identificarlos como mentiras. Además, si el verdadero registro histórico no se ha preservado bien o no se ha protegido para evitar su corrupción, pueden aparecer errores sin previo aviso. Si esto ocurrió con los Evangelios, no son dignos de confianza. Incluso si están corroborados en varios puntos por la arqueología o evidencias internas, pueden seguir siendo imprecisos sobre cualquier número de eventos que describan.

Los investigadores de casos sin resolver entienden la relación entre tiempo y confiabilidad. Debemos evaluar las declaraciones previas de testigos y sospechosos y hacer todo lo posible para determinar si esas afirmaciones son reales o ficticias. A veces el paso del tiempo proporciona una ventaja a los investigadores de casos sin resolver que antes no estaba disponible para los detectives que originalmente investigaron el caso. El tiempo suele poner al descubierto la inexactitud de los testigos oculares y las mentiras de los sospechosos. He tomado ventaja de esto a lo largo de los años.

Una vez tuve un caso en el que el sospechoso (Jassen) proporcionó una coartada en el momento en que fue originalmente investigado en 1988. Jassen dijo que conducía hacia la casa de un amigo en el momento del asesinato, aunque nunca llegó allí porque tenía un neumático desinflado. Cuando dijo esto a los detectives originales, ellos lo escribieron en sus notas. Sin embargo, pasaron por alto la declaración de Jassen cuando escribieron su reporte final. Nunca encontraron suficiente evidencia para arrestar a Jassen y, como resultado, no escribieron un reporte de arresto; sus informes finales fueron mucho menos completos de lo que habrían sido si alguien hubiera sido arrestado por este crimen.

Años más tarde, reabrí el caso y examiné los informes y notas originales de los primeros detectives. Habían sido cuidadosamente preservados en la división de archivos de nuestro departamento, donde originalmente fueron copiados y almacenados en microfichas. Vi la declaración original de Jassen en las notas del primer detective y le pedí a este investigador que se reuniera conmigo. Me habló de su interrogatorio con Jassen y, sin mirar sus notas, recordó los detalles de lo que Jassen dijo con gran precisión. Cuando le mostré la copia de sus notas, las reconoció sin dudarlo. Luego arreglé una entrevista improvisada con Jassen. Aunque el detective original fue cuidadoso al tomar notas durante el interrogatorio que realizó en 1988, Jassen no hizo tal registro. Con el paso del tiempo, Jassen olvidó lo primero que le dijo al detective. La historia que ahora daba era completamente diferente de la primera historia que proporcionó a los detectives. Ya no afirmó haber estado conduciendo a la casa de un amigo. Ya no afirmó que tenía un neumático desinflado. Jassen ahora dijo que estaba cambiando el aceite en su garaje en el momento del asesinato. Cuando le presenté la historia original, no solo falló al reconocerla como propia, sino que negó rotundamente haber hecho tal declaración. Jassen no podía recordar (o repetir) su mentira original. Cuanto más hablaba con él, más exponía el hecho de que la historia original era *ficción*. Una vez que supo que lo habían atrapado en una mentira, su coartada y confianza comenzaron a desmoronarse.

Jassen finalmente fue condenado por asesinato en primer grado. El jurado estaba convencido de que las notas originales del detective eran auténticas y estaban bien preservadas. Estaban convencidos de que las notas contenían una descripción precisa de la primera declaración de Jassen. También estaban convencidos de que la última declaración de Jassen no era cierta.

¿QUÉ DIJERON Y QUÉ TAN BIEN SE PRESERVÓ?

¿Cómo podemos estar seguros de que los documentos bíblicos que tenemos hoy son precisos y confiables? ¿Cómo sabemos que no se han corrompido con el tiempo y contienen poco más que ficción? Al igual que nuestras investigaciones de casos sin resolver, necesitamos certeza en dos importantes áreas de investigación. Primero, debemos asegurarnos que conocemos lo que dicen los Evangelios. Segundo, necesitamos saber si hay una buena razón para creer que estos documentos fueron bien preservados a lo largo del tiempo. La declaración de Jassen en 1988 fue bien documentada y preservada. Más tarde pudimos defender la exactitud de su declaración frente al jurado. ¿Se puede argumentar a favor de la exactitud de los Evangelios? Para descubrir si esto es posible, investigaremos qué dijeron primero los escritores de los Evangelios y luego estudiaremos la manera en que estas declaraciones se preservaron a lo largo del tiempo.

Una forma de estar seguros del contenido y la naturaleza de las primeras declaraciones de los testigos oculares es examinar la evidencia relacionada con la *transmisión* del Nuevo Testamento. En el capítulo 8 hablamos sobre la importancia de identificar a los testigos oculares originales y sus discípulos inmediatos para establecer una cadena de custodia del Nuevo Testamento. Si podemos examinar lo que esos primeros testigos oculares dijeron a sus estudiantes, podemos rastrear razonablemente el contenido de los Evangelios desde su presunta fecha de creación hasta las primeras copias existentes. La copia completa más antigua del Nuevo Testamento que tenemos (Códice Sinaítico) fue descubierta en el Monasterio de Santa Catalina, Monte Sinaí. Constantine Tischendorf lo observó y publicó el descubrimiento en el s. XIX; los eruditos creen que se produjo en algún momento cercano al año 350 d. C.[3] El texto del Códice Sinaítico nos proporciona una imagen de lo que decía el Nuevo Testamento en el s. IV, y los eruditos lo han utilizado para informar y confirmar el contenido de las traducciones de la Biblia desde hace muchos años. Nuestro examen de la cadena de custodia del Nuevo Testamento intentará vincular las afirmaciones de los autores originales con esta imagen del s. IV de la vida y ministerio de Jesús.

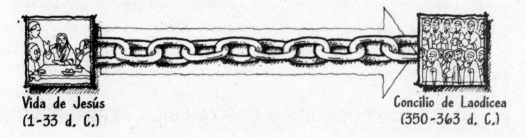

Vida de Jesús
(1-33 d. C.)

Concilio de Laodicea
(350-363 d. C.)

Cuando comencé a examinar la "cadena", busqué en el registro histórico para identificar a los primeros estudiantes de los apóstoles. Después de todo, los apóstoles afirmaron haber visto a Jesús y haber experimentado la vida con Él; yo quería saber exactamente qué les dijeron a sus estudiantes. Aunque los apóstoles tuvieron varios estudiantes, no todos esos cristianos de *segunda generación* se convirtieron en líderes por derecho propio, ni fueron identificados por la historia. No todos los estudiantes apostólicos tuvieron la oportunidad de dirigir un grupo o de escribir una carta que revelara lo que los discípulos originales les enseñaron. Aunque es posible que muchos de los estudiantes de los apóstoles escribieron sobre el contenido del testimonio de sus maestros, solo algunos de esos documentos han sobrevivido. Esto no debería sorprendernos dada la antigüedad de los eventos que estamos examinando. A pesar de todo, pude identificar varias *cadenas de custodia* que revelan lo que los apóstoles observaron y enseñaron. De hecho, apuesto que podríamos reconstruir cómodamente una imagen precisa de Jesús a partir de las cartas de los estudiantes de los apóstoles, incluso si toda la Escritura se hubiera perdido para nosotros. Veamos la evidencia de las "cadenas de custodia" del Nuevo Testamento:

LOS ESTUDIANTES DE JUAN CONFIRMARON LA PRECISIÓN DE LOS EVANGELIOS

El apóstol Juan (ca. 6–100 d. C.) fue el más joven de los discípulos de Jesús. Era hijo de Zebedeo y Salomé y hermano de Santiago. A diferencia de los demás apóstoles (que murieron como mártires), parece que Juan vivió aproximadamente noventa y cuatro años y murió por causas naturales. Juan enseñó a dos alumnos importantes y pasó su Evangelio a sus confiables manos.

JUAN ENSEÑÓ A IGNACIO DE ANTIOQUÍA

Ignacio (ca. 35–117 d. C.) se hacía llamar "Teóforo" (que significa "portador de Dios"). No se conoce mucho sobre sus primeros años de vida, aunque los primeros registros de la Iglesia describen a Ignacio como uno de los niños que Jesús bendijo en los relatos evangélicos. Sin embargo, sí sabemos que Ignacio fue alumno de Juan y finalmente se convirtió en obispo en Antioquía (Turquía), después del apóstol Pedro. Escribió varias cartas importantes para la Iglesia primitiva y siete cartas auténticas de Ignacio sobreviven hasta el día de hoy (seis dirigidas a grupos de iglesias locales y una a Policarpo).[4] Algunas de estas cartas fueron corrompidas siglos más tarde y modificadas con pasajes adicionales. Sin embargo, poseemos copias de las versiones más cortas y genuinas de cada epístola, y estos escritos breves revelan la influencia de Juan (y otros apóstoles) sobre Ignacio. Es importante recordar que no era el deseo de Ignacio volver a decir las narraciones del Evangelio; sus escritos suponen que estos Evangelios ya estaban disponibles para sus lectores. El objetivo de Ignacio era animar y amonestar a los grupos de iglesias locales. No obstante, a lo largo del camino, se refirió a los documentos del Nuevo testamento y a la naturaleza de Jesús, aunque este no era su objetivo principal. Está claro, por las cartas de Ignacio, que conocía a muchos de los apóstoles, ya que él los mencionó frecuentemente y hablaba de ellos como si muchos de sus más antiguos lectores también los conocieran. Los eruditos han estudiado las cartas (escritas entre el 105 y el 115 d. C.) y han observado que Ignacio citó (o aludió) de siete a dieciséis libros del Nuevo Testamento (incluidos los Evangelios de Mateo, Juan y Lucas y varias, si no es que todas, las cartas de Pablo). Si bien esto confirma que los conceptos y documentos del Nuevo Testamento existieron muy temprano en la historia, las cartas de Ignacio también nos brindan una imagen de Jesús y deja entrever cómo el apóstol Juan (como testigo ocular) lo describió. Mientras leía las cartas de Ignacio, encontré la siguiente descripción de Jesús:

Los profetas predijeron y esperaron a Jesús.[5]

Jesús era descendiente del Rey David.[6]

Él era (y es) el "Hijo de Dios".[7]

Fue concebido por el Espíritu Santo.[8]

Una estrella anunció Su nacimiento.[9]

Provino de Dios Padre.[10]

Nació de la virgen María.[11]

Fue bautizado por Juan el Bautista.[12]

Él era el hombre "perfecto".[13]

Manifestó la voluntad y el conocimiento de Dios Padre.[14]

Enseñó y tuvo un "ministerio" en la tierra.[15]

Él era la fuente de sabiduría y enseñó muchos mandamientos.[16]

Habló las palabras de Dios.[17]

Ungüento fue vertido sobre la cabeza de Jesús.[18]

Fue tratado injustamente y condenado por los hombres.[19]

Él sufrió y fue crucificado.[20]

Murió en la cruz.[21]

Jesús se sacrificó por nosotros como ofrenda a Dios Padre.[22]

Todo esto sucedió bajo el gobierno de Poncio Pilato.[23]

Herodes el tetrarca era rey.[24]

Jesús resucitó.[25]

Él tenía un cuerpo físico de resurrección.[26]

Él se apareció a Pedro y a los demás después de la resurrección.[27]

Animó a los discípulos a tocarlo después de la resurrección.[28]

Comió con los discípulos después de la resurrección.[29]

Los discípulos quedaron convencidos por las apariciones de la resurrección.[30]

Los discípulos no tuvieron miedo después de ver al Cristo resucitado.[31]

Jesús regresó a Dios el Padre.[32]

Jesús ahora vive en nosotros.[33]

Vivimos para siempre gracias a nuestra fe en Cristo.[34]

Él tiene el poder para transformarnos.[35]

Jesús es la manifestación de Dios Padre.[36]

Él está unido a Dios Padre.[37]

Él es nuestro único Maestro[38] y el Hijo de Dios.[39]

Él es la "Puerta",[40] el "Pan de Vida",[41] y la "Palabra Eterna".[42]

Él es nuestro Sumo Sacerdote.[43]

Jesús es "Señor".[44]

Jesús es "Dios".[45]

Él es "nuestro Salvador"[46] y el camino a la "vida verdadera".[47]

Su sacrificio nos glorifica.[48]

La fe en la obra de Cristo en la cruz nos salva.[49]

Esta salvación y perdón son regalos de la gracia de Dios.[50]

Jesús ama a la Iglesia.[51]

Nosotros (como Iglesia) celebramos la cena del Señor en honor a Jesús.[52]

Las cartas de Ignacio demuestran que las afirmaciones y los escritos del Nuevo Testamento existieron temprano en la historia; Ignacio parece muy familiarizado con muchos pasajes de los Evangelios y las cartas de Pablo. Además, Ignacio replicó la descripción que Juan hace de Jesús.

JUAN ENSEÑÓ A POLICARPO

Policarpo (69–155 d. C.) fue amigo de Ignacio y condiscípulo de Juan. Ireneo (hablaremos sobre él en un momento) testificó más tarde que en una ocasión escuchó a Policarpo hablar sobre sus conversaciones con Juan, y se sabía que Policarpo se había convertido al cristianismo por los mismos apóstoles que fueron testigos oculares. Finalmente, Policarpo se convirtió en obispo de Esmirna[53] (ahora Izmir en Turquía) y escribió una carta a la iglesia en Filipos, en respuesta a una carta que él había recibido. El contenido de la carta de Policarpo (un antiguo documento escrito entre el año 100–150 d. C. muy confirmado históricamente) se refiere personalmente a Ignacio y es completamente consistente con el contenido de las cartas de Ignacio. Policarpo también parece estar familiarizado con los otros apóstoles vivos y testigos oculares de la vida de Jesús. Escribió sobre Pablo, reconociendo la relación de Pablo con la iglesia en Filipos y confirmando la naturaleza de la vida de Pablo como apóstol. La carta de Policarpo se centra en animar a los filipenses y recordarles su deber de vivir en respuesta a las enseñanzas del Nuevo Testamento con las que estaban claramente familiarizados. De hecho, Policarpo confirmó que los filipenses estaban bien entrenados en las "Sagradas Escrituras", y citó la carta de Pablo a los Efesios como un ejemplo de estas Escrituras. Policarpo citó o hizo referencia a catorce a dieciséis libros del Nuevo Testamento (incluidos Mateo, Lucas, Juan, Hechos, Romanos, 1 Corintios, Gálatas, Efesios, Filipenses, 1 Tesalonicenses, 2 Tesalonicenses, 1 Timoteo, 1 Pedro y 1 Juan, y algunos eruditos observan referencias adicionales a 2 Timoteo y 2 Corintios). En el camino, Policarpo también presentó la imagen de Jesús que obtuvo de su maestro, el apóstol Juan, y describió a Jesús de las siguientes maneras:

Jesús no tenía pecado.[54]

Enseñó mandamientos.[55]

Enseñó el Sermón del Monte.[56]

Sufrió y murió en una cruz.[57]

Murió por nuestros pecados.[58]

Su muerte en la cruz nos salva.[59]

Nuestra fe en la obra de Jesús en la cruz nos salva.[60]

Somos salvos por gracia.[61]

Jesús resucitó de entre los muertos.[62]

Su resurrección nos asegura que nosotros también resucitaremos.[63]

Jesús ascendió al cielo y está sentado a la diestra de Dios.[64]

Todas las cosas están sometidas a Jesús.[65]

Él juzgará a vivos y a muertos.[66]

Jesús es nuestro "Salvador".[67]

Jesús es "Señor".[68]

Al igual que los escritos de Ignacio, las cartas de Policarpo afirman la aparición temprana del canon del Nuevo Testamento y repiten las enseñanzas de Juan relacionadas con la naturaleza y ministerio de Jesús. Ignacio y Policarpo son un eslabón importante en la cadena de custodia del Nuevo Testamento, y conectan el testimonio de Juan como testigo presencial con la siguiente generación de "custodios de evidencia" cristianos. Tenemos una imagen de la "escena del crimen" tomada por el apóstol Juan (registrada en su propio Evangelio); esta imagen fue cuidadosamente entregada a Ignacio y a Policarpo quienes, a su vez, la atesoraron como evidencia sagrada y la transfirieron cuidadosamente a aquellos que los siguieron.

IGNACIO Y POLICARPO ENSEÑARON A IRENEO

Ireneo (120–202 d. C.) nació en Esmirna, la ciudad donde Policarpo sirvió como obispo. Se crio en una familia cristiana y fue un "oyente" (alguien que escuchaba las enseñanzas) de Policarpo; más tarde recordó que Policarpo hablaba de sus conversaciones con el apóstol Juan. Finalmente se convirtió en obispo de Lugdunum en Galia (ahora Lyon, Francia).[69] Ireneo maduró hasta convertirse en teólogo y guardián del cristianismo y escribió una importante obra titulada *Contra las herejías.* Esta refinada defensa del cristianismo proporcionó a Ireneo la oportunidad de abordar el tema de la autoridad de las Escrituras, e identificó específicamente hasta veinticuatro libros del Nuevo Testamento como Escrituras (incluidos Mateo, Marcos, Lucas, Juan, Hechos, Romanos, 1 Corintios, 2 Corintios, Gálatas, Efesios, Filipenses, Colosenses, 1 Tesalonicenses, 2 Tesalonicenses, 1 Timoteo, 2 Timoteo, Tito, 1 Pedro, 1 Juan, 2 Juan y Apocalipsis). Ireneo nos proporcionó otro eslabón en la cadena de custodia, afirmando los relatos de los testigos oculares establecidos y preservándolos fielmente para la siguiente generación para conectar a los estudiantes de los apóstoles con las generaciones que les siguieron.

IRENEO ENSEÑÓ A HIPÓLITO

Uno de estos cristianos de la "siguiente generación" fue un valiente hombre llamado Hipólito (170–236 d. C.). Hipólito nació en Roma y fue estudiante y discípulo de Ireneo.[70] A medida que alcanzó una posición de liderazgo, se opuso a los obispos romanos que modificaron sus creencias para adaptarse al gran número de "paganos" que llegaban a la fe en la ciudad. Al defender la ortodoxia, Hipólito fue conocido como el primer "antipapa" o "rival del papa" en la historia cristiana. Fue un excelente orador de gran erudición que influyó en varios líderes cristianos importantes, como Orígenes de Alejandría. Hipólito escribió un enorme tratado de diez volúmenes llamado *Refutación de todas las herejías.* En esta extensa obra, Hipólito identificó hasta veinticuatro libros del Nuevo Testamento como Escrituras (incluidos Mateo, Marcos, Lucas, Juan, Hechos, Romanos, 1 Corintios, 2 Corintios, Gálatas, Efesios, Filipenses, Colosenses, 1 Tesalonicenses, 2 Tesalonicenses, 1 Timoteo, 2 Timoteo, Tito, Filemón, 1 Pedro, 1 Juan, 2 Juan y Apocalipsis). Desafortunadamente, Hipólito fue perseguido por el emperador Maximino el Tracio y exiliado a Cerdeña, donde probablemente murió en las minas. Los escritos de Hipólito (al igual que los escritos de Ireneo antes que él) confirman que la existencia de los relatos del Nuevo Testamento fue establecida en los primeros años del movimiento cristiano.

Como resultado del exilio y martirio de Hipólito, esta cadena de custodia termina sin un *siguiente eslabón* evidente, aunque Hipólito probablemente tuvo muchos estudiantes importantes que preservaron la Escritura con la misma pasión que él tuvo como alumno de Ireneo. Aunque

Orígenes de Alejandría una vez escuchó a Hipólito dar un discurso en honor a Jesús (mientras estuvo en Roma en el año 212 d. C.), no tenemos evidencia concreta de que Orígenes fuera *alumno* de Hipólito. Una cosa tenemos por seguro: la verdad sobre la vida y ministerio de Jesús (y el *canon de las Escrituras*) se estableció en el primer siglo. El relato de Juan como testigo ocular (junto con otros documentos del Nuevo Testamento) fue registrado y transmitido a sus discípulos.

Los discípulos de Juan registraron sus enseñanzas e identificaron las fuentes para generaciones posteriores. Mucho tiempo antes de que el Códice Sinaítico fuera escrito o que el Concilio de Laodicea formalizara el canon, el Nuevo Testamento fue establecido como un relato confiable de testigos oculares.

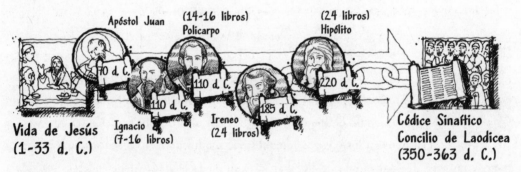

 ## LOS ESTUDIANTES DE PABLO CONFIRMARON LA PRECISIÓN DE LOS EVANGELIOS

El apóstol Pablo (ca. 5–67 d. C.) escribió una gran porción del Nuevo Testamento y estuvo estrechamente relacionado con varios apóstoles clave, historiadores y testigos oculares que ayudaron a documentar y guardar las Escrituras que tenemos actualmente. Lucas, el amigo de Pablo, por ejemplo, fue un historiador meticuloso con acceso a los testigos oculares y una participación personal en la historia de la Iglesia del Nuevo Testamento. Como se describe en el capítulo 11, Pablo citó la versión de Lucas del Evangelio en 1 Tim. 5:17–18 y en 1 Co. 11:23–26. Quienes conocían a Pablo probablemente estaban familiarizados con los escritos de Lucas. Pablo tuvo varios estudiantes clave y discípulos que protegieron y transmitieron sus escritos (junto con los escritos emergentes de otros testigos oculares, incluido Lucas), para la siguiente generación de líderes cristianos. La cadena de custodia de Pablo es mucho más difícil de rastrear que la de Juan, pero podemos seguir la influencia de Pablo a través del primer liderazgo en Roma hasta lugares tan lejanos como Siria.

PABLO ENSEÑÓ A LINO Y A CLEMENTE DE ROMA

Pablo pasó sus últimos años en Roma bajo arresto domiciliario en espera de un juicio. Durante este tiempo, tuvo libre acceso a otros creyentes y enseñó a muchos hombres que con el tiempo liderarían la iglesia. Conocemos a dos de estos hombres específicamente. Ireneo describió a un hombre llamado Lino como uno de los colaboradores de Pablo (Pablo identifica a uno de sus compañeros llamado Lino específicamente en 2 Tim. 4:21, junto con Eubulo, Pudente y Claudia). La historia nos dice que Lino nació en Toscana, es hijo de Herculano y Claudia y llegó a ser el papa de Roma tras la muerte de Pedro y Pablo.

La historia no es clara en cuanto al orden preciso de los papas en estos primeros años, y algunos de los primeros registros indican que Clemente de Roma pudo haber precedido a Lino.[71] Clemente también fue compañero de trabajo de Pablo (mencionado específicamente en Fil. 4:3), y llegó a ser un importante ayudante de Pablo y Pedro en sus primeros años en Roma.[72] De hecho, Pedro parece haber elevado a Lino y a Clemente a posiciones de liderazgo para él enfocarse en la oración y la predicación. Clemente escribió varias cartas, y una de esas cartas (la primera epístola de Clemente a los corintios) sobrevive como el documento cristiano más antiguo fuera del Nuevo Testamento. La carta de Clemente (escrita entre los años 80–140 d. C.) fue escrita para animar a la iglesia de Corinto y llamarla a una vida santa. Clemente citó varios ejemplos del Antiguo Testamento y también se refirió a la vida y enseñanzas de Jesús tal como le fue transmitido por Pablo y Pedro.

De hecho, Clemente habló sobre la cadena de custodia desde los testigos oculares apostólicos hasta su propia *segunda generación* de lectores. Clemente dijo a los creyentes de Corinto: "para nuestro bien, los apóstoles recibieron el Evangelio del Señor Jesucristo; Jesucristo fue enviado por Dios. Cristo, entonces, es de parte de Dios, y los apóstoles de parte de Cristo. Por tanto, ambas cosas sucedieron en el debido orden por voluntad de Dios".[73] Clemente entendió el "orden señalado" de la "cadena de custodia" de los testigos oculares. Al examinar la carta detenidamente, los eruditos observan que Clemente cita o alude a siete libros del Nuevo Testamento (Marcos, Mateo o Juan, Romanos, Gálatas, Efesios y Filipenses) en su obra. Clemente también describió la persona y obra de Jesús, repitiendo la descripción de Jesús comunicada por primera vez por los testigos oculares. La descripción de Jesús hecha por Clemente fue muy similar a la descripción ofrecida por Ignacio y Policarpo:

Los profetas predijeron la vida y el ministerio de Jesús.[74]

Jesús proporcionó importantes instrucciones a Sus discípulos.[75]

Enseñó los principios según lo describen Marcos y Lucas.[76]

Era humilde y modesto.[77]

Fue azotado.[78]

Sufrió y murió por nuestra salvación.[79]

Murió como pago por nuestro pecado.[80]

Resucitó de entre los muertos.[81]

Está vivo y reina con Dios.[82]

Su resurrección asegura la nuestra.[83]

Somos salvos por la "gracia" de Dios[84] mediante la fe en Jesús.[85]

Él es "Señor"[86] y el Hijo de Dios.[87]

Posee gloria y majestad eternas.[88]

Toda la creación le pertenece.[89]

Él es nuestro "refugio"[90] y nuestro "Sumo Sacerdote".[91]

Él es nuestro "defensor" y "ayuda".[92]

La Iglesia le pertenece.[93]

Si bien es claro que Clemente supuso que sus lectores ya conocían la verdad sobre Jesús a partir de los Evangelios que citó, todavía hizo referencia a muchos atributos de Jesús consistentes con la imagen descrita por Pedro, Pablo y los escritores de los Evangelios. Clemente ciertamente escribió mucho más que esta única carta y pudo haber afirmado un número mayor de textos. Su carta a los corintios nos proporciona otro eslabón en la cadena de custodia, lo que reconoce la entrega de los relatos de los testigos oculares originales a la próxima generación de creyentes.

CLEMENTE PASÓ LA VERDAD DE EVARISTO A PIO

Lino y Clemente de Roma establecieron el linaje de obispos que siguieron a Pablo (y Pedro) en Roma.[94] Enseñaron, comentaron y pasaron la Escritura de los testigos oculares a sus sucesores, desde Evaristo (¿?–109 d. C.) a Alejandro I (¿?–115 d. C.), a Sixto I (¿?–125 d. C.), a Telésforo (¿?–136 d. C.), a Higinio (¿?–140 d. C.) y a Pío I (90–154 d. C.). Ignacio, Policarpo y Clemente son ejemplos de la segunda generación de líderes cristianos que ya consideraban los escritos de los testigos oculares como Escrituras preciosas. Es razonable concluir que los líderes papales que siguieron a Clemente también fueron educados para apreciar y honrar la primacía de los relatos de los testigos oculares; ellos comprendieron la importancia de guardar estos relatos para futuras generaciones.

PÍO I Y JUSTINO MÁRTIR GUARDARON LOS RELATOS

En los primeros años de la Iglesia cristiana, la ciudad de Roma estaba llena tanto de personas que llegaron a la fe allí (bajo la predicación de los apóstoles o sus discípulos), o que viajaron allí después de llegar a la fe en otro lugar del Imperio romano. Una de esas personas, Justino de Cesárea (103–165 d. C.), se convirtió en un importante filósofo y contribuidor a la historia del cristianismo. Justino Mártir, como llegó a ser conocido, fue uno de los primeros apologistas cristianos.[95] Nació en Flavia Neápolis (ahora, Nablus, Palestina) de padres griegos. Fue criado como pagano y se llamó a sí mismo un samaritano, pero estudió filosofía y finalmente se convirtió al cristianismo. Enseñó la doctrina cristiana en Roma cuando Pío I lideraba a la comunidad cristiana. Escribió varias obras voluminosas e importantes, incluyendo *Primera apología*, *Segunda apología*, y el *Diálogo con Trifón*. En estos primeros textos cristianos, Justino Mártir citó o hizo alusión a Mateo, Marcos, Lucas, Juan y Apocalipsis. Aunque no se conservan escritos de alguno de los primeros obispos y papas de Roma (incluyendo Pío I), Justino Mártir nos proporcionó una visión contemporánea de cómo estos hombres veían los relatos de los testigos oculares y los guardaron para el futuro.

JUSTINO DISCIPULÓ A TACIANO

No todos los que desempeñaron un papel en la cadena de custodia de las Escrituras tuvieron creencias ortodoxas. Muchos reconocieron (y escribieron acerca de) los relatos de los testigos oculares aunque los malinterpretaron para sí mismos y sus seguidores. Taciano el Asirio (120-180 d. C.) fue uno de esos ejemplos.[96]

Taciano nació (y probablemente murió) en Asiria. Sin embargo, vino a Roma y estudió el Antiguo Testamento. Conoció a Justino Mártir, de quien fue alumno, y se convirtió al cristianismo. Estudió en Roma con Justino por muchos años y con el tiempo abrió una escuela cristiana allí. Con el tiempo, desarrolló una estricta forma de cristianismo que prohibía el matrimonio y el consumo de carne. Cuando Justino murió, Taciano fue expulsado de la iglesia en Roma. Viajó a Siria y finalmente escribió su más famosa contribución, el *Diatessaron*, una paráfrasis bíblica, o *armonía*, que reconocía la existencia de los cuatro relatos de testigos oculares de los Evangelios, incluso aunque buscó combinarlos en un solo documento. Los primeros registros eclesiásticos en Siria (que se remontan a Taciano) identificaron un primer canon que incluía el *Diatessaron*, las cartas de Pablo y el libro de Hechos. La obra de Taciano, combinada con esta antigua lista canónica, reconoce la temprana formación del canon en la cadena de custodia desde Pablo hasta finales del segundo siglo.

La historia no nos proporciona información precisa sobre el siguiente eslabón en esta cadena de custodia. En cualquier caso, esta secuencia de custodia a partir de Pablo reconoce la existencia de los relatos de los testigos oculares y el hecho de que fueron tratados como Escritura sagrada temprano en la historia y se transmitieron con cuidado de una generación a otra. Todo esto sucedió muchos años antes de que algún concilio determinara lo que oficialmente se convertiría en el registro del Nuevo Testamento.

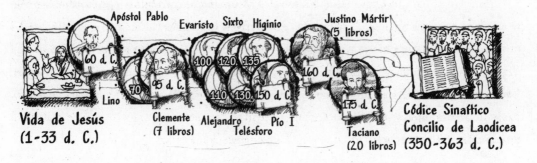

 ### 3 LOS ESTUDIANTES DE PEDRO CONFIRMARON LA PRECISIÓN DE LOS EVANGELIOS

El apóstol Pedro (ca. 1 a. C. – 67 d. C.) fue tal vez el mayor de los discípulos de Jesús. También fue conocido como Simón Cefas (por la versión aramea de su nombre). Era hijo de Jonás (Juan) y fue criado en Betsaida (en Galilea). Fue pescador (junto con su hermano Andrés) cuando conoció a Jesús por primera vez y rápidamente se convirtió en un discípulo. Su historia es bien conocida, repleta de fracasos y triunfos humanos. Después de la ascensión, Pedro fundó la iglesia en Antioquía y sirvió allí como su obispo por siete años. Finalmente viajó a Roma y fue obispo allí también. En el capítulo 5 discutimos la evidencia que sustenta la autoría de Marcos del relato de Pedro como testigo de la "escena del crimen" en el Evangelio de Marcos, y Pedro cuidadosamente lo pasó (junto con otros textos de testigos oculares que surgieron en el primer siglo) a sus propios alumnos y discípulos:

PEDRO SE COMUNICABA A TRAVÉS DE MARCOS

Juan Marcos era el primo de Bernabé, y el hogar de su infancia era bien conocido por Pedro (Hch. 12:12-14). Pedro amaba a Marcos y lo describía como "su hijo" (1 P. 5:13). Pedro preservó su testimonio de testigo ocular a través de su principal discípulo y alumno, que luego lo transmitió a la siguiente generación en lo que ahora conocemos como el "Evangelio de Marcos".

MARCOS DISCIPULÓ A ANIANO, ABILIO, CEDRÓN, PRIMO Y JUSTO

Marcos estableció la iglesia en Alejandría e inmediatamente comenzó a predicar y a bautizar a nuevos creyentes. La historia registra el hecho de que tuvo al menos cinco discípulos, y estos hombres con el tiempo se convirtieron en líderes de la iglesia en África del Norte.[97] Marcos discipuló y enseñó a Aniano (¿?–82 d. C.), Abilio (¿?–95 d. C.), Cedrón (¿?–106 d. C.), Primo (ca. 40–118 d. C.) y Justo (¿?–135 d. C.), transmitiendo su registro del Evangelio y otros relatos tempranos del Nuevo Testamento de los testigos apostólicos. Estos cinco hombres finalmente fueron obispos de Alejandría (uno después del otro) tras la muerte de Marcos. Ellos preservaron fielmente los relatos de los testigos oculares y los transmitieron de una generación a otra.

JUSTO TRANSMITIÓ LA VERDAD A PANTENO

Cuando Marcos aún vivía, designó a su discípulo Justo como el director de la Escuela Catequética de Alejandría. Esta importante escuela se convirtió en un lugar apreciado de aprendizaje donde los relatos de los testigos oculares y las Escrituras fueron recopilados y guardados. Una figura clave en el desarrollo temprano de esta escuela fue un filósofo que había sido estoico, pero se convirtió al cristianismo. Su nombre era Panteno.[98] Él se convirtió en un maestro y misionero importante, viajó al este de Alejandría (quizá tan lejos como la India), e informó que los creyentes ya se habían establecido en el este y utilizaban el Evangelio de Mateo escrito en letras hebreas. En cualquier caso, Panteno proporcionó otro eslabón importante en la cadena de custodia porque el escrito de uno de sus estudiantes sobrevive hasta este día, que narra e identifica los libros del Nuevo Testamento ya considerados sagrados.

PANTENO DISCIPULÓ A CLEMENTE DE ALEJANDRÍA

Tito Flavio Clemente (ca. 150–215 d. C.) también fue conocido como Clemente de Alejandría.[99] Fue un alumno de Panteno y, con el tiempo, se convirtió en líder de la Escuela Catequética de Alejandría. Clemente estaba muy familiarizado con la literatura pagana de su época y escribió extensamente. Tres volúmenes importantes (el *Protrepticus*, el *Paedagogus* y los *Stromata*) abordan la moral y la conducta cristiana. Lo más importante es que Clemente analizó las Escrituras existentes de la época (tal como le fueron transmitidas por Panteno) y citó o aludió a todos los libros del Nuevo Testamento excepto Filemón, Santiago, 2 Pedro, 2 Juan, y 3 Juan. Clemente parece haber recibido y aceptado los mismos documentos del Nuevo Testamento conocidos por sus predecesores en la "cadena de custodia".

CLEMENTE DE ALEJANDRÍA DISCIPULÓ A ORÍGENES

Orígenes (ca. 185–254 d. C.) preservó e identificó cuidadosamente esos relatos de los antiguos testigos oculares utilizados por la iglesia cristiana alrededor del Mediterráneo. Fue un egipcio que llegó a la fe y, con el tiempo, enseñó en la Escuela Catequética de Alejandría.[100] Escribió prolíficamente y redactó comentarios para casi cada libro de la Biblia. Paralelamente, citó todos los libros del Nuevo Testamento. Expresó dudas sobre Santiago, 2 Pedro, 2 Juan, y 3 Juan, pero los incluyó en su lista de documentos ortodoxos confiables de testigos oculares. Orígenes desempeñó un papel fundamental porque tuvo varios estudiantes que se convirtieron en importantes eslabones en la cadena de custodia del Nuevo Testamento.

PÁNFILO DE CESAREA ADOPTÓ LA OBRA DE ORÍGENES

En sus últimos años de vida, Orígenes huyó de Alejandría (bajo la persecución de un arzobispo que expulsó a Orígenes porque no había sido ordenado con el debido permiso) y se estableció en Cesarea Marítima. Pánfilo[101] también se estableció en Cesarea Marítima después de una larga estadía en Alejandría, donde se hizo devoto de las obras de Orígenes e incluso escribió un tratado de cinco volúmenes llamado *Apología de Orígenes*. Pánfilo guardó y defendió la obra de Orígenes, y también aceptó los relatos de los testigos oculares de la Escritura como fidedignos, expresando su confianza en estos documentos a sus propios discípulos.

PÁNFILO DE CESAREA DISCIPULÓ A EUSEBIO

Uno de los estudiantes de Pánfilo fue Eusebio de Cesarea (ca. 263–339 d. C.), un hombre que más tarde se convirtió en un importante historiador de la Iglesia, padre de la Iglesia y estudiante devoto que documentó la carrera de Pánfilo en una obra de tres volúmenes llamada *Vita*.[102] Eusebio fue un escritor prolífico, y gran parte de su trabajo sobrevive hasta hoy, incluyendo su *Historia de la Iglesia*. Un estudio detallado de la obra de Eusebio revela que reconoció e identificó veintiséis libros del Nuevo Testamento como Escrituras. Afirmó fuertemente a Mateo, Marcos, Lucas, Juan, Hechos, Romanos, 1 Corintios, 2 Corintios, Gálatas, Efesios, Filipenses, Colosenses, 1 Tesalonicenses, 2 Tesalonicenses, 1 Timoteo, 2 Timoteo, Tito, Filemón, 1 Pedro, 1 Juan, y Apocalipsis, y con menor fuerza afirmó a Santiago, Judas, 2 Pedro, 2 Juan y 3 Juan.

Esta cadena de custodia de las Escrituras, de Pedro a Eusebio, nos lleva hasta bien entrado el periodo en que se redactó el Códice Sinaítico y al umbral del Concilio de Laodicea. Los relatos de testigos oculares y los escritos de los apóstoles fueron reunidos, preservados y transmitidos de generación en generación durante este lapso de tiempo.

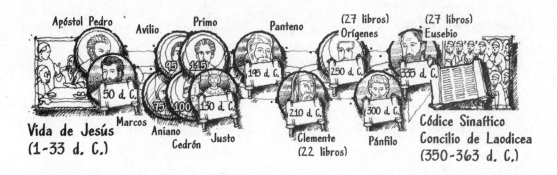

La cadena de custodia del Nuevo Testamento preservó la primacía e importancia sagrada de los documentos de los testigos oculares y los entregó fielmente a quienes más tarde los identificarían públicamente en los concilios que establecieron nuestro canon actual de las Escrituras. Estos concilios no *crearon* el canon ni la *versión* actual de Jesús que conocemos tan bien; simplemente reconocieron el canon y la descripción de Jesús proporcionada por los testigos.

LO MÍNIMO QUE PODEMOS APRENDER

Ahora imaginemos por un momento que todos los relatos de supuestos *testigos oculares* cristianos han sido destruidos. Imagine que todo lo que tenemos disponible es el registro escrito de algunos estudiantes de estos supuestos testigos. Si este fuera el caso, los textos de Marcos, Ignacio, Policarpo y Clemente serían nuestra única fuente de información. Estos registros ciertamente serían suficientes para que conociéramos la verdad sobre Jesús; después de todo, a Marcos le fue dada la tarea de narrar las memorias de Pedro y escribió un relato minucioso. Entonces, hagámoslo un poco más desafiante. No consideremos el Evangelio de Marcos y forcémonos a considerar solo las cartas *no bíblicas* de los otros tres estudiantes, aunque estos no se esforzaron conscientemente en registrar detalles de la vida y el ministerio de Jesús. ¿Qué podríamos aprender sobre Jesús solo de esos tres hombres? ¿Podría su descripción nominal afirmar lo que nuestra Biblia del siglo XXI nos dice?

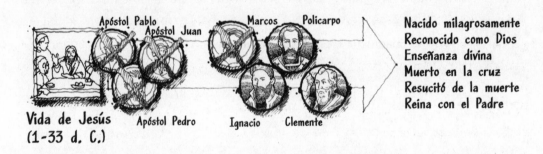

A partir de los primeros registros *no bíblicos*, aprenderíamos lo siguiente: Jesús fue predicho por los profetas del Antiguo Testamento. Era un hombre del linaje de David, concebido por el Espíritu Santo como el Unigénito Hijo de Dios, nacido de la virgen María y anunciado con una estrella. Provino de Dios y manifestó la voluntad y conocimiento de Dios. Fue bautizado por Juan el bautista, vivió una vida sin pecado, humilde, modesta y perfecta. Habló las palabras de Dios y enseñó a la gente muchas verdades divinas importantes (incluyendo los principios que reconocemos en el Sermón del monte). Aunque Jesús fue ungido con aceite, fue tratado y condenado injustamente, azotado y finalmente ejecutado en la cruz. Esta ejecución tuvo lugar durante el gobierno de Poncio Pilato y el reinado de Herodes el Tetrarca. La muerte de Jesús fue un sacrificio personal que Él ofreció a Dios en nuestro nombre como pago por la deuda de nuestro pecado. Jesús demostró Su divinidad resucitando físicamente de entre los muertos, apareciéndose a Pedro y a los otros discípulos, comiendo con ellos y animándolos a tocarlo y verlo por sí mismos. Impulsados por lo que observaban del Jesús resucitado, los discípulos no tuvieron miedo; entendieron que su vida eterna y resurrección estaban aseguradas con base en su fe en Jesús, quien ahora reinaba en el cielo y vivía en todos los que aceptaban Su oferta de perdón y salvación. Jesús fue (y es) la "Puerta", el "Pan de Vida", la "Palabra Eterna", el "Hijo de Dios", nuestro "Sumo Sacerdote", "Salvador", "Maestro", "Guardián", "Ayuda", "Refugio" y "Señor". Jesús y el Padre son uno Jesús posee gloria y majestad eterna. Toda la creación le pertenece y está sujeta a Él. Jesús juzgará a vivos y a muertos. Jesús es "Dios".

¡Conoceríamos todo esto, no con base en los relatos de los Evangelios, sino en lo que describieron los primeros estudiantes de los escritores del Evangelio del primer siglo (y solo de tres de ellos)! Las cartas de Ignacio, Policarpo y Clemente confirman la precisión de los Evangelios. Incluso si, como escépticos, tuviéramos alguna duda sobre los detalles minuciosos de cada relato de un testigo ocular, no habría duda sobre los temas y las declaraciones principales de los Evangelios. Jesús fue descrito como Dios, caminó con Sus discípulos, enseñó a las masas, murió en una cruz y resucitó de entre los muertos. Esta versión de Jesús no es una invención o exageración tardía; es la versión más temprana de la historia de Jesús. Esta versión de Jesús fue atestiguada y descrita con precisión por los escritores de los Evangelios y confirmada por sus estudiantes. A diferencia de Jassen, el hombre que entrevisté, cuya primera historia *no estaba* alineada con la versión que proporcionó veinte años más tarde, el relato más antiguo de la historia de Jesús (dado por los testigos oculares y sus estudiantes en el primer siglo) *sí* está alineado con la versión que tenemos dos mil años después.

LA DIVISIÓN DE LOS REGISTROS JUDÍOS

¿Pero cómo sabemos si son precisos los otros detalles de los Evangelios (no mencionados específicamente por los estudiantes de los apóstoles)? ¿Cómo sabemos que esas porciones de los Evangelios no fueron corrompidas en el periodo que abarca desde el primer siglo hasta el entintado del Códice Sinaítico? Llegué a confiar en las notas del detective en el caso de Jassen porque tenía confianza en la capacidad del mantenimiento de registros de mi división de registros. ¿Hay alguna buena razón para creer que los cristianos primitivos del primer siglo serían igualmente capaces y dispuestos para tal preservación?

4 LOS TESTIGOS OCULARES FUERON DILIGENTES Y PROTECTORES

En el capítulo 4 observamos el papel que los apóstoles desempeñaron como testigos oculares. Comprendieron con claridad la seriedad e importancia de su testimonio. Los apóstoles reconocieron que su rol en el plan de Dios era simplemente hablar a otros de sus experiencias con Jesús y sus observaciones de Su resurrección. Quienes se percibieron como testigos cruciales debían ser cuidadosos para proteger la exactitud de su testimonio. En los primeros años, contribuyeron mediante el testimonio verbal. Eso es razonable, dado el sentido de urgencia que los apóstoles sentían mientras esperaban ansiosamente el inminente regreso de Jesús. Pero a medida que pasaron meses y años sin la llegada de Cristo los apóstoles entintaron su testimonio para que sus observaciones pudieran ser compartidas con las congregaciones de las iglesias locales. Si los Evangelios fueron escritos temprano (durante el tiempo en que estos testigos oculares vivieron), es razonable esperar que los testigos *verificaran* el contenido de su testimonio mientras era transmitido a otros. Si, por ejemplo, el Evangelio de Marcos se escribió tan pronto como la evidencia circunstancial del capítulo 11 sugiere, es sensato esperar que Pedro hubiera detectado (y corregido) cualquier error.

5 LOS COPISTAS Y ESCRIBAS FUERON METICULOSOS

La antigua cultura religiosa judía ya estaba bien establecida en el primer siglo, y fue de esta cultura que surgieron los apóstoles y los primeros creyentes. Está claro que los judíos guardaban las Escrituras con extremo cuidado y precisión. Desde el periodo postexílico de Esdras (y aun antes), hubo sacerdotes (Dt. 31:24–26) y escribas (llamados *Sofer*) a quienes se les dio la responsabilidad de copiar y cuidar meticulosamente el texto sagrado. Los escribas continuaron la obra en el tiempo de Jesús y fueron mencionados de principio a fin en el Nuevo Testamento por testigos oculares que los observaron junto a fariseos y otros líderes religiosos judíos. Las Escrituras del Antiguo Testamento fueron veneradas y protegidas durante este periodo, en gran parte porque los primeros creyentes las consideraban la santa Palabra de Dios junto con los documentos del Nuevo Testamento. Pablo describió el Evangelio de Lucas como Escritura (1 Tim. 5:17–18), y también Pedro describió las cartas de Pablo como Escritura (2 P. 3:15–16). Pablo pidió a las iglesias locales que trataran sus cartas adecuadamente, poniéndolas a disposición de otras congregaciones para que pudieran leerlas durante sus reuniones (Col. 4:16 y 1 Tes. 5:27). Es razonable concluir que los documentos del Nuevo Testamento fueron manejados y preservados como otras apreciadas y antiguas Escrituras.

Es difícil saber con total certeza el método exacto con el que los escribas cristianos del primer siglo copiaban y cuidaban sus textos sagrados, pero sabemos que trabajaron dentro de una tradición religiosa que abarcaba cientos de años, tanto antes como después del primer siglo. La tradición masorética, por ejemplo, nos permite vislumbrar el cuidado obsesivo que históricamente tuvieron los escribas judíos con sus textos sagrados. Los escribas conocidos como masoretas (un grupo de copistas judíos que vivían y trabajaban principalmente en Tiberias y Jerusalén) se hicieron cargo del trabajo preciso de copiar las antiguas Escrituras y transmitirlas a las siguientes generaciones. Desarrollaron algo ahora conocido como Texto Masorético.[103] Estos documentos son reconocidos como una réplica increíblemente confiable de las Escrituras originales, y hemos llegado a confiar en estos textos porque entendemos la manera en la que fueron copiados. Para garantizar la precisión de las copias masoréticas, los masoretas desarrollaron varias directrices para garantizar que cada nueva copia fuera una reproducción exacta del original.

Los meticulosos masoretas

Los masoretas crearon procedimientos rigurosos para evitar cambios en el texto:

Al notar un error obvio en el texto, se identificaba y etiquetaba como "kethibh" ("a escribir") y se colocaba una corrección al margen llamada "qere" ("a leer").

Cuando una palabra se consideraba textual, gramatical o exegéticamente cuestionable, se colocaban puntos sobre ella.

Se llevaron estadísticas detalladas como un medio de protección contra errores. Levítico 8:8, por ejemplo, fue identificado como el *versículo* en el centro de la Torá. En Levítico 10:16, la palabra "darash" fue identificada como la *palabra* en el centro de la Torá, y la "waw" del alfabeto hebreo, localizada en Levítico 11:42 fue identificada como la *letra* en el centro de la Torá.

Los datos estadísticos también se colocaban al final de cada libro con el número total de versículos, palabras y letras. Con estas estadísticas, cada libro podía ser medido matemáticamente y saber si había algún error de copista.

Las reglas de los masoretas eran tan completas como cualquier conjunto de regulaciones utilizadas en las divisiones de registros modernos; copiaban y manejaban sus documentos con toda la precisión que tenían a su disposición.

La historia ha demostrado la extraordinaria precisión de estos antiguos escribas que trabajaron bajo la convicción de que los documentos que estaban copiando eran de naturaleza divina. El descubrimiento de los Rollos del Mar Muerto en Qumrán confirma su impresionante habilidad. En 1947, un pastor beduino encontró unas vasijas de arcilla inusuales en unas cuevas cerca del valle del Mar Muerto. Las vasijas contenían varios rollos que revelaban las creencias religiosas de agricultores monásticos que vivieron en el valle del 150 a. C. al 70 d. C. Cuando ellos vieron a los romanos invadir la región, aparentemente pusieron sus preciados rollos en vasijas y las escondieron en cuevas. Los Rollos del Mar Muerto contienen fragmentos de casi cada libro del Antiguo Testamento y, lo más importante, una copia completa del libro de Isaías. Este rollo data aproximadamente del año 100 a. C., y fue increíblemente importante para los historiadores y expertos textuales porque era aproximadamente mil años más antiguo que cualquier copia masorética de Isaías. La versión de Isaías en el Rollo del Mar Muerto permitió a los eruditos comparar el texto durante este periodo para comprobar si los copistas habían sido diligentes. Los eruditos quedaron sorprendidos por lo que descubrieron.

Una comparación de los manuscritos de Qumrán de Isaías "demostró ser idéntica palabra por palabra con nuestra Biblia Hebrea Estándar en más del 95% del texto".[104] Algunas de las diferencias del 5 por ciento fueron simplemente una cuestión de ortografía (como escribir la palabra *concejo* en lugar de *consejo*). Otras fueron diferencias gramaticales (como la presencia de la palabra *y* para conectar dos ideas u objetos dentro de un enunciado). Finalmente, algunas fueron la adición de una palabra en favor de la claridad (como la adición de la palabra hebrea para "luz" en el versículo 53:11, después de "verá"). Ninguna de estas variaciones gramaticales cambió el significado del texto.

¿Qué impulsó a los antiguos escribas a tratar esos documentos con tal precisión y meticuloso cuidado? Era evidente que creían que los documentos por sí mismos eran sagrados y dados a ellos por Dios. Cuando Pablo y Pedro identificaron los documentos del Nuevo Testamento (como el Evangelio de Lucas y las cartas de Pablo) como Escrituras, aseguraron que los documentos serían honrados y cuidados de una manera acorde con la tradición masorética. Los escribas cristianos del primer siglo no tuvieron acceso a fotocopiadoras, *microfichas* ni imágenes digitales como lo tienen las modernas divisiones de registros del departamento de policía, pero entendieron la importancia de mantener el registro divino, y utilizaron la tecnología equivalente del primer siglo (la tradición meticulosa de sus predecesores) para garantizar cuidadosamente la precisión de los textos.

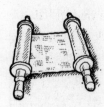

CONSISTENTES Y BIEN PRESERVADOS

Dada la evidencia de la cadena de custodia y lo que sabemos sobre la diligencia de los copistas del primer siglo, ¿cuál es la inferencia más razonable que podemos hacer sobre la precisión de los Evangelios? A diferencia de la declaración de Jassen en mi investigación de ese caso sin resolver, el mensaje de los apóstoles aparece inalterado con el paso del tiempo; es el mismo tanto en el siglo I y el XXI. Al igual que las notas del primer detective, los detalles del relato del primer siglo parecen haber sido preservados adecuadamente. La *división de registros* judía era capaz y eficiente; copiaron y conservaron los relatos de los testigos oculares a través del tiempo.

ENTONCES, ¿POR QUÉ ALGUNOS CONTINÚAN NEGÁNDOLO?

Algunos siguen siendo escépticos sobre la precisión de los Evangelios, a pesar de la sólida evidencia circunstancial que sustenta tal conclusión. Veamos si un poco de *razonamiento abductivo* puede ayudarnos a determinar si algunas de las objeciones de los críticos son razonables cuando describen las Escrituras como "ficticias".

IGNACIO, POLICARPO Y CLEMENTE NO CITARON LAS ESCRITURAS TEXTUALMENTE

Algunos han argumentado que los escritos de los estudiantes de los apóstoles del primer siglo no pueden ser autentificados o no citan con precisión los Evangelios. Esos críticos declaran que las cartas atribuidas a Ignacio, por ejemplo, no provienen verdaderamente de este estudiante de Juan. Muchos también han argumentado que los pasajes en los que esa *segunda generación* de estudiantes parece estar citando un Evangelio (como sus referencias al Sermón del Monte) no son citas precisas *palabra por palabra*; ellos argumentan que los estudiantes solo aludían a relatos orales tempranos, vagos y poco confiables aún no entintados en papiro y corrompidos mucho antes de que fueran concluidos.

PERO...

Aunque hay controversia en relación con algunas de las cartas de Ignacio, no hay razón para dudar de la autenticidad de las siete cartas que hemos aislado en nuestra cadena de custodia. Sí, existen cartas adicionales que aparecen tarde en la historia y que son falsamente atribuidas a Ignacio, pero las siete cartas a las que hemos hecho referencia aparecen en los primeros registros de su obra, y están corroboradas por la carta de Policarpo (que hace referencia a Ignacio).

Ignacio, Policarpo y Clemente a menudo se refirieron a pasajes de las Escrituras, captando el significado del pasaje sin citar el versículo específico *palabra por palabra*. Pero esto no era inusual en los autores de esta época de la historia. Pablo también parafraseó las Escrituras (el Antiguo Testamento) en ocasiones (por ejemplo, 1 Co. 2:9, donde Pablo está probablemente parafraseando tanto Is. 64:4 e Is. 65:17). El uso de la paráfrasis de Policarpo y Clemente no es evidencia de que los documentos del Nuevo Testamento no existieran cuando estos autores de segunda generación escribieron sus cartas más de lo que el uso de una paráfrasis por parte de Pablo es evidencia de que el Antiguo Testamento no existiera cuando escribió sus cartas. Lo más importante, el Jesús que describen esas cartas es idéntico al Jesús descrito por los testigos oculares apostólicos, incluso si los estudiantes de los apóstoles parafrasearon o usaron sus propias palabras para describirlo.

 ## HAY MUCHAS INSERCIONES DE COPISTAS CON EVIDENTE CORRUPCIÓN

Los escépticos también han cuestionado algunas de las inserciones tardías (artefactos) de las que hablamos en el capítulo 6. Los artefactos grandes como los que he descrito son increíblemente raros. Son más comunes las variaciones de una sola palabra en los manuscritos antiguos disponibles. De hecho, Bart Ehrman menciona estas pequeñas variaciones y hace una aseveración provocativa: "Existen más variaciones entre nuestros manuscritos que palabras en el Nuevo Testamento".[105] Parece que algunos copistas corrompieron intencionalmente los manuscritos que estaban duplicando ya sea para completar un detalle o para hacer un señalamiento teológico faltante en el texto original. Si este fuera el caso, ¿cómo podemos confiar en que lo que tenemos es fidedigno o preciso? Si *algunas* partes del texto fueron corrompidas, no se puede confiar en *nada* del texto.

PERO...

El que estas corrupciones sean *evidentes* debe alertarnos de algo. ¿Por qué las corrupciones y adiciones tardías que mencionamos en el capítulo 6 son tan evidentes? Destacan para nosotros porque tenemos cientos de copias antiguas de los Evangelios para compararlas una con la otra.

Permítame darle un ejemplo de cómo este proceso de comparación funciona. Mis responsabilidades como detective de homicidios a menudo me han obligado a reprogramar eventos con mi familia. Imagine que estoy atrapado en una escena de homicidio en mi día de descanso y debo reprogramar una salida a tomar un café con Susie. Le envío entonces un mensaje para decirle que la veré en el Starbucks de la calle principal a las dos de la tarde. También le pido que me ordene un americano con una carga extra de café expreso (en caso de que ella llegue antes que yo). Usando mi nuevo teléfono inteligente, le envío un mensaje, pero, por desgracia, mi primer esfuerzo está lleno de errores tipográficos y correcciones automáticas involuntarias:

El mensaje que pretendí enviar:

"Nos vemos en Starbucks de la calle principal a las 2pm. ¿Puedes ordenarme un Americano con una carga extra si llegas primero?"

⟵───── El mensaje que ella recibió

Esta versión del mensaje es muy confusa, así que lo intento de nuevo. En mi segundo esfuerzo elimino algunos errores, pero incluyo algunos más, aunque en diferentes lugares. Sin inmutarme, decido intentarlo una y otra y otra vez. Cada vez corrijo errores anteriores mientras cometo otros nuevos:

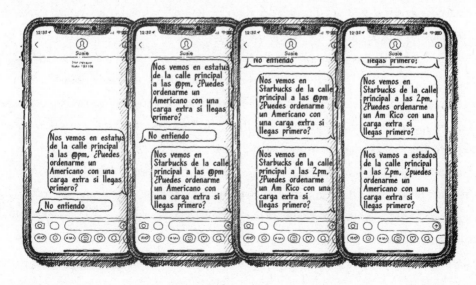

Imagine que yo fuera suficientemente terco como para enviar a Susie docenas de mensajes, pero tan inepto para enviar al menos uno sin errores.

Sospecho que Susie ya sabría dónde y cuándo encontrarme (y qué me gustaría que ella ordenara), a pesar de que todos mis mensajes llevaron errores. De hecho, ¡ahora existen más variaciones entre mis textos que letras en mi mensaje! Sin embargo, Susie ha tenido suficiente y responde "¡Detente ya!". ¿Cómo puede Susie tener certeza de mi intención original dadas todas estas variaciones? Usted ya conoce la respuesta. Resulta que el número de variaciones no es tan importante como el número de copias. Susie puede comparar las copias para identificar las variaciones, eliminarlas con precisión, y volver con sensatez a mi intención original.

Tenemos muchos más manuscritos antiguos del Nuevo Testamento que las copias que Susie tuvo de mi mensaje de texto. Por eso los eruditos (e incluso los escépticos como Bart Ehrman) pueden identificar las variantes con precisión. También es la razón por la que podemos aislar y separar los artefactos de la evidencia para regresar a la intención original de los autores bíblicos.

No existen documentos antiguos mejor legitimados que los Evangelios del Nuevo Testamento. Como ejemplo de comparación, el investigador e historiador griego Heródoto escribió *Las Historias* en el s. V a. C. Confiamos que tenemos una copia exacta de este texto, aunque solo poseemos ocho copias antiguas. Por el contrario, poseemos miles de copias antiguas de los documentos del Nuevo Testamento. Estas copias llegaron a nosotros de todo el mundo antiguo alrededor del Mediterráneo. Cuando se comparan entre sí los diversos manuscritos, provenientes de varios grupos cristianos diferentes localizados en regiones diferentes, revelan las variaciones inmediatamente. Las desviaciones textuales son obvias porque tenemos un rico tesoro de manuscritos para examinar y comparar. Con tantas copias a nuestra disposición, podemos identificar y eliminar las variaciones fácilmente. Como resultado, podemos descartar las adiciones tardías y reconstruir el original con un alto grado de confianza.

MUCHOS RELATOS BÍBLICOS DIFIEREN ENTRE SÍ

Los escépticos también han observado la manera diferente en que los escritores de los Evangelios describieron los mismos eventos y han argumentado que esas variaciones constituyen *contradicciones* irreconciliables. Esas diferencias, según los escépticos, invalidan la exactitud del relato bíblico.

PERO...

Ya hemos discutido la naturaleza de los relatos de los testigos en el capítulo 4, y ahora sabemos que debemos *esperar* variaciones entre las declaraciones de los verdaderos testigos oculares. Esas variaciones esperadas no son problema para quienes trabajamos como detectives, siempre y cuando podamos comprender la perspectiva, los intereses y los lugares desde donde cada testigo observó el evento. Es nuestro deber, como investigadores responsables, entender cómo las declaraciones de los testigos oculares pueden ser armonizadas para que podamos obtener la visión más sólida posible del evento.

LA CONCLUSIÓN MÁS RAZONABLE

Volvamos una vez más al proceso que conocemos como *razonamiento abductivo* para determinar cuál explicación relacionada con la exactitud de los Evangelios es la más razonable. Una vez más, enumeraremos toda la evidencia que hemos observado en este capítulo, incluyendo la evidencia citada por los escépticos. Junto a estos hechos, consideraremos las dos posibles explicaciones de lo que hemos visto hasta ahora.

Dado el registro de la segunda generación de discípulos de Juan, Pedro y Pablo, podemos confiar en que las enseñanzas esenciales de los Evangelios han permanecido inalteradas durante más de dos mil años. La primera explicación, que los Evangelios y otros documentos del Nuevo Testamento fueron escritos en una época temprana y enseñados a los estudiantes de los apóstoles, es la conclusión más razonable, y esta explicación también es consistente con la evidencia de datación temprana que examinamos en el capítulo 11. La evidencia de la cadena de custodia y la naturaleza de los copistas sustentan la primera explicación, y esta explicación ofrece respuestas razonables a los desafíos ofrecidos por los escépticos. La segunda explicación, por otra parte, no justifica adecuadamente la evidencia ofrecida por Ignacio, Policarpo y Clemente. La primera explicación es *factible*, *directa* y *lógica*. *Agota* toda la evidencia que hemos reunido, y es *superior* a la explicación alternativa. Es, una vez más, la explicación más razonable.

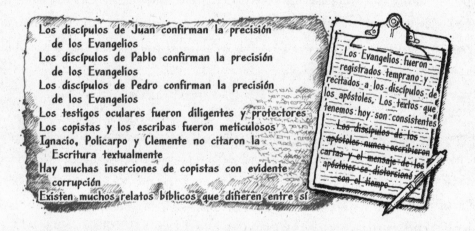

LOS EVANGELIOS SUPERAN LA TERCERA PRUEBA

Ahora hemos evaluado la naturaleza de los relatos de los testigos oculares de los Evangelios en tres de las cuatro áreas en las que evaluamos a los testigos en los juicios criminales. La inferencia más razonable a partir de la evidencia indica que los escritores de los Evangelios estuvieron *presentes* y fueron *corroborados*. Al estudiar la cadena de custodia y la forma en que estos registros fueron preservados a través del tiempo, podemos llegar a la razonable conclusión de que también son *precisos*. ¿Estamos preparados para decir que son confiables? Casi. Todavía hay un área final que necesitamos examinar.

Capítulo 14

¿FUERON PARCIALES?

"Lo único que sabemos sobre los cristianos después de la muerte de Jesús es que recurrieron a sus escrituras queriendo darle sentido… ¿Cómo pudo Jesús, el Mesías, haber sido asesinado como un criminal común? Los cristianos recurrieron a sus escrituras para intentar comprenderlo, y encontraron pasajes que refieren a la muerte con sufrimiento del Justo de Dios. Pero en estos pasajes, tales como Isaías 53, Salmos 22 y Salmos 61, el que es castigado o asesinado es también reivindicado por Dios. Los cristianos llegaron a creer sus escrituras de que Jesús era el Justo y que Dios debió haberlo reivindicado. Y así, los cristianos llegaron a pensar en Jesús como alguien que, aunque había sido crucificado, llegó a ser exaltado en el cielo, al igual que sucedió con Elías y Enoc en las escrituras hebreas… Pero si Jesús es exaltado, ya no está muerto, y así los cristianos comenzaron a circular la historia de su resurrección".[1]

(Bart Ehrman, erudito del Nuevo Testamento, profesor de estudios religiosos y autor de *Forged: Writing in the Name of God—Why the Bible's Authors Are Not Who We Think They Are*)

TRES MOTIVOS

Todos tienen un motivo. Tendemos a pensar en los criminales cuando escuchamos esa palabra, pero el jurado también debe considerar el motivo cuando examina y evalúa a los testigos que han testificado en un juicio. El jurado sabe que debe

265

reflexionar sobre si un testigo fue "influenciado por algún factor tal como algún sesgo o prejuicio, una relación personal con alguien involucrado en el caso o un interés personal en el resultado del caso". En una situación como esta intervienen dos factores: la *parcialidad* y el *motivo*. ¿Mintieron los discípulos sobre la resurrección, como afirma Bart Ehrman? ¿Sus declaraciones se basaron en expectativas religiosas o parcialidades? De ser así, ¿qué esperaban obtener de esta elaborada mentira? Si los apóstoles querían que Jesús fuera Dios, una mentira elaborada no lograría esto, al menos para los apóstoles. Las mentiras podrían engañar a los que no estuvieron ahí, pero no engañarían a los que conocieron los hechos. ¿Qué esperaban ganar los discípulos si sus historias eran falsas? Estudiemos la cuestión del motivo y terminemos nuestro viaje con un examen de la *parcialidad* de los testigos oculares cristianos.

En todos mis años investigando homicidios, he aprendido que solo hay tres motivos generales en el centro de cualquier asesinato. Resulta que estos tres motivos son también las mismas fuerzas que impulsan otros tipos de mal comportamiento, son las razones por las que a veces pensamos lo que no deberíamos pensar, decimos lo que no deberíamos decir o hacemos lo que no deberíamos hacer.

1 AVARICIA FINANCIERA

A menudo, esta es la fuerza motriz detrás de los crímenes que investigo. Algunos asesinatos, por ejemplo, resultan de un asalto fallido. Otros asesinatos ocurren simplemente porque dan al sospechoso ventaja financiera. Como ejemplo, una vez trabajé en un homicidio cometido por un esposo que no quería que su esposa recibiera una porción de su jubilación.

2 DESEO SEXUAL O RELACIONAL

También he investigado varios asesinatos motivados por sexo o relaciones. Algunos agresores sexuales asesinan a sus víctimas para que no puedan testificar después. Algunos asesinatos ocurren simplemente porque un novio celoso no soporta ver que su novia salga con otro.

3 DESEO DE PODER

Finalmente, algunas personas cometen asesinatos para alcanzar o mantener una posición de poder o autoridad. Puede ser una rivalidad entre dos personas que intentan obtener el mismo ascenso. Otros han matado solo porque la víctima los deshonró o les "faltó al respeto" frente a un grupo de compañeros.

El sexo, el dinero y el poder son los motivos de todos los crímenes que los detectives investigan. De hecho, estos tres motivos también están detrás de pecados menores. Piense en la última vez que hizo algo que no debía. Si examina la motivación cuidadosamente, probablemente encontrará que encaja claramente en una de estas tres categorías.

La presencia de un motivo no siempre significa que un sospechoso cometió el crimen. Alguien podría tener el motivo para hacer algo criminal y ser capaz de resistir la tentación de cometerlo. Sin embargo, por otra parte, los abogados defensores frecuentemente citan la *falta de motivos* cuando argumentan la inocencia de su cliente. "¿Por qué mi cliente habría hecho tal cosa si no lo beneficiaría de ninguna forma?". Esa es una pregunta justa y una que debemos hacernos mientras examinamos las declaraciones de los apóstoles.

MOTIVACIÓN DE LOS APÓSTOLES

¿Tenían los presuntos testigos oculares de la vida y ministerio de Jesús algún motivo oculto al escribir los Evangelios? ¿Tenemos alguna buena razón para creer que los apóstoles fueron impulsados a mentir por alguno de los tres motivos que hemos descrito? No. No existe nada en la historia (ni en la historia cristiana ni en la historia secular) que sugiera que los discípulos tuvieron algo que ganar por su testimonio relacionado con Jesús:

LOS APÓSTOLES NO FUERON MOTIVADOS POR UNA GANANCIA FINANCIERA

Existen muchos relatos antiguos que describen las vidas de los apóstoles después del periodo registrado en el libro de Hechos. Los creyentes locales distintas comunidades antiguas escribieron sobre de las actividades de los discípulos mientras predicaban el Evangelio en la región. Ninguno de estos textos describe a los discípulos como hombres que poseyeran riquezas materiales. Los discípulos aparecen repetidamente como hombres que fueron perseguidos de un lugar a otro, abandonando continuamente cualquier propiedad que poseían y desocupando cualquier hogar que les prestaran. Los discípulos estaban acostumbrados a vivir así; decidieron dejar sus hogares y familias cuando comenzaron a seguir a Jesús. Pedro lo reconoció cuando le dijo a Jesús, "He aquí, nosotros hemos dejado nuestras posesiones y te hemos seguido" (Lc. 18:28). Los discípulos rechazaron toda riqueza material al creer que el Evangelio proveía la vida eterna, algo de mucho más valor. Pablo describió su pobre condición financiera muchas veces, recordando a sus lectores que los apóstoles "[...] padecemos hambre, tenemos sed, estamos desnudos, somos abofeteados, y no tenemos morada fija" (1 Co. 4:11). Los apóstoles vivieron "como desconocidos, pero bien conocidos; como moribundos, más he aquí vivimos; como castigados, mas no muertos; como entristecidos, mas siempre gozosos; como pobres, mas enriqueciendo a muchos; como no teniendo nada, mas poseyéndolo todo" (2 Co. 6:9-10). Si los discípulos y los apóstoles mintieron para obtener ganancias financieras, sus mentiras parecen no haber funcionado. Quienes observaron de cerca a Pablo sabían que se dedicaba a la vida espiritual y no a las ganancias materiales: "Ni plata ni oro ni vestido de nadie he codiciado" (Hch. 20:33).

Los demás apóstoles tenían una situación financiera similar. Cuando Pedro y Juan estuvieron en Jerusalén en la primera mitad del primer siglo, fueron abordados por un hombre pobre y discapacitado que les pidió dinero. Pedro dijo al hombre: "No tengo plata ni oro, pero lo que tengo te doy; en el nombre de Jesucristo de Nazaret, levántate y anda" (Hch 3:6). Los discípulos fueron consistentemente descritos como personas que habían elegido una vida de pobreza material en búsqueda de la verdad espiritual. Cuando Santiago describió a los ricos (como en Stg. 5:1-5), siempre lo hizo en segunda persona. No

Motivo

Los jueces aconsejan a los miembros del jurado que consideren el motivo mientras evalúan la culpabilidad de los acusados:

"Las personas no están obligadas a comprobar que el acusado tuvo un motivo para cometer el crimen o cualquiera de los crímenes imputados. Sin embargo, al llegar a su veredicto, pueden considerar si el acusado tenía un motivo".

"Tener un motivo puede ser un factor que tiende a demostrar que el acusado es culpable. No tener un motivo puede ser un factor que tiende a demostrar que el acusado no es culpable" (Sección 370, Instrucciones del Jurado Penal del Consejo Judicial de California, 2006).

se incluyó a sí mismo entre ellos. Los apóstoles nunca se describieron a sí mismos como ricos; en lugar de ello, advirtieron del peligro de la riqueza y su habilidad para distraernos de los asuntos eternos. Al igual que los otros escritores apostólicos, Santiago describió a sus compañeros creyentes como gozosamente empobrecidos: "¿No ha elegido Dios a los pobres de este mundo, para que sean ricos en fe y herederos del reino que ha prometido a los que le aman?" (Stg 2:5).

Los apóstoles no ganaron nada financieramente por su testimonio de la vida y ministerio de Jesús. Las cartas de Pablo del Nuevo Testamento fueron escritas muy temprano en la historia dirigidas a gente que conocía personalmente a Pablo. Si él hubiera estado mintiendo sobre su situación financiera, sus lectores lo habrían sabido. Todos los relatos no bíblicos relacionados a las vidas de los apóstoles, ya sean legítimos o legendarios, afirman la pobreza de los discípulos mientras viajaron por el mundo para proclamar su testimonio. La inferencia más razonable del Nuevo Testamento y del registro no bíblico es clara: los escritores del Nuevo Testamento estaban tan contentos siendo pobres como proclamaban. Es razonable concluir que la codicia financiera no fue el motivo que guiaba a estos hombres a hacer las declaraciones que hicieron en los Evangelios. De hecho, permanecieron empobrecidos principalmente debido a su dedicación a su testimonio.

"He aquí, nosotros hemos dejado nuestras posesiones..." (Lc. 18:28)

"...como pobres, mas enriqueciendo a muchos; como no teniendo nada, más poseyéndolo todo". (2 Co. 6:9-10)

"No tengo plata ni oro..." (Hch. 3:6)

"...padecemos hambre, tenemos sed, estamos desnudos, somos abofeteados y no tenemos morada fija". (1 Co. 4:11)

Los autores de los Evangelios no estaban **motivados por el dinero**

"¡Vamos ahora, ricos! Llorad y aullad por las miserias que os vendrán". (Stgo. 5:1-5)

LOS APÓSTOLES NO FUERON MOTIVADOS POR SEXO O RELACIONES

Es igualmente irracional sugerir que los apóstoles fueron motivados por lujuria o relaciones. Aunque los documentos del Nuevo Testamento dicen poco sobre las "vidas amorosas" de los testigos apostólicos, sabemos que Pedro estaba casado y tenía una suegra (Mt. 8:14). Pablo confirmó esto y sugirió que Pedro no era el único que estaba casado cuando, en su carta a los Corintios, preguntó: "¿No tenemos derecho a viajar acompañados por una esposa creyente, como hacen los demás apóstoles y los hermanos del Señor y Cefas [Pedro]?" (1 Co. 9:5 NVI). Los primeros padres de la Iglesia también sugirieron que todos los apóstoles estaban casados, con la posible excepción del apóstol más joven, Juan. Clemente de Alejandría afirmó que Pedro y Felipe tenían hijos[2] y que Pablo, aunque casado, no llevaba a su esposa con él cuando testificaba como apóstol:

> La única razón por la que no la llevó consigo fue porque podría haber sido un inconveniente para su ministerio… [Los apóstoles], de acuerdo con su ministerio particular, se dedicaron a predicar sin distracción alguna, y llevaron a sus esposas con ellos no como mujeres con las que tenían relaciones matrimoniales, sino como hermanas, para que pudieran ser sus compañeras de ministerio en el trato con las amas de casa.[3]

Clemente sugirió que los apóstoles no solo estaban casados, sino que se negaron a sí mismos al contacto sexual con sus esposas luego de la ascensión a fin de ministrar mejor a aquellos a quienes buscaban alcanzar con su testimonio. Ignacio también se refirió a los apóstoles como hombres casados:

> Porque ruego que, siendo encontrado digno de Dios, puedo hallarme a sus pies en el reino, como a los pies de Abraham, Isaac y Jacob; como de José e Isaías, y el resto de los profetas; como de Pedro y Pablo y el resto de los apóstoles, que eran hombres casados. Porque no contrajeron matrimonio por apetito, sino por amor a la propagación de la humanidad.[4]

Al igual que Clemente de Alejandría, Ignacio también afirmó que los apóstoles anteponían su testimonio a su deseo personal. Esto fue afirmado por otro autor cristiano primitivo llamado Tertuliano, quien escribió a principios del tercer siglo:

> Los Apóstoles, tenían una "licencia" para casarse, y llevar esposas (con ellos).
> Tenían una "licencia", también, para "vivir por el Evangelio".[5]

Los apóstoles tenían el derecho de llevar a sus esposas con ellos en sus viajes y algunos pudieron haberlo hecho. En cualquier caso, es claro, tanto del registro bíblico como de la historia no bíblica, que los apóstoles fueron cuidadosos de vivir sus vidas sexuales de forma irreprochable. De hecho, aunque otros hombres dentro de la cultura a menudo tenían más de una esposa, los apóstoles solo permitían a los hombres llevar un liderazgo si se limitaban a una sola esposa (1Tim. 3:2).

Los doce apóstoles no fueron doce hombres solteros en busca de un buen tiempo. No usaban su posición o testimonio para cortejar a las damas solteras locales. Si los apóstoles estuvieron motivados por el deseo sexual, ciertamente no hay registro de eso en los escritos antiguos de la época ni indicio de ello en sus propios textos. Fueron hombres casados (muy probablemente) que mantuvieron en alta estima la castidad y pureza sexual. El deseo sexual o relacional no fue el motivo que impulsó a estos hombres a hacer las declaraciones que hicieron en los Evangelios. Esta es la inferencia más razonable, dado lo que sabemos sobre las vidas de los apóstoles.

"Muchos tenían esposas creyentes"

"Tenían 'licencia' para casarse"

"Eran hombres casados"

"Llevaron a sus esposas con ellos"

Los autores de los Evangelios no estaban **motivados por el sexo**

3 LOS APÓSTOLES NO FUERON MOTIVADOS POR EL DESEO DE PODER

Algunos escépticos argumentan que los apóstoles estaban motivados por un deseo de ser poderosos dentro de sus comunidades religiosas. A menudo señalan el poder que los líderes cristianos llegaron a tener en Roma cuando el cristianismo se convirtió en la religión auspiciada por el estado en el siglo IV. No hay duda de que los papas de la iglesia católica romana con el tiempo se volvieron increíblemente poderosos religiosa y políticamente. Pero cuando examinamos las vidas de los apóstoles del s. I, se parecen poco a las vidas de los papas católicos romanos.

El poder tiene sus ventajas, y una de las más importantes es la capacidad de protegerse a sí mismo. Este tipo de poder nunca estuvo disponible para los apóstoles. El movimiento cristiano primitivo inmediatamente enfrentó hostilidad de aquellos que poseían el poder en el primer siglo. Los rumores que declaraban que los cristianos practicaban rituales ofensivos y que no estaban dispuestos a adorar al emperador Nerón como divino se esparcieron rápidamente. Tácito registró la respuesta de Nerón:

> En consecuencia, para acabar con los rumores, Nerón presentó como culpables y sometió a los más rebuscados tormentos a los que el vulgo llamaba cristianos, aborrecidos por sus aberraciones. Aquel de quien tomaban nombre, Cristo, había sufrido la pena máxima durante el reinado de Tiberio por el procurador Poncio Pilato; y la repugnante superstición, momentáneamente reprimida, irrumpía de nuevo no sólo por Judea, el origen del mal, sino también por la Ciudad [Roma], lugar en el que todas las partes confluyen y donde se celebra toda clase de atrocidades y vergüenzas. El caso fue que se empezó por detener a los que confesaban abiertamente su fe, y luego, por denuncia de aquellos, a una ingente multitud, y resultaron convictos no tanto de la acusación del incendio cuanto de odio al género humano. Pero a su suplicio se unió el escarnio, de manera que perecían desgarrados por los perros tras haberlos hecho cubrirse con pieles de fieras, o bien clavados en cruces, al caer el día, eran quemados de manera que sirvieran como iluminación durante la noche.[6]

En estos primeros momentos de la historia cristiana, el liderazgo dentro de la comunidad cristiana era un riesgo más que una ventaja. Los creyentes y líderes prominentes que admitían su lealtad a Jesús ("se declaraban culpables") y rechazaban retractarse de esta lealtad fueron los primeros en morir. Fue en esta época de la historia cuando Pedro y Pablo fueron ejecutados en Roma, pero no fueron los únicos apóstoles a quienes su prominencia como líderes cristianos les costó la vida. Las historias no bíblicas y los escritos relacionados a las vidas y ministerios de los doce discípulos consistentemente proclamaban que los apóstoles fueron perseguidos y finalmente martirizados por su testimonio. Los testigos oculares apostólicos se negaron a cambiar su testimonio sobre lo que vieron, incluso cuando enfrentaron torturas y ejecuciones inimaginables. Solamente Juan parece haber escapado del martirio, pero en cambio fue exiliado y perseguido por su posición como apóstol.

Parcialidad y prejuicio

Parcialidad:

"Designio anticipado o prevención en favor o en contra de alguien o algo, que da como resultado la falta de neutralidad o insegura rectitud en el modo de juzgar o de proceder".

Prejuicio:

"Opinión previa y tenaz, por lo general desfavorable, acerca de algo que se conoce mal". (REAL ACADEMIA ESPAÑOLA: Diccionario de la lengua española, 23.ª ed., [versión 23.7 en línea]).

La persecución fue la experiencia constante de los apóstoles, mucho antes que fueran finalmente ejecutados a causa de su fe. La experiencia de Pablo, como relata en su carta a los corintios, fue tristemente común para los apóstoles:

"De los judíos cinco veces he recibido cuarenta azotes menos uno. Tres veces he sido azotado con varas; una vez apedreado; tres veces he padecido naufragio; una noche y un día he estado como náufrago en alta mar; en caminos muchas veces; en peligros de ríos, peligros de ladrones, peligros de los de mi nación, peligros de los gentiles, peligros en la ciudad, peligros en el desierto, peligros en el mar, peligros entre falsos hermanos; en trabajo y fatiga, en muchos desvelos, en hambre y sed, en muchos ayunos, en frío y en desnudez; y además de otras cosas, lo que sobre mí se agolpa cada día, la preocupación por todas las iglesias" (2 Co. 11:24-28).

A medida que los apóstoles alcanzaban posiciones de liderazgo, se convertían en objetos de persecución y abuso. Cuanto más prominentes se volvían, más se arriesgaban a morir a manos de sus adversarios. La búsqueda de poder y posición *no* fue el motivo que impulsó a estos hombres a hacer las declaraciones que hicieron en los Evangelios. Esta es la inferencia más razonable dado lo que sabemos sobre sus muertes.

Si un abogado defensor estuviera representando a cualquiera de los apóstoles, defendiéndolos en contra la acusación de que mintieron sobre su testimonio, el abogado podría justamente hacer la pregunta: "¿Por qué mi cliente habría hecho tal cosa cuando no lo beneficiaría de ninguna manera?". Ciertamente, no existió beneficio para ninguno de los apóstoles en las tres áreas que podrían motivar tal mentira. Pablo, el escritor de más cartas del Nuevo Testamento que cualquier otro autor, ocupó una posición de poder *antes* de convertirse en seguidor de Jesús y *rindió* esta posición de autoridad, respeto, y liderazgo para unirse a la pequeña secta religiosa conocida en ese entonces como "El camino". Nacido como Saulo, de padres judíos en la ciudad de Tarso, Cilicia en el año 5 d. C., estudió las Escrituras hebreas con el Rabino Gamaliel (un líder del Sanedrín judío con impresionante pedigrí educativo). Posteriormente, Saulo alcanzó una posición de liderazgo que le proporcionó la habilidad de arrestar y encarcelar a los primeros conversos a la fe cristiana.[7] Era un fariseo celoso y "hebreo de hebreos",[8] un hombre en ascenso dentro de la tradición y cultura judía.

Si un abogado defensor estuviera representando a Pablo contra la acusación de que mintió sobre su testimonio, el abogado podría justamente hacer la pregunta: "¿Por qué Pablo —con base en una mentira consciente— dejó su posición de autoridad, poder, y respeto en la comunidad religiosa más grande y mejor establecida para unirse a una comunidad mucho más pequeña, menos influyente y menos poderosa?". Si Pablo hubiera estado motivado por el deseo de poder, habría sido un tonto al dejar una posición de autoridad con la esperanza de algún día regresar a lo que ya poseía, a menos, por supuesto, que hubiera visto al Cristo resucitado y supiera que el cristianismo era verdadero.

Apedreados

Náufragos en las profundidades

Golpeados con varas

Enfrentando peligro por doquier

Azotados con látigos

Los autores de los Evangelios no estaban **motivados por el poder**

Sin comida o agua

LIBRE DE MOTIVOS OCULTOS

El motivo es un factor clave que el jurado debe considerar al evaluar la confiabilidad de los testigos. Es por ello que los jueces aconsejan a los miembros del jurado a hacer preguntas como "¿Se le prometió al testigo inmunidad o clemencia a cambio de su testimonio?" (vea capítulo 4). Necesitamos saber si algo más que el simple deseo de informar la verdad motivó a los testigos a decir lo que dijeron. Mientras examinamos los motivos de los escritores de los Evangelios, está claro que las fuerzas que normalmente obligan a la gente a mentir no impulsaron a los autores. Los apóstoles no tenían motivos ocultos.

Pero ¿qué hay de la parcialidad? Aunque ellos no tuvieron ninguno de los tres motivos egoístas, ¿cómo sabemos que los escritores de los Evangelios no estaban simplemente predispuestos? Los jueces animan a los miembros del jurado a averiguar si el testigo fue "influenciado por un factor como algún sesgo o prejuicio, una relación personal con alguien involucrado en el caso, o un interés personal en el resultado del caso". Si un testigo albergaba una *idea preconcebida* o una *parcialidad* mientras observaba el suceso, esa predisposición puede haber influenciado la forma en que el testigo interpretó lo que vio. La predisposición puede causar que la gente vea algo *incorrectamente*. ¿Fue este el caso con los apóstoles?

ENTONCES, ¿POR ESTO ALGUNOS CONTINÚAN NEGÁNDOLO?

Algunos escépticos basan su desconfianza en los Evangelios (y en los relatos no bíblicos de las vidas de los apóstoles luego de la ascensión de Jesús) en la posible presencia de predisposiciones. Aunque no exista evidencia que sugiera que los apóstoles fueron motivados por codicia, lujuria o poder, los críticos todavía están renuentes a los relatos del Evangelio. Veamos las razones detrás de sus sospechas e incluyámoslas en nuestra evaluación final utilizando el razonamiento abductivo.

LOS EVANGELIOS FUERON ESCRITOS POR CRISTIANOS

Los escépticos argumentan que los Evangelios no pueden ser confiables porque no fueron de autoría de no cristianos *objetivos*. Los registros del Nuevo Testamento, según esta perspectiva, fueron escritos por cristianos sesgados que estaban intentando convencernos de su perspectiva religiosa. Los críticos afirman que estos cristianos observaron los eventos a través de una lente religiosa y luego registraron los eventos desde ese punto de vista. Como resultado, las narrativas de los Evangelios son sesgadas y no confiables.

PERO...

Esta no es una descripción precisa de lo que ocurrió en el primer siglo mientras los testigos oculares del Evangelio observaban la vida y ministerio de Jesús. Permítame darle un ejemplo de uno de mis casos para ilustrar el punto. Hace muchos años, cuando estaba trabajando en robos, tuve un caso en el que un banco local fue asaltado. El sospechoso (Mark Hill) entró al banco por la tarde y esperó en la fila para acercarse a la ventanilla. Permaneció de pie en el *lobby* durante dos o tres minutos, esperando para acercarse a la ventanilla, donde dio una "nota de retiro" y mostró un arma de mano en su cinturón. Mientras esperaba la oportunidad, una empleada del banco (Kathy Smalley) lo vio haciendo fila. Kathy trabajaba como asistente de dirección y tenía su escritorio en el *lobby*, junto a la fila de la ventanilla. Reconoció a Mark mientras esperaba su turno. Kathy había cursado la preparatoria con Mark y lo reconoció porque él era un atleta talentoso (y popular). Aunque habían pasado muchos años, Kathy aún lo reconocía con certeza. Mark, por el contrario, estaba enfocado en robar el banco mientras esperaba. Nunca vio que Kathy lo observaba. Finalmente, él se aproximó a la cajera (Debra Camacho) y completó su robo. Debra le dio a Mark el dinero que demandaba y luego presionó el botón de la alarma silenciosa mientras él giraba para marcharse. Hizo un gesto rápidamente a Kathy, quien estaba sentada dentro de su campo de visión.

Kathy reconoció que Debra acababa de ser robada. No podía creerlo. Nunca consideró que Mark fuera el tipo de persona que cometería un robo. De hecho, ella creía que Mark había obtenido una beca deportiva después de la preparatoria y supuso que se había convertido en un atleta exitoso y graduado de la universidad. Cuando vio a Mark entrar en el *lobby*, nunca pensó que él fuera a cometer un robo. Sin embargo, después del hecho, estaba segura de que Mark era el ladrón. Ahora era una *verdadera creyente* de la culpabilidad de Mark. Después de todo, ella lo vio con sus propios ojos. Se podría decir que Kathy era ahora una creyente "Mark Hilliana" en cuanto al robo. Entonces, permítame hacerle una pregunta. ¿Yo debería confiar en su testimonio? ¿No está demasiado predispuesta para ser una testigo confiable? Kathy no es neutral sobre lo que vio en el banco. Tiene una perspectiva y opinión sobre la identidad del ladrón. Es una creyente Mark Hilliana, ella está segura de que él es el hombre que cometió el robo, a pesar de otras posibilidades. Si ella está así de predispuesta, ¿cómo puedo confiar en lo que diga?

¡Estoy IMPRESIONADA! ¡Conozco a ese chico de la escuela! ¡Él es Mark Hill!

Kathy ahora está convencida que Mark Hill es el ladrón del banco

Kathy es una creyente "Mark Hilliana"

¿Puede ver lo ridícula que sería esta preocupación? Kathy no *empezó* con una predisposición en contra de Mark o una presuposición que contaminara sus observaciones. De hecho, le sorprendió que Mark cometiera tal crimen. No era una creyente "Mark Hilliana" hasta *después* del hecho.

De manera similar, los autores de los Evangelios no eran creyentes "cristianos" hasta *después* de que observaron la vida y ministerio de Jesús. Mucho se ha escrito acerca de que los judíos de Palestina en el primer siglo buscaban un Mesías que los salvara de la opresión romana. Estaban esperando un libertador militar, no un salvador espiritual. Incluso Bart Ehrman admite que los discípulos se preguntaron: "¿Cómo es posible que Jesús, el Mesías, haya sido asesinado como un criminal común?". No esperaban que Jesús (como el mesías militar) muriera, y ciertamente no esperaban que volviera a la vida.

Los Evangelios están llenos de ejemplos de cuando los discípulos malinterpretaron las predicciones y proclamaciones de Jesús. Existen muchos ejemplos de duda y vacilación por parte de aquellos que presenciaron la vida de Jesús. Los discípulos escépticos continuamente le pedían clarificación a Jesús, y Tomás, después de pasar tres años con Jesús, aún no creía en Su predicción de la resurrección hasta que vio a Jesús con sus propios ojos y tocó a Jesús con sus propias manos. Los apóstoles se convencieron de la deidad de Jesús *después* de observar Su vida y resurrección. No comenzaron siendo cristianos más de lo que Kathy empezó siendo "Mark Hilliana". Los discípulos terminaron como cristianos (seguros de que Jesús era Dios) debido a sus observaciones, tal como Kathy terminó como creyente "Mark Hilliana" (segura de que él era el ladrón) debido a sus observaciones. Los discípulos no estaban prejuiciosamente sesgados; estaban evidencialmente seguros.

LAS NARRATIVAS DE LA MUERTE DE LOS APÓSTOLES FUERON ESCRITAS POR CRISTIANOS

Los escépticos también argumentan que se le puede dar poca o ninguna importancia al hecho de que los apóstoles fueron presuntamente torturados por su testimonio porque las "historias" que describen su martirio son en gran parte leyendas cristianas escritas por creyentes. ¿Cómo podemos saber que esos martirios realmente ocurrieron si los únicos registros que tenemos son historias sesgadas y leyendas llenas de aventuras milagrosas?

PERO...

Como se describe en el capítulo 1, no podemos permitir que la descripción de sucesos milagrosos automáticamente descalifique los relatos antiguos. Si declaramos que las historias antiguas estuvieron sesgadas (porque fueron escritas por cristianos), no podemos rechazarlas con un sesgo propio (en contra del sobrenaturalismo). Si bien es cierto que algunos relatos relacionados al martirio de los apóstoles son más confiables que otros, no tenemos razón para rechazarlos todos como imprecisos históricamente.[9] Las muertes de Pedro, Pablo, Santiago y Juan están muy bien atestiguadas, y los relatos del martirio de los apóstoles restantes (con la posible excepción de Matías y Felipe) están suficientemente documentados para proporcionarnos confianza en sus afirmaciones.

Y, lo más importante, no existen relatos antiguos no cristianos que contradigan las declaraciones de los autores cristianos que escribieron acerca de las muertes de los discípulos testigos. No es como si tuviéramos relatos contradictorios relacionados al testimonio de estos hombres. No hay cristianos antiguos que afirman por un lado que los apóstoles murieron debido a que declararon sin vacilar la verdad sobre Jesús, y a antiguos no cristianos del otro lado que declaran que los apóstoles finalmente confesaron que todo era una mentira. No hay autores antiguos que declaren algo distinto a lo que los cristianos describieron; no hay relatos contradictorios que muestren a los apóstoles como mentirosos que confesaron sus mentiras bajo presión. De acuerdo con el unánime testimonio de la antigüedad, los primeros testigos oculares cristianos sufrieron por su testimonio, pero mantuvieron el rumbo. No se retractaron, y nunca cambiaron su historia.

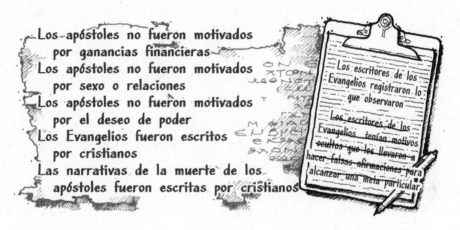

LA CONCLUSIÓN MÁS RAZONABLE

El *razonamiento abductivo* puede ayudarnos a decidir entre dos posibles conclusiones relacionadas a la predisposición o motivo que los testigos oculares apostólicos pudieron haber tenido al escribir sus Evangelios o testificar de sus observaciones. Enumeremos la evidencia una última vez, junto a las dos posibles explicaciones para lo que hemos visto hasta ahora:

Los apóstoles no fueron motivados por ganancias financieras
Los apóstoles no fueron motivados por sexo o relaciones
Los apóstoles no fueron motivados por el deseo de poder
Los Evangelios fueron escritos por cristianos
Las narrativas de la muerte de los apóstoles fueron escritas por cristianos

Los escritores de los Evangelios registraron lo que observaron

Los escritores de los Evangelios tenían motivos ocultos que los llevaron a hacer falsas afirmaciones para alcanzar una meta particular

Los apóstoles carecían de malas intenciones. Simplemente no se beneficiaron de mentir sobre lo que vieron. De hecho, habrían estado mucho mejor si hubieran mantenido la boca cerrada. ¿Qué podrían haber ganado de esta elaborada mentira? Está claro que los escritores de los Evangelios parecían estar más preocupados por la vida eterna que por la ganancia material. ¿Podría una mentira sobre Jesús hacer verdaderas Sus afirmaciones espirituales? ¿Tiene sentido que los discípulos abandonaran todo por declaraciones espirituales que sabían que no eran ciertas? Una vez más, la evidencia de la historia sustenta la primera explicación mejor que la segunda. Ofrece respuestas razonables a los desafíos dados por los escépticos. La segunda explicación, por otra parte, es simplemente incapaz de dar cuenta adecuadamente de la falta de motivo de parte de los apóstoles. La primera explicación es *factible, directa* y *lógica. Agota* toda la evidencia que hemos reunido, y es *superior* a la explicación alternativa. Es, una vez más, la explicación más razonable.

LOS EVANGELIOS SUPERAN LA ÚLTIMA PRUEBA

APRUEBA ☑
REPRUEBA ☐

Hemos examinado las cuatro áreas importantes que el jurado debe considerar al determinar la confiabilidad de los testigos oculares. La inferencia más razonable es que los escritores de los Evangelios estuvieron *presentes*, fueron *corroborados, precisos e imparciales*. Si este es el caso, podemos concluir con certeza que su testimonio es *confiable*. Hemos hecho el *trabajo pesado* necesario para determinar la confiabilidad de esos relatos; hemos sido diligentes y fieles como los miembros del jurado y hemos considerado la evidencia. Es tiempo de decidir.

CONVIRTIÉNDOSE EN UN CRISTIANO DE "DOS DECISIONES"

Santiago Ortega giró la llave y encendió su viejo Triumph Tr6 1975. El motor lanzó chispas, petardeó y sacó humo en el pequeño estacionamiento adyacente al hotel barato que él llamaba hogar. Santiago era adicto al crack, y su adicción ocupaba gran parte de su día; o estaba fumándola o intentando encontrar una manera de pagar por ella, y estaba cada vez más desesperado.

No había visto a su esposa en semanas. Su familia estaba dispersa por todo el condado y no le ofrecía refugio, especialmente ahora. Su padre y hermano estaban en la prisión federal por robo a bancos, y lamentablemente Santiago estaba siguiendo sus pasos. Ya había asaltado siete bancos en el condado de Los Ángeles antes de cometer el primero en nuestra ciudad. Yo trabajaba en nuestro equipo de vigilancia encubierta en ese tiempo y un informante nos dio una pista que nos condujo al hotel de Santiago. Estábamos sentados en el estacionamiento cuando Santiago encendió su maltrecho y cansado convertible.

Aunque Santiago se parecía al hombre de las fotografías de vigilancia del banco, no estábamos seguros si él era el ladrón que buscábamos. Lo descubriríamos en breve. Salió en reversa del estacionamiento y condujo hacia la ciudad de Long Beach. Nuestro equipo lo siguió cuidadosamente; cinco oficiales y un sargento seguían a nuestro sospechoso en una serie de coches medianos poco llamativos. Santiago no llegó muy lejos antes de sucumbir a su adicción. En el primer semáforo, Santiago encendió una pipa casera con droga y llenó el interior de su pequeño auto con humo. Él era casi invisible en la cabina nebulosa del Triumph. De alguna manera logró conducir cubierto de humo, sin siquiera abrir las ventanillas. Continuó por tres kilómetros aproximadamente hasta que llegó a una sucursal de *Home Savings and Loan*.

Santiago estacionó su auto en el límite del estacionamiento, justo fuera de la vista de las puertas del banco. Salió, alisó su camiseta, y se arregló el cabello. Miró alrededor del estacionamiento nerviosamente mientras caminaba hacia la entrada del banco. Uno de los miembros de nuestro equipo, vestido con jeans y una camiseta, salió de su auto y siguió a Santiago dentro del establecimiento. Él se comunicaba con el resto de nuestro equipo a través de su radio portátil. Al igual que Mark Hill, Santiago era un ladrón de banco con "nota de retiro". En sus robos anteriores, nunca tuvo que mostrar su arma a los cajeros; su nota era suficiente para que cumplieran. La cajera de hoy no fue la excepción. Ella vació la gaveta y entregó el dinero a Santiago, quien rápidamente se dio vuelta y salió del banco. Los clientes en el vestíbulo desconocían por completo que se había llevado a cabo un robo.

Pero mi compañero sí sabía. Rápidamente llamó de su radio desde el interior del banco y nos dijo que Santiago era, de hecho, un ladrón de bancos. Para entonces, Santiago ya había corrido hacia el Triumph y ahora estaba saliendo del estacionamiento. Nuestro equipo se movió rápidamente detrás de él. En situaciones como estas, regularmente conduciríamos un arresto táctico en el semáforo en rojo más cercano, maniobrando nuestros autos en una posición para prevenir el escape del sospechoso. Pero Santiago ahora tenía una mayor conciencia de su entorno y comenzó a sospechar de uno de nuestros vehículos de vigilancia. La persecución estaba en marcha.

Los adictos al crack y un viejo Triumph son la receta para un desastre, especialmente cuando están huyendo de la policía. Santiago chocó el auto en los primeros dos kilómetros de la persecución. Yo era el agente del caso; era mi responsabilidad esposar a Santiago y llevarlo a la estación de policía para el registro. En el camino, le hablé sobre su vida y futuro. Comencé con una simple observación.

—Santiago, te ves terrible —le dije.

—Lo sé —replicó agitando su cabeza. En su favor, Santiago Ortega era un hombre quebrantado, arrepentido y apesadumbrado por su vida y su ola de crímenes.

—¿Cuánto tiempo creías que podías continuar así? —Le hice la pregunta como un asunto de preocupación genuina. Los ojos de Santiago estaban rojos e infectados; estaba demacrado y desaliñado. Se veía como si no hubiera comido en días.

—Sabía que estaba llegando al final, en verdad. Ni siquiera sé cómo llegué a esta locura. No soy realmente una mala persona. No soy tan tonto. —Él era notablemente locuaz y honesto.

—Entonces ¿por qué haces esto? —pregunté.

—Soy un adicto. Quiero parar. Pero siempre termino aquí. Estoy casado, ¿sabes?, y mi esposa es una mujer hermosa. Me dejó cuando recaí otra vez —Santiago comenzó a llorar y sus lágrimas le provocaron hacer una mueca de dolor por sus ojos infectados—. Hace un par de años fui con ella a una campaña evangelística y entregué mi vida a Cristo. Ella también. Pero aquí estoy todavía, echándolo a perder —Santiago me contó sobre su experiencia en el enorme evento evangelístico en el estadio al que acudió. Me dijo que fue conmovido por lo que el predicador dijo, y él aceptó la invitación para bajar de las gradas y convertirse en un seguidor de Jesús. Él pensó que su decisión esa noche cambiaría su vida para siempre.

—Entonces, supongo que probablemente usted piense que soy algún tipo de hipócrita, ¿verdad? Solo otro cristiano descarriado. —Él no sabía que estaba hablando con un seguidor de Jesús.

Santiago decidió confiar en Jesús para su salvación, pero nunca decidió examinar la vida y las enseñanzas de Jesús evidencialmente. Santiago fracasó al hacer una segunda decisión para examinar lo que creía. Era incapaz de ver su fe como algo más que una *opinión subjetiva* mientras luchaba por vivir en un mundo de *hechos objetivos*. Como resultado, sus *creencias* finalmente se rindieron ante los *hechos* de su situación y las presiones de su adicción. Él permitió que sus amigos y la situación de su familia influyeran en él, en lugar de convertirse en una fuente de inspiración y verdad para su familia y vecinos. Santiago era un cristiano de una sola decisión, y esta decisión no estaba sustentada por un examen razonable de la evidencia.

Mantuve comunicación con Santiago en los años siguientes. Al final fue declarado culpable y sentenciado a muchos años en una prisión federal. Por fin se encontró en un lugar donde tuvo el tiempo y la oportunidad para examinar la evidencia del cristianismo.

DECISIONES: "CREER QUE" Y "CREER EN"

Mi travesía fue justo lo opuesto a la de Santiago Ortega. Decidí investigar las afirmaciones del cristianismo (para ver si podían ser defendidas) *antes* de decidir llamarme cristiano. Mis investigaciones (algunas de las cuales describí en la sección 2) me llevaron a concluir que los Evangelios eran confiables. Sin embargo, esta conclusión se presentó con un dilema. Cuando los miembros del jurado del capítulo 4 establecieron que Jerry Strickland era un testigo fidedigno, confiaron en su testimonio en cuanto a la identidad del ladrón. Ahora yo tenía que dar un paso similar con los testigos oculares fidedignos del Evangelio. Sin embargo, una cosa es aceptar la historicidad de las ubicaciones o de los personajes clave en la narrativa bíblica y otra aceptar lo que los Evangelios me decían sobre Jesús. ¿Jesús realmente demostró Su deidad como los testigos oculares del Evangelio afirmaban? ¿Realmente resucitó de la muerte? ¿Habló la verdad sobre quien era Él y sobre la naturaleza de la vida eterna? Decidirme en favor de la inferencia más razonable exigía que abandonara por completo mis suposiciones naturalistas. C. S. Lewis estaba en lo correcto; las afirmaciones de Jesús, si eran reales, eran de importancia infinita. Esta decisión probablemente cambiaría mi vida para siempre.

Sabía que nunca daría un salto de fe a ciegas. Para mí, la decisión de ir más allá del "creer que" al "creer en" necesitaba ser una decisión razonable basada en la evidencia. Pido a los miembros del jurado hacer esto cada vez que presento un caso —reunir la evidencia circunstancial y mostrar la inferencia más razonable a partir de aquello que han examinado. Eso es lo que hice mientras ensamblé el caso acumulativo para la confiabilidad de los Evangelios.

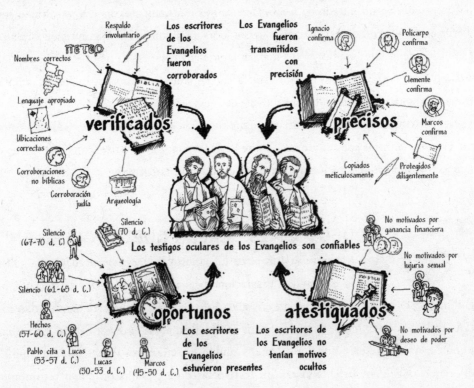

Sabía que mis preocupaciones sobre los Evangelios siempre habían tenido su origen en los eventos milagrosos que los relatos describían. El naturalismo filosófico me impidió tomar los milagros seriamente. Pero los apóstoles afirmaron ver milagros, y cuando los evalué como testigos oculares, los autores de los Evangelios pasaron la prueba.

Puedo recordar el día en que finalmente rendí mis inclinaciones naturalistas y pasé de "creer que" a "creer en". Estaba sentado en un servicio de la iglesia con mi esposa. No recuerdo exactamente de qué hablaba el pastor, pero recuerdo que me incliné y le dije a mi esposa que yo era un creyente. Tal como Mark Walker, el oficial que confiaba en su chaleco antibalas, en ese momento en particular pasé de creer *que* los Evangelios eran relatos confiables de testigos oculares a creer *en* lo que ellos me decían sobre Jesús.

Los testigos de los Evangelios tenían algo muy específico que decir sobre Jesús. Ellos no dieron sus vidas sacrificialmente por *opiniones* personales sobre Dios; dieron sus vidas porque sus afirmaciones eran un asunto objetivo de vida o muerte. Sabían que Jesús ofrecía más que un manual para el comportamiento personal. Entendieron que Jesús era "el camino, la verdad y la vida" y que "nadie viene al Padre si no es por Él" (Jn. 14:6). Los testigos oculares apostólicos dieron sus vidas para ayudarnos a entender que nosotros, como humanos falibles e imperfectos, estamos en necesidad desesperada de un Salvador. Murieron como mártires intentando mostrarnos que Jesús era, de hecho, el Salvador que podía proveernos el perdón por nuestra imperfección. Pedro fue claro sobre esto al testificar a otros:

> Me refiero a Jesús de Nazaret: cómo lo ungió Dios con el Espíritu Santo y con poder, y cómo anduvo haciendo el bien y sanando a todos los que estaban oprimidos por el diablo, porque Dios estaba con él. Nosotros somos testigos de todo lo que hizo en la tierra de los judíos y en Jerusalén. Lo mataron, colgándolo de un madero, pero Dios lo resucitó al tercer día y dispuso que se apareciera, no a todo el pueblo, sino a nosotros, testigos previamente escogidos por Dios, que comimos y bebimos con él después de su resurrección. Él nos mandó a predicar al pueblo y a dar solemne testimonio de que ha sido nombrado por Dios como juez de vivos y muertos. De él dan testimonio todos los profetas, que todo el que cree en él recibe, por medio de su nombre, el perdón de los pecados (Hch. 10:38–43 NVI).

Los apóstoles reconocieron que su mensaje era una cura vital para lo que nos estaba (y nos está) matando a todos; dieron sus vidas para señalarnos al Salvador, para que nosotros pudiéramos señalar aún más. Cuando reconocí el poder de este mensaje, pasé de "creer que" a "creer en". La gente comenzó a notar un cambio casi inmediatamente. No era como si estuviera esforzándome por comportarme diferente o seguir un nuevo conjunto de reglas. Ni siquiera conocía todas las "reglas" cuando decidí creer en Cristo. Pero sí sabía esto: estaba agradecido. Comencé a entender no solo la naturaleza real de Jesús, sino también la naturaleza real de mi propia condición caída. Es difícil no ver tu propia imperfección cuando te enfrentas al Dios perfecto del universo. Cuando llegué a apreciar mi propia necesidad de perdón y lo que Jesús hizo para lograrlo por mí, me volví verdaderamente agradecido y optimista por primera vez en mi vida.

Había sido policía por casi ocho años antes de ser cristiano. En ese tiempo, lentamente perdí mi fe en las personas. Era desconfiado; consideraba a todos mentirosos y capaces de un comportamiento horrible. Nada me sorprendía cuando se trataba de la depravación de la humanidad. No confiaba en nadie y me consideraba superior a la mayoría de las personas que encontraba. Era arrogante, cínico y distante. Mi esposa e hijos eran mi mundo entero. Tenía algunos conocidos que también eran oficiales de policía, pero pocos amigos. Mi corazón se encogía y se hacía más duro con cada caso en el que trabajaba y con cada año que pasaba. Nada de esto me molestaba en lo más mínimo. De hecho, veía mi desconfianza como una virtud.

Todo eso cambió cuando puse mi fe *en* Jesús. Mientras comenzaba a comprender mi necesidad y el regalo que había recibido, mi compasión y paciencia crecieron. Como alguien que había sido perdonado, desarrollé la capacidad de perdonar a otros. Mi entusiasmo se volvió contagioso. Se extendía sobre todo lo que decía y hacía. Mis compañeros lo notaron, aunque en los primeros días tuve cuidado de ocultarles mi conversión. Mi esposa fue quizá la más sorprendida por todo esto. Estaba a punto de ver mi vida (y la suya) cambiar dramáticamente.

Mirando en retrospectiva muchos años después, ella sigue sorprendida por la transformación. La verdad sobre Jesús impactó cada aspecto de nuestras vidas mientras me consumía el deseo de aprender más sobre Él. Dormía menos, estudiaba más, trabajaba con más urgencia y amaba a los demás como nunca había amado. Quería compartir con la gente de mi mundo lo que había descubierto. Todos con quienes me encontraba finalmente escucharon del Evangelio. Fui conocido como un cristiano muy expresivo. Entré al seminario, me convertí en pastor y planté una pequeña iglesia. En los últimos dieciséis años, mientras he estudiado los relatos de los testigos oculares, tengo cada vez más confianza en su veracidad y mensaje. Esta confianza me ha motivado a defender y compartir la verdad.

LA IMPORTANCIA DE SER UN CRISTIANO DE *DOS DECISIONES*

En los casos criminales televisados, los miembros del jurado en ocasiones son entrevistados después de su decisión. Algunos toman una segunda decisión cuando son interceptados por los reporteros. Deciden argumentar del porqué votaron de la manera en que lo hicieron. No todos los miembros del jurado optan por defender su decisión, pero quienes lo hacen descubren que es mucho más probable que persuadan a otros e incrementen su propia confianza personal en cuanto a su decisión. Si Santiago Ortega hubiera tomado la decisión de investigar y defender lo que creía, no puedo evitar preguntarme si también habría sido capaz de persuadir a quienes le rodeaban o al menos incrementar su propia confianza personal y su habilidad de resistir la influencia de otros.

Cuando decidí creer lo que me decían los escritores de los Evangelios, también decidí convertirme en un presentador del caso cristiano. La segunda decisión fue tan importante como la primera. Comencé modestamente; abrí un sitio web económico (PleaseConvinceMe.com) y publiqué mis propias investigaciones en diversas áreas. Cuando fui pastor de jóvenes, también publiqué las lecciones y mensajes que presentaba a mis estudiantes. Con el tiempo, comencé un pódcast. Ahora he escrito un libro. Al principio, al igual que muchos cristianos, me sentía incómodo al defender las afirmaciones del cristianismo. ¿Cómo podría aprender lo suficiente (o saber lo suficiente) para ser un presentador del caso efectivo? ¿No necesito un doctorado en filosofía o en apologética cristiana? ¿No debería ser un "experto" de cierto tipo antes de intentar defender lo que creo?

Los miembros del jurado no son expertos, pero deben tomar la decisión más importante en el tribunal. De hecho, los expertos presentados por la fiscalía o la defensa nunca emiten un solo voto. Nuestro sistema de justicia confía en que personas como usted y como yo podamos examinar el testimonio de expertos y lleguemos a una conclusión razonable acerca de la verdad. Uno de los miembros del jurado será el líder en el cuarto del jurado. Como el "representante" elegido por los otros miembros, esta persona moderará las deliberaciones y finalmente presentará la decisión al juez. No es necesario ser un experto para formar parte de un jurado o dirigirlo como representante. Los miembros del jurado escuchan a los expertos, evalúan cuidadosamente la evidencia y extraen la inferencia más razonable. Los miembros del jurado no necesitan ser expertos en el campo bajo consideración; simplemente necesitan estar atentos, conscientes y dispuestos a tomarlo en serio.

Y eso es todo lo que necesitamos para ser efectivos presentadores de caso cristianos: estar atentos, conscientes y dispuestos a tomarlo en serio. Como resultado, cada uno de nosotros es ya un experto de alguna manera u otra. Tenemos experiencias de vida que podemos utilizar para obtener los conocimientos que necesitaremos para responder a los desafíos de los escépticos, y podemos tomar la decisión consciente de convertirnos en mejores *presentadores del caso* cristianos. Es tiempo bien empleado y parte importante de nuestra identidad como cristianos.

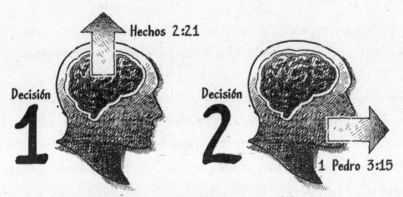

Dos decisiones que cada cristiano debe tomar

 ## EL PELIGRO DE SER UN CRISTIANO *ABREVIADO*

Muchos de nosotros hemos descuidado nuestro deber en esta área. De hecho, hemos sido incapaces de ver nuestro deber en primer lugar. Nos hemos convertido en cristianos *abreviados*. Permítame explicar. Muchos de nosotros comprendemos la importancia del evangelismo en la vida de los cristianos. Jesús dijo a los apóstoles "hagan discípulos de todas las naciones" e instruyó a esos discípulos a obedecer todo lo que Él enseñó. (Mt. 28:16–20). Llamamos a esto "La Gran Comisión". Se nos ordena claramente hacer discípulos, tal como los apóstoles hicieron en su propia generación. Como resultado, los cristianos generalmente sienten que son llamados a evangelizar de alguna manera, aunque muchos de nosotros nos sentimos mal equipados para compartir nuestra fe.

Pablo parecía reconocer esto y discutió el evangelismo como una cuestión de dones. Al describirnos a todos como miembros de la Iglesia, Pablo dijo que Dios constituyó "a *unos*, apóstoles; a *otros*, profetas; a *otros*, evangelistas; a *otros*, pastores y maestros, a fin de perfeccionar a los santos para la obra del ministerio, para la edificación del cuerpo de Cristo" (Ef. 4:11–12). No todos son pastores o profetas. Algunos de nosotros fuimos dotados en esta área y otros no. Del mismo modo, solo algunos estamos dotados para ser evangelistas; no todos pueden compartir su fe como Billy Graham. A menudo he sido confortado por estas palabras de Pablo cuando lucho por iniciar una conversación sobre el cristianismo. Pero los autores del Nuevo Testamento, al reconocer que no todos somos dotados como evangelistas, describieron una responsabilidad que se aplica a cada uno de nosotros como cristianos. Pedro dijo que nadie tiene permiso de relegar su deber como *presentador de caso* cristiano. De acuerdo con Pedro, *todos* necesitamos estar "siempre preparados para responder a todo el que pida razón de la esperanza que hay en [nosotros]" (1 Pe. 3:15 NVI). Aunque solo algunos de nosotros somos dotados y llamados a ser evangelistas, todos nosotros somos llamados a ser *presentadores del caso*. Es nuestro deber como cristianos. Necesitamos dejar de pensar en nosotros mismos de manera abreviada. Como creyentes bíblicos del Nuevo Testamento, no somos solamente "cristianos", somos "cristianos *presentadores del caso*". No podemos permitirnos estar cómodos y relegar el trabajo duro de la defensa de la fe a quienes escriben libros sobre el tema.

Algunos de nosotros preparamos alimentos como vocación. El mundo está lleno de chefs populares y competentes que se ganan la vida preparando comidas para restaurantes o programas de televisión. Reconocemos a estos chefs y podemos aprender algo de sus recetas y experiencias. Pero aun si usted no es chef profesional, le apuesto que sabe cómo preparar una comida. La preparación de los alimentos es una parte importante de la vida. Sí, habrá algunos chefs profesionales, pero el resto de nosotros necesitamos ser capaces de cocinar si queremos sobrevivir. De manera similar, algunos de nosotros nos ganamos la vida preparando una defensa del cristianismo. El resto de nosotros puede aprender mucho de los argumentos y presentaciones de "apologistas cristianos" profesionales. Pero eso no nos saca del apuro. Todos, como cristianos, necesitamos ser capaces de preparar una defensa de lo que creemos. Es tan importante como preparar nuestras comidas diarias; estas pueden no ser tan creativas o vistosas como las preparadas por chefs profesionales, pero por lo general son suficientes y satisfactorias. Nuestra defensa personal del cristianismo quizá no sea tan sólida como la que ofrece un apologista erudito de "tiempo completo", pero puede ser igual de poderosa y persuasiva. Cada uno de nosotros debemos responder al llamado de Dios en nuestras vidas como cristianos de *dos decisiones*. Si usted ya ha decidido creer en los Evangelios, dé un segundo paso y decida defenderlos. Conviértase en un cristiano *presentador del caso*; trabaje en su profesión, viva su vida fielmente, dedíquese a la verdad y prepárese constantemente para presentar una defensa de lo que cree. Quiero motivarle a hacer esa segunda decisión. Empiece en pequeño. Lea y estudie. Involucre a sus amigos. Comience un blog o un sitio web. Sea voluntario para impartir una clase en su iglesia. *Involúcrese en esta tarea.*

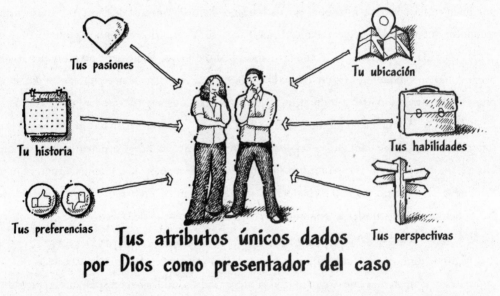

Tus pasiones

Tu ubicación

Tu historia

Tus habilidades

Tus preferencias

Tus perspectivas

Tus atributos únicos dados por Dios como presentador del caso

Mi vida como cristiano despegó en el momento que decidí convertirme en un *presentador del caso*. Dios utilizó astutamente todas mis experiencias como detective para darme una perspectiva que he intentado compartir con usted en las páginas de este libro. Espero que los escépticos que lean esto puedan al menos soltar sus presuposiciones el tiempo suficiente para reconocer que existe un caso circunstancial sustantivo que sustenta la confiabilidad de los autores de los Evangelios. También espero que los cristianos que lean este libro sean animados a conocer que Dios puede utilizarlos ahora mismo, en este preciso momento, para presentar un caso sobre la verdad.

Epílogo

EL CASO SOMETIDO A CONTRAINTERROGATORIO

En los años transcurridos desde que escribí *Cristianismo: caso sin resolver* he tenido el honor y la oportunidad de presentar el caso a favor de Jesús y la confiabilidad del Nuevo Testamento en conferencias y en campus universitarios. A lo largo del camino, hemos abierto el escenario a preguntas para permitir que *Cristianismo: caso sin resolver* sea "contrainterrogado" por estudiantes y escépticos. Estas son las preguntas, inquietudes u objeciones expresadas con mayor frecuencia, junto con respuestas breves:

 ## ¿CÓMO PODEMOS ESTAR SEGUROS DE QUE LOS APÓSTOLES REALMENTE MURIERON POR SUS AFIRMACIONES?

La muerte de los apóstoles demostró la veracidad de sus afirmaciones relacionadas con la resurrección. Pero algunas muertes apostólicas son mejor atestiguadas que otras. A pesar de esto, existen muchas buenas razones para inferir que los apóstoles murieron como mártires al negarse retractar su testimonio sobre la resurrección de Jesús:

LOS APÓSTOLES COMENZARON UNA TRADICIÓN DE TESTIGOS OCULARES
El libro de Hechos nos proporciona una descripción de los discípulos como testigos oculares que no tuvieron miedo de compartir lo que vieron y experimentaron con Jesús, aun cuando su testimonio resultó en su encarcelamiento y malos tratos. El primer registro confiable de los discípulos claramente indica que iban camino al martirio.

LOS APÓSTOLES COMENZARON UN REGISTRO UNIFORME

Como resultado, el primer registro consistente de las muertes de los apóstoles describe que murieron como mártires. Aunque los detalles relacionados a esas muertes pueden variar de tradición en tradición, el hecho de que murieron como mártires es un punto de acuerdo uniforme. Igualmente importante es que no existen otras tradiciones antiguas que contradigan el martirio de los apóstoles. No existen relatos paganos, por ejemplo, que describan que los apóstoles vivieron vidas tranquilas a lo largo de la costa Mediterránea.

LOS APÓSTOLES COMENZARON UN MOVIMIENTO COMPROMETIDO

Por generaciones después de la vida y muerte de los apóstoles, los primeros creyentes cristianos buscaron emular el compromiso y dedicación de los testigos oculares apostólicos. ¿Cómo buscaban hacer esto? Siguiendo sus pasos y muriendo por las afirmaciones de los testigos oculares. Los primeros cristianos imitaron a los apóstoles y se negaron a retractarse de su confianza en los relatos de los testigos oculares.

La Iglesia antigua reconoció el martirio de los testigos oculares cristianos originales. Existe razón más que suficiente para creer que los apóstoles murieron como mártires sin retractarse de su testimonio. Este compromiso con las afirmaciones apostólicas sigue siendo un testimonio poderoso de la verdad del cristianismo.

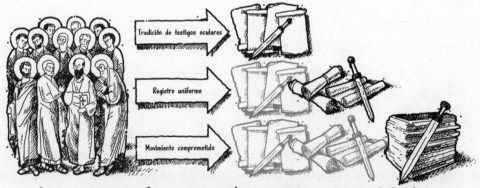

Las antiguas afirmaciones de martirio son consistentes

¿LOS APÓSTOLES MINTIERON PORQUE BUSCABAN EL ESTATUS QUE PROPORCIONABA EL MARTIRIO?

La mayoría de los escépticos concuerdan en que los apóstoles no ganaron nada financiera o relacionalmente por su testimonio, pero existen *también* buenas razones para rechazar la idea de que los discípulos fueron motivados por el *deseo de poder*, anhelando el martirio como un símbolo de estatus:

LOS APÓSTOLES CONOCÍAN LA DIFERENCIA ENTRE MINISTERIO Y MARTIRIO

El libro de Hechos y las cartas de Pablo nos proporcionan una idea de las vidas de los apóstoles. Los apóstoles fueron claramente perseguidos y maltratados, y las cartas y narrativas del Nuevo Testamento describen sus repetidos esfuerzos por evitar su captura para continuar con sus ministerios personales como testigos oculares. Los relatos del Nuevo Testamento describen hombres que fueron suficientemente audaces para mantener su ministerio, y suficientemente astutos para evitar la aprehensión el mayor tiempo posible.

LOS APÓSTOLES CONOCÍAN LA DIFERENCIA ENTRE CONSECUENCIA Y META

Estos primeros testigos oculares estaban plenamente conscientes de que su testimonio podría ponerlos en peligro, pero entendieron que esta era la *consecuencia* de su papel como testigos oculares y no su *meta*. Es por ello que intentaron evitar la muerte el mayor tiempo posible. Aunque generaciones posteriores de creyentes pudieron haber querido emular a los apóstoles a través de un acto de martirio, este no fue el caso de los propios apóstoles.

LOS APÓSTOLES CONOCÍAN LA DIFERENCIA ENTRE FAMA E INFAMIA

Una cosa es ser famoso y otra ser famosamente despreciado. Algunos alcanzan una fama generalizada basada en algo *noble* (como la Madre Teresa). Otros alcanzan la fama generalizada por algo *siniestro* (como Adolfo Hitler). Los apóstoles fueron despreciados rotundamente por sus homólogos judíos debido a su liderazgo dentro de la incipiente comunidad cristiana. Si estaban mintiendo sobre su testimonio para ganarse el respeto y la admiración de la cultura que estaban intentando convertir, tomaron el enfoque equivocado. Los apóstoles sabían que su testimonio los dejaría impotentes para detener su propio martirio brutal.

Los apóstoles hicieron todo lo posible por *evitar* el martirio para poder compartir lo que habían visto con sus propios ojos. Aunque sabían que su testimonio podría finalmente costarles la vida, continuaron firmemente proclamando la resurrección de Jesús. Su martirio fue una consecuencia de esos esfuerzos y claramente no la meta de los discípulos.

Los apóstoles buscaron EVITAR EL MARTIRIO para hacer AVANZAR el Evangelio

 ## ¿CÓMO PUEDEN LOS EVANGELIOS SER RELATOS DE TESTIGOS SI INCLUYEN EVENTOS O HECHOS QUE LOS ESCRITORES NO VIERON?

Los escritores del Evangelio a menudo incluyeron información de eventos que simplemente no pudieron haber presenciado personalmente (por ejemplo, las narrativas del nacimiento en Mateo y varias instancias en los Evangelios en donde Jesús está solo). ¿Cómo pueden los Evangelios ser relatos de los testigos si incluyen cosas que los autores no pudieron haber presenciado? Al leer las declaraciones de los testigos de los casos sin resolver originalmente investigados décadas antes, encuentro que estos relatos incluyen tres tipos de información de "primera mano":

EXPERIENCIA DE PRIMERA MANO

Los testigos incluyen descripciones de eventos y sucesos que personalmente observaron y experimentaron.

ACCESO DE PRIMERA MANO

Los testigos incluyen descripciones de eventos y sucesos que no presenciaron personalmente, pero de los que tuvieron conocimiento con base en información que les proporcionó otra persona en ese momento.

CONOCIMIENTO DE PRIMERA MANO

Los testigos incluyen descripciones de condiciones culturales generales y conocimiento común de la época, aunque ellos no tuvieran experiencia u observación directa en que confiar.

El testimonio relacionado a lo que yo llamo "acceso de primera mano" generalmente se considera "de oídas" (porque la fuente original de esta información no está disponible para el contrainterrogatorio). Pero esto no significa que la información de esta categoría sea falsa o inválida. El estándar "de oídas" en los juicios criminales está estrictamente diseñado para proporcionar la mayor protección posible a los acusados de un crimen (para más información, consulte el capítulo 10). Los testigos proporcionan información a partir de sus experiencias y observaciones personales, su acceso a la información de otros testigos vivos y su conocimiento íntimo de la cultura en la que viven. El hecho de que un testigo decida proporcionar información del "acceso de primera mano" no desacredita lo que proporcionan de la "experiencia de primera mano" o del "conocimiento de primera mano".

Los testigos históricos proporcionan más que observaciones de testigos oculares

¿PODEMOS CONFIAR EN LA INFORMACIÓN DE LOS EVANGELIOS, AUNQUE PRIMERO HAYA SIDO TRANSMITIDA ORALMENTE?

He reunido un caso acumulativo circunstancial para la datación temprana de los Evangelios (vea el capítulo 11), pero, aun si los Evangelios fueron escritos lo suficientemente temprano para haber sido de la autoría de testigos oculares, ¿no serían suficientes 15-20 años para que los autores olvidaran algo importante o agregaran algo erróneo, sobre todo si solo estaban retransmitiendo la historia *oralmente*? Existen buenas razones para deducir que la información de los Evangelios se transmitió con precisión, incluso si esta transmisión fue completamente oral:

REVERENCIA PERSONAL

El contenido del mensaje del Evangelio fue de suma importancia para aquellos que lo comunicaron y para quienes lo aceptaron (y más tarde lo retransmitieron a la siguiente generación). Estas personas no estaban pasando la receta del pastel de carne de mamá; estaban testificando como testigos de la vida más grandiosa jamás vivida, y comprendieron su rol como testigos.

REPETICIÓN PERSISTENTE

La cultura del primer siglo en la que los discípulos operaban era una cultura de transmisión oral. Mucho se ha escrito sobre esto, pero mi propia experiencia confirma una verdad importante. He dado las mismas ponencias durante años y mis hijos han asistido a muchas de esas conferencias. Mi hija dijo una vez que ella podía terminar mis enunciados por mí después de algunas presentaciones repetidas. Después recitó una porción de mi ponencia a la perfección. Si ella pudo repetir el contenido de mis ponencias apenas después de algunas exposiciones, imagine lo que habría podido completar si me hubiera acompañado por tres años como los discípulos que siguieron a Jesús.

REGISTRO RÁPIDO

Los discípulos que memorizaron las repetidas enseñanzas de Jesús ofrecieron lo que podían recordar a quienes las registraron mientras vivían los testigos originales. Tal como escribí en el capítulo 11, el obispo de la primera iglesia, Papías, afirmó que Marcos registró la predicación de Pedro al describir la vida y enseñanza de Jesús. Al igual que mi hija, Marcos se sentó bajo repetidas enseñanzas hasta que las memorizó por completo. Luego registró la verdad sobre Jesús cuando Pedro se la transmitió. El caso para la datación temprana nos ayuda a tener confianza en que esto ocurrió muy temprano en la historia.

Como cristiano, también creo que Dios protegió y guio la preservación de los relatos de los testigos, pero aun sin esta protección existen razones más que suficientes para inferir que las observaciones de los testigos fueron fiel y exactamente transmitidas al registro escrito de los Evangelios.

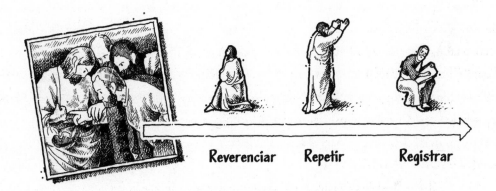

Reverenciar   Repetir   Registrar

¿QUÉ DECÍAN LOS DISCÍPULOS DE JESÚS ANTES DE ESCRIBIR LOS EVANGELIOS?

Los testigos oculares bíblicos no escribieron inmediatamente sus observaciones sobre Jesús. Luego de la resurrección, muchos años pasaron antes de que el primer Evangelio se escribiera. En el periodo entre la resurrección y la autoría de los primeros Evangelios, los testigos comunicaron sus observaciones *oralmente*. ¿Qué decían exactamente los discípulos sobre Jesús antes de escribir los Evangelios? ¿Fueron sus discursos orales consistentes con los relatos del Evangelio? Resulta que tenemos registros de los primeros discursos sobre Jesús; fueron insertados en los escritos del Apóstol Pablo. En su carta a la iglesia de Corinto, Pablo incluyó lo que la mayoría de los eruditos creen que es uno de los primeros credos cristianos:

"Además os declaro, hermanos, el evangelio que os he predicado, el cual también recibisteis, en el cual también perseveráis; por el cual asimismo, si retenéis la palabra que os he predicado, sois salvos, si no creísteis en vano. Porque primeramente os he enseñado lo que asimismo recibí: Que Cristo murió por nuestros pecados, conforme a las Escrituras; y que fue sepultado, y que resucitó al tercer día, conforme a las Escrituras; y que apareció a Cefas, y después a los doce. Después apareció a más de quinientos hermanos a la vez, de los cuales muchos viven aún, y otros ya duermen. Después apareció a Jacobo; después a todos los apóstoles; y al último de todos, como a un abortivo, me apareció a mí" (1 Co. 15:1-8).

Aunque la carta de Pablo a los corintios típicamente se data a mediados de los años 50, él se refería a información que dio a los corintios *antes* de escribir su carta. ¿Cuándo entregó por primera vez esta información a los hermanos y hermanas de Corinto? La mayoría de los eruditos prefieren una datación del 51 d. C. con base en descripciones relevantes del libro de Hechos y la datación histórica relacionada con Galio.[1] Esto significa que Pablo comunicó los datos sobre Jesús en los veinte años siguientes a la crucifixión. Pero ¿cuándo vio Pablo por primera vez al Cristo resucitado y luego recibió esta información acerca de Jesús? Dado lo que Pablo escribió en sus cartas y lo que Lucas describió en el libro de Hechos, podemos reconstruir la siguiente línea de tiempo:

33 d. C. – Jesús resucitó de la tumba y ascendió al cielo.

34–35 d. C. – Jesús se apareció a Pablo en el camino a Damasco (entre uno y dos años después de la resurrección y ascensión).[2]

37–38 d. C. – Pablo recibió los datos sobre la historicidad y deidad de Jesús de parte de Pedro y Santiago mientras los visitaba en Jerusalén (dos o tres años después de su conversión, dependiendo como usted interprete las palabras "tres años después" en Gálatas 1).[3]

48–50 d. C. – Pablo corrobora los datos sobre la historicidad y deidad de Jesús con Juan, Pedro y Santiago en presencia de Bernabé y Timoteo (catorce años después del evento del camino a Damasco o catorce años después de la primera reunión con Pedro y Santiago en Jerusalén).[4]

51 d. C. – Pablo provee por primera vez información a la iglesia de Corinto sobre la historicidad y deidad de Jesús (durante esta visita a Corinto también se presenta ante Galio).

55 d. C. – Pablo escribe a la iglesia de Corinto y les recuerda la información que previamente les proveyó sobre la historicidad y deidad de Jesús.[5]

El primer credo cristiano relacionado con la historicidad y deidad de Jesús en 1 Co. 15 es un registro escrito de la *información oral más antigua que tenemos sobre Jesús*. Representa una visión de Jesús expresada dentro de cuatro a seis años de la resurrección. No hay razón para creer que esta visión de Jesús no haya sido comunicada incluso antes. Todavía pasarían varios años antes de que cualquiera de los testigos escribiera un Evangelio, pero los testigos fueron firmes y consistentes en sus afirmaciones relacionadas a la historicidad y deidad de Jesús.[6]

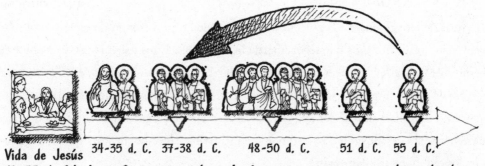

Vida de Jesús   34-35 d. C. 37-38 d. C.   48-50 d. C.   51 d. C. 55 d. C.
(1-33 d. C.) La información sobre Jesús se mantuvo sin cambios desde
el 37 d. C. hasta la escritura de las cartas y Evangelios

¿POR QUÉ DEBEMOS CONFIAR EN QUE EL CANON DEL NUEVO TESTAMENTO FUE RECOPILADO CORRECTAMENTE?

El Concilio de Laodicea (363 d. C.) simplemente afirmó las Escrituras que los seguidores de Jesús habían usado por varias generaciones cuando aprobó el canon del Nuevo Testamento que conocemos actualmente (vea capítulo 13). Los primeros creyentes, cientos de años antes de los concilios, preservaron el precioso testimonio de los testigos oculares sobre Jesús, examinando continuamente los relatos contendientes para asegurarse que su colección era auténtica y precisa. Para la época de los concilios, los cristianos habían aceptado un estándar para determinar qué escritos eran la Palabra de Dios (y cuáles no). Hubo dos importantes atributos considerados por estos creyentes:

CONFIABILIDAD DEL TESTIGO OCULAR

¿Los textos fueron de la autoría de un testigo ocular o alguien con acceso inmediato a los testigos oculares? (¿Se puede confiar en que los textos reflejan la verdad sobre lo que ocurrió? ¿No fueron alterados histórica ni doctrinalmente?).

UTILIDAD PRÁCTICA

¿Los textos reflejaron la naturaleza divina y los propósitos de Dios para ayudar a Su pueblo a entenderlo mejor? (¿Fueron útiles los textos para enseñar a las personas acerca de Dios? ¿Fueron comprensibles y accesibles?).

Estas áreas de interés guiaron el proceso de selección de los primeros creyentes que protegían y preservaban los documentos que recibieron de los apóstoles. Estos coleccionistas tenían acceso de primera mano a los hombres que escribieron los Evangelios. Además de esto, la *diversidad geográfica* de la cual surgieron estos primeros líderes corroboró aún más la autenticidad del Nuevo Testamento. Los discípulos de los apóstoles preservaron el testimonio de los testigos oculares y consistentemente describieron este testimonio en su propia correspondencia, aunque estuvieran separados por miles de kilómetros:

EN ROMA: CLEMENTE (95 D. C.) CONFIRMÓ EL NUEVO TESTAMENTO

Clemente recopiló muchos de los documentos de testigos oculares del Nuevo Testamento y los tuvo en alta estima. Quizá lo más importante es que creía que sus lectores ya conocían suficientemente bien estos documentos para reconocerlos cuando los citaba o aludía a ellos en su carta.

EN ANTIOQUÍA: IGNACIO (110-115 D. C.) CONFIRMÓ EL NUEVO TESTAMENTO

Ignacio fue el primer escritor de la antigüedad en usar la expresión "está escrito" al citar los documentos del Nuevo Testamento; está claro que los consideraba "a la par" con el Antiguo Testamento. Así como Clemente, Ignacio también debe haber creído que estos documentos ya circulaban y eran lo suficientemente conocidos por sus lectores como para que los reconocieran al citarlos.

EN ESMIRNA: POLICARPO (110 D. C.) CONFIRMÓ EL NUEVO TESTAMENTO

Al igual que Ignacio, también está claro que Policarpo creía que los documentos del Nuevo Testamento eran Escrituras comparables al Antiguo Testamento. En el capítulo doce de su carta escribió: "En los libros sagrados… como está dicho en estas Escrituras: 'Si se enojan, no pequen' y 'No permitan que el enojo les dure hasta la puesta del sol", citando tanto Sal. 4:4 (NVI) y Ef. 4:26 (NVI) como si hubiesen sido igualmente inspirados.[7]

La separación geográfica de estos tres primeros líderes de la Iglesia era *significativa*. A finales del primer siglo (y el principio del segundo), Clemente, Ignacio y Policarpo estaban dirigiendo la Iglesia en regiones separadas del Imperio, pero estaban unidos en su identificación de las principales cartas y Evangelios del Nuevo Testamento. Incluso en esta época tan temprana de la historia, los libros del Nuevo Testamento estaban escritos y aceptados como Escritura por los primeros discípulos de los apóstoles. Esta generación de creyentes probablemente aceptó muchos más de los escritos del Nuevo Testamento de los que mencionaron en sus propias cartas, pero los documentos del Nuevo Testamento citados, escritos por los testigos oculares (y preservados por sus discípulos a través de los límites geográficos), finalmente se convirtieron en el centro del Nuevo Testamento que conocemos hoy.

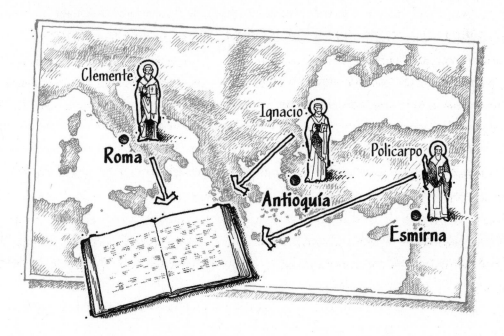

¿POR QUÉ PIENSA QUE LOS EVANGELIOS SON RELATOS DE TESTIGOS OCULARES CUANDO ALGUNOS ERUDITOS NO ESTÁN DE ACUERDO?

Algunos eruditos cuestionan la noción de que los Evangelios son relatos de testigos oculares dado que no están escritos como narrativas en primera persona y los autores no se identifican más directamente dentro del texto. Es cierto que los autores de los Evangelios se reservaron su identidad dentro de la narrativa, pero esto no era fuera de lo común en la literatura antigua de la época. Además, existen varias buenas razones para creer que los Evangelios son relatos de testigos oculares:

DECLARACIONES ATRIBUIDAS

Los autores del Nuevo Testamento repetidamente se referían a sí mismos como testigos, aunque no hicieron declaraciones abiertas que incluyeran sus nombres. En el último capítulo del Evangelio de Juan, el autor escribe que estaba testificando y que su testimonio era verdadero. Este tipo de lenguaje presupone que el autor vio algo que pudo describir como un testigo ocular. Además, los autores de 1 de Juan y 2 Pedro se identificaron como testigos que directamente observaron a Jesús (1 Jn. 1:1,3 y 2 Pe. 1:16). Aunque Lucas claramente admitió que él no había sido un testigo de los eventos en su Evangelio, declaró confiar en los testigos oculares reales para su información (Lc. 1:1). Los autores de los Evangelios consideraron su trabajo como un registro de observaciones de testigos.

ESTRATEGIA APOSTÓLICA

Los apóstoles también se comportaron como testigos en el libro de Hechos, y la estrategia que usaron para compartir el cristianismo fue consistente con su rol como testigos. Cuando los apóstoles eligieron proclamar la verdad a los no creyentes en su medio, lo hicieron describiendo la resurrección y su condición como testigos. Esto es consistente de principio a fin en el libro de Hechos. Los apóstoles se identificaron a sí mismos como testigos, compartieron la verdad como testigos y finalmente escribieron los Evangelios como testigos.

RESPALDO ANTIGUO

Los primeros escritos de los padres de la Iglesia confirman la naturaleza de testigos oculares de los autores de los Evangelios. Papías, como mencioné antes, describió el Evangelio de Marcos como un registro de las enseñanzas de Pedro relacionadas con sus observaciones como testigo ocular.

SELECCIÓN AUTORIZADA

Finalmente, el canon de las Escrituras refleja la naturaleza de testigo de los relatos de los Evangelios. Uno de los principales criterios para la selección del canon fue la autoría por testigos. Los Evangelios originales fueron protegidos y venerados con base en su autoría apostólica y los documentos tardíos fueron rechazados por los primeros padres de la Iglesia porque fueron escritos demasiado tarde para haber sido escritos por testigos oculares. El criterio de autoría de testigo ocular fue fundamental para el proceso de selección.

Aunque algunas características de los Evangelios aún pueden ser cuestionadas por quienes niegan la naturaleza de testigo ocular de los textos, la mejor inferencia de la evidencia es que los Evangelios buscaban ser declaraciones de testigos oculares.

Los Evangelios fungen como
declaraciones de testigos oculares

8 ¿LOS EVANGELIOS NO CANÓNICOS DESAFÍAN LA HISTORICIDAD DEL NUEVO TESTAMENTO?

Algunos escépticos afirman que los Evangelios canónicos no son las únicas historias del primer siglo acerca de Jesús. Citan antiguos evangelios "no canónicos" adicionales (como el Evangelio de Tomás, El Evangelio de María o el Evangelio de Judas) que describen una versión de Jesús muy diferente de la que aceptamos hoy. ¿Estos documentos antiguos y no bíblicos (y sus variadas descripciones) desafían lo que sabemos sobre Jesús? No. Los Evangelios canónicos son la *única* fuente fidedigna de información relacionada a la vida de Jesús por las siguientes razones:

LOS EVANGELIOS NO CANÓNICOS APARECIERON MUY TARDE EN LA HISTORIA

Los Evangelios que se encuentran en el Nuevo Testamento aparecieron muy temprano en la historia (vea capítulo 11). En comparación, el catálogo entero de evangelios no canónicos fue escrito mucho más tarde en la historia (para más información al respecto, consulte mi libro *Person of Interest; Why Jesus Still Matters in a World That Rejects the Bible*). Los evangelios no canónicos aparecen demasiado tarde para haber sido escritos por testigos oculares de la vida de Jesús.

SE SABÍA QUE LOS EVANGELIOS NO CANÓNICOS ERAN FRAUDULENTOS

Los primeros discípulos de Jesús y líderes de la Iglesia sabían que estos evangelios tardíos eran fraudulentos. Los primeros líderes como Policarpo, Ireneo, Hipólito, Tertulio y Epifanio escribieron sobre la mayoría de los evangelios no canónicos cuando aparecieron por primera vez en la historia, identificándolos como fraudes heréticos. Ireneo, al escribir sobre el número creciente de textos no canónicos, dijo que había "multitud de escritos apócrifos e ilegítimos, que ellos mismos [los apóstatas] habían forjado para desconcertar las mentes de gente necia que ignora las Escrituras verdaderas".[8] Quienes estuvieron más cerca de la acción sabían que los textos tardíos no canónicos *no* eran confiables.

LOS EVANGELIOS NO CANÓNICOS REFLEJABAN MOTIVOS OCULTOS

Los autores de los evangelios no canónicos permitieron que sus presuposiciones teológicas corrompieran su obra. Muchos de los textos no canónicos, por ejemplo, fueron escritos por autores gnósticos que usaban el pseudónimo de un apóstol para legitimar el texto mientras se apropiaban de la persona de Jesús para legitimar su *teología*. Como resultado, Jesús a menudo fue presentado como fuente de sabiduría esotérica y oculta comunicada a través de dichos o diálogos con un discípulo seleccionado lo suficientemente privilegiado como para ser "iluminado". Además, a menudo se describía a Jesús como un espíritu inmaterial "docético" sin cuerpo, lo que obligaba al autor a explicar la aparición de una muerte corporal en la crucifixión u otras apariciones físicas descritas en el Nuevo Testamento.

Tenemos pocas razones para considerar seriamente las descripciones tardías de la vida y ministerio de Jesús; las ficciones no canónicas fueron rechazadas por los antiguos que reconocieron su llegada tardía y comprendieron las motivaciones egoístas de sus proponentes.

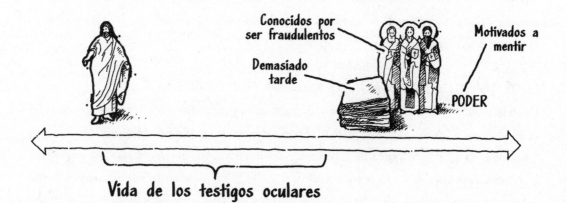

al autor a explicar la aparición de una muerte corporal en la crucifixión u otras apariciones físicas

¿POR QUÉ LOS CRÍTICOS TEXTUALES DUDAN DE LA AUTORÍA DE LOS EVANGELIOS?

Algunos escépticos cuestionan las atribuciones históricas de Marcos, Mateo, Lucas o Juan. Usando las herramientas de la crítica textual, muchos citan variaciones dentro del texto como evidencia de múltiples autores. Aunque también me inclino por examinar cada palabra cuidadosamente (vea capítulo 5), soy consciente de los límites de este tipo de crítica textual. Cuando empleo algunas de esas mismas herramientas, intento tener en mente las siguientes consideraciones:

EL PERIODO EN EL QUE EL DOCUMENTO FUE ESCRITO

Los críticos señalan las diferencias en el lenguaje o el estilo de escritura dentro de un texto bíblico como evidencia de la existencia de más de un autor, pero a menudo se atribuye mejor al periodo de tiempo en el que el documento fue escrito. Como detective de casos sin resolver, regularmente abro casos antiguos en los cuales un detective originalmente fue el autor de un "reporte complementario contínuo" a lo largo de un periodo de tiempo. Él o ella comenzó escribiendo el día del asesinato y luego actualizó el reporte después de varios años mientras la investigación continuaba. Mirando en retrospectiva el reporte muchos años después, a menudo parece como si varios compañeros hubieran trabajado en el documento cuando, de hecho, solo un investigador lo escribió. A medida que el detective maduró, su estilo cambió. De manera similar, las críticas a los documentos del Nuevo Testamento deben considerar el lapso de tiempo en el que fueron escritos. Mientras examinamos la obra de Lucas, por ejemplo, debemos dar cuenta de los cambios naturales en su estilo de escritura, dado el lapso de tiempo en el que escribió el libro de Hechos y el Evangelio de Lucas.

LOS LÍMITES DE LA TECNOLOGÍA USADA POR EL AUTOR

Cuando el detective original redactaba el reporte complementario (antes de que existieran las computadoras o "procesadores de texto"), él o ella dictaba las palabras a un oficial asistente que las transcribía en una máquina de escribir. Como resultado, los detectives rara vez regresaban a las primeras partes del reporte para modificar su lenguaje, cambiar la puntuación o corregir la tipografía. En cambio, aprendieron a vivir con sus primeras elecciones de lenguaje y errores gramaticales debido a los límites tecnológicos que enfrentaban. Estoy seguro de que este también fue el caso de los autores antiguos que escribían con herramientas primitivas o con escribas que usaban recursos primitivos.

LAS INFLUENCIAS CAMBIANTES EXPERIMENTADAS POR EL AUTOR

A medida que me desarrollo como *presentador del caso* y escritor, mi asociación con grandes pensadores y autores continúa motivándome a mejorar mis propias habilidades. A lo largo del camino, el estilo de mi escritura fue influenciado por personas que me guiaron. Me di cuenta de que incluía sus expresiones y estilos en mi trabajo. Cuando comencé a escribir como un *presentador del caso* cristiano, mis artículos eran muy parecidos a mis reportes profesionales y mis órdenes de registro. Desde entonces, he adoptado un lenguaje y estilos similares al de los *presentadores del caso* que me han influenciado a lo largo del camino. Es probable que lo mismo les ocurriera a los autores antiguos. Si sus documentos fueron escritos durante un periodo, sin la tecnología para editar fácilmente las primeras partes del texto, debemos esperar cambios razonables atribuidos a la influencia de aquellos con quienes los autores interactuaron.

SUS PROPIAS PRESUPOSICIONES MIENTRAS ESTUDIA EL TEXTO

Sobre todo, debemos examinar cuidadosamente el escepticismo subyacente que cada uno de nosotros aporta a un documento. He trabajado con abogados defensores que han pensado lo peor del detective original y, como resultado, vieron engaño y malicia en cada alteración y variación dentro del reporte. ¿La naturaleza del informe justificaba esta respuesta o la presuposición del abogado lo motivó a ver lo que quería ver? De manera similar, no podemos llegar a un texto que hace afirmaciones acerca de lo sobrenatural con una presuposición *en contra de lo sobrenatural*. Cuando esto ocurre, nuestras presuposiciones provocan que encontremos fallas, errores y engaños en todo momento.

Al final, podemos "leer entre líneas" para establecer la autoría o simplemente confiar en el testimonio y las atribuciones ofrecidas por aquellos que estaban más cerca de la acción. Si vamos a negar las atribuciones de la autoría tradicional de los Evangelios, al menos deberíamos reconocer los límites de la crítica textual.

10 ¿QUÉ HACE A LAS AFIRMACIONES SOBRE JESÚS MÁS CONFIABLES QUE LAS AFIRMACIONES SOBRE PERSONAJES FICTICIOS (COMO PETER PAN)?

El mero hecho de que un relato pueda estar basado de alguna manera en una historia verídica no significa que *todo* en el relato sea preciso o real. Cuando el novelista y guionista escocés J. M. Barrie escribió la historia ficticia de *Peter Pan*, por ejemplo, colocó el relato en el Londres Victoriano tardío. Dentro de mil años, los arqueólogos podrían encontrar evidencia arqueológica que confirme la existencia de Londres y también encontrar evidencia de otros escritores que describieron la historia de Peter Pan. Pero el respaldo arqueológico o manuscrito que confirma una porción de la historia no garantiza la autenticidad de todo el relato. Sin embargo, el registro relacionado con Jesús es muy diferente al registro relacionado con Peter Pan:

LOS AUTORES DE LOS EVANGELIOS AFIRMARON SER TESTIGOS OCULARES

Barrie nunca escribió *Peter Pan* como una afirmación real de la historia desde la perspectiva de un testigo. En cambio, presentó al personaje por primera vez en una pequeña sección de *El pajarito blanco*, una novela de 1902. Barrie nunca afirmó estar escribiendo una historia verdadera como testigo ocular. Por el contrario, los autores de los Evangelios repetidamente se identificaron como "testigos de la gloria de Cristo" (2 P. 1:16), quienes describieron "lo que [oyeron], lo que [vieron con sus] ojos, lo que [contemplaron], y palparon [sus] manos" (1 Jn. 1:1).

LOS AUTORES DE LOS EVANGELIOS PUEDEN SER PROBADOS COMO TESTIGOS OCULARES

A diferencia de Barrie (y otros escritores de ficción), la confiabilidad de los autores bíblicos puede ser probada como he descrito en este libro. Cuando aplicamos la plantilla de cuatro partes de la sección dos, él queda rápidamente expuesto como un autor de ficción. Sin embargo, cuando aplicamos esta plantilla investigativa a los autores de los Evangelios, sobreviven como testigos confiables, especialmente cuando se comparan con otros historiadores precisos de la antigüedad.

LOS AUTORES DE LOS EVANGELIOS MURIERON COMO TESTIGOS OCULARES

J. M. Barrie y sus editores se beneficiaron de la historia de *Peter Pan* de muchas maneras. Él fue motivado a escribir el relato ficticio de *Peter Pan* en una forma distinta a los autores de los Evangelios. Los autores Bíblicos nunca disfrutaron del éxito de una obra de teatro o una publicación exitosa. En cambio, sufrieron por sus declaraciones, y aun así permanecieron comprometidos con su testimonio.

La evidencia arqueológica es una pequeña parte del caso colectivo a favor de la confiabilidad de los testigos oculares de los Evangelios. La historia de *Peter Pan* es una afirmación *ficticia*. La historia de Jesús es una afirmación *histórica*. Como tal, los relatos de los Evangelios pueden ser probados para ver si describen con precisión al Jesús de la historia.

Jesús comparado con Peter Pan

11 ¿POR QUÉ CONFÍA EN LO QUE LOS PADRES DE LA IGLESIA ESCRIBIERON SOBRE JESÚS CUANDO MUCHOS TENÍAN PUNTOS DE VISTA HERÉTICOS?

Al seguir la "cadena de custodia" del Nuevo Testamento para investigar la transmisión de los relatos de los Evangelios, suelo relatar las afirmaciones de muchos de los primeros líderes de la Iglesia (como Policarpo, Ignacio, Clemente, Ireneo, Hipólito, Orígenes, Taciano, Justino Mártir y otros) cuando describen la vida y ministerio de Jesús de una generación a la siguiente. Sin embargo, a veces me preguntan cómo puedo hacer referencia a estas fuentes dado que algunos de estos padres de la Iglesia sostuvieron posiciones heréticas relacionadas con las doctrinas y prácticas cristianas. ¿Pueden las personas que mantienen diferentes (incluso *heréticos*) puntos de vista teológicos desempeñar un papel importante en el establecimiento de la historicidad de Jesús? Sí, pueden:

LOS DIFERENTES PUNTOS DE VISTA NO DESCALIFICAN

En cada juicio criminal, citamos a testigos que sostienen puntos de vista teológicos, filosóficos o políticos diferentes a los nuestros (y diferentes entre ellos). Estas creencias secundarias son irrelevantes porque los testigos deben limitar su testimonio a sus observaciones relacionadas al caso. Imagine, por ejemplo, que un testigo observa a un sospechoso correr hacia su auto, entrar por el lado del conductor, encender el motor y luego vacilar justo antes de huir del lugar. En el juicio, al testigo se le pedirá que describa lo que vio en relación con las acciones del sospechoso. Pero una pregunta como "¿Por qué crees que él vaciló antes de huir del lugar?" está más allá del alcance del conocimiento y testimonio del testigo. Una cosa es testificar sobre lo que se ha visto y otra testificar sobre lo que se cree que *significa*.

LAS OBSERVACIONES SON MÁS IMPORTANTES QUE LAS INTERPRETACIONES

Al examinar el linaje de los líderes históricos de la Iglesia, estoy más interesado en los hechos relacionados con Jesús que en las interpretaciones de los padres de la Iglesia. Quiero saber qué se describió sobre Jesús de generación a generación en lugar de cómo cada líder desarrolló una respuesta teológica. Como resultado, principalmente me importan sus descripciones de los Evangelios y los detalles incluidos en estas narrativas históricas. Cuando un padre de la Iglesia comienza a pontificar sobre una posición o interpretación teológica, reconozco que esto está fuera del alcance de su testimonio. Cuando examino a alguno de los padres de la Iglesia primitiva, solo me interesa "¿Cuáles fueron los hechos sobre la vida de Jesús que recibiste de aquellos que te antecedieron?" y no "¿Qué piensas que todo esto significa?".

No es necesario estar de acuerdo con todas las posturas teológicas de un padre de la Iglesia para reconocer su valor al presentar el caso a favor de la precisa transmisión de los Evangelios, Sí, incluso los heréticos pueden ayudar a establecer la historicidad de Jesús.

¿Qué dijo Juan?   ¿Qué pensaba Juan?

12 ¿POR QUÉ INVESTIGAR LA BIBLIA? ¿SIGUE SIENDO RELEVANTE HOY EN DÍA?

Esta es una de las preguntas más importantes que alguien puede hacer sobre la Biblia y mi trabajo en *Cristianismo: Caso sin resolver*. ¿Por qué escribir un libro que defiende a la Biblia? ¿Por qué alguien se tomaría el tiempo para considerar las afirmaciones de un libro irrelevante escrito hace dos mil años? Para responder a esta pregunta, normalmente ofrezco una analogía.

Tengo un cajón en mi escritorio lleno de manuales e instructivos. Cada vez que compro un dispositivo (ya sea una herramienta eléctrica de jardín o un teléfono inteligente), guardo el manual de instrucciones original en este cajón. Ocasionalmente regreso a estas guías cuando tengo un problema o necesito una respuesta. Pero, más o menos una vez al año, reviso esos documentos y desecho muchos de ellos. Los manuales desechados todavía siguen siendo verdaderos y hábilmente escritos, pero ahora son irrelevantes; he dominado los dispositivos que describen, y soy capaz de resolver por mí mismo cualquier problema que pudiera encontrar. Pero, mientras que mi colección de instructivos *se reduce* cada año, mi colección de Biblias y materiales de estudio relacionados *aumenta*. ¿Por qué? Porque la Biblia continúa respondiendo las preguntas más importantes de la vida. Resuelve el problema más apremiante que enfrentamos los humanos; un problema que simplemente no podemos resolver por nuestra cuenta.

Mi experiencia como detective de homicidios en casos sin resolver es parcialmente culpable de mi creciente biblioteca bíblica. Los manuales de instrucciones en mi cajón del escritorio jamás habrían sido parte de mi colección si ellos no hubieran descrito correctamente los dispositivos que afirmaban respaldar. Su *precisión* es la clave de su relevancia. Cuando investigué por primera vez las afirmaciones de los relatos del Nuevo Testamento, sabía que su relevancia dependería igualmente de su grado de *veracidad*. Por eso examiné los Evangelios utilizando el mismo conjunto de habilidades que aplicaba a mis investigaciones criminales; el conjunto de habilidades que he descrito en este libro. Me convencí de que los Evangelios me decían la verdad sobre Jesús de Nazaret, pero su confiabilidad y veracidad eran solo una *parte* de la historia. Los Evangelios también describen con precisión algo que observé en los asesinos.

He arrestado una buena cantidad de asesinos de casos sin resolver, y la mayoría de ellos eran respetuosos de la ley, ciudadanos honrados para la época en que los conocí, muchos años después de haber asesinado brutalmente a sus víctimas. Entre más hablaba con estos asesinos, más me daba cuenta de que eran como...*yo*. Y como *usted*. Y como *todos los demás* en el planeta. Algunos habían llegado a ser capitanes de bomberos, maestros u hombres de negocios. Eran buenos padres, miembros confiables de la familia y empleados dignos de confianza. Pero todos estaban ocultando un oscuro secreto de su pasado; se esforzaban diariamente para convencer a un mundo que los observaba que eran buenas personas, aunque hubieran hecho algo indecible. Ninguno de estos asesinos cometió más de un asesinato, y probablemente ninguno cometería otro. Pero cada uno llevaba la carga de saber quiénes eran *realmente*, a pesar de las apariencias.

Mientras investigaba cada homicidio sin resolver, me di cuenta de que estos asesinos no eran diferentes al resto de nosotros. Si usted piensa que es incapaz de cometer un crimen así, es probable que haya *subestimado* los posibles escenarios que podría enfrentar, y *sobreestimado* cómo podría responder. Incluso si no se cree capaz de cometer tales atrocidades, apuesto que todavía existe algún secreto que usted no quiere que otros descubran; todos somos infractores de la ley moral de alguna u otra manera. El código penal en mi estado describe crímenes tan antiguos como la historia humana. De hecho, muchos de nuestros estatutos continúan reflejando el lenguaje bíblico del Antiguo Testamento. Algunas cosas cambian, pero nuestros deseos fundamentales caídos permanecen a regañadientes. Somos criminales morales en un grado u otro.

Y *es por eso* que la Biblia sigue siendo relevante hoy día. Los manuales de instrucciones que rutinariamente descarto siguen siendo *verdaderos*, pero ya no son *necesarios*. Sin embargo, la Biblia es verdadera y necesaria. El Nuevo Testamento describe con precisión al Salvador, y describe con precisión nuestra *necesidad* de un Salvador. Proporciona la única solución al problema más importante que jamás enfrentaremos: nuestra separación de un Dios santo y perfecto. No podemos resolver este problema por nuestra cuenta; Jesús sigue siendo la única respuesta. Por eso me quedo sin espacio para mi colección de comentarios bíblicos, recursos y referencias, pero el cajón de mi escritorio es más que suficiente para guardar mis manuales técnicos. Con el tiempo dominaré cada dispositivo y los manuales serán irrelevantes, pero nunca superaré mi necesidad de un Salvador. Las afirmaciones de la Biblia son tanto verdaderas como necesarias. La Biblia todavía es relevante hoy día.

Apéndice
TESTIGOS Y RECURSOS

Recopilación de los recursos necesarios para presentar el caso

Expedientes

TESTIGOS EXPERTOS

Nunca he llevado una investigación a juicio sin la ayuda de testigos expertos que testificaran sobre aspectos específicos y detallados de la evidencia. Los siguientes testigos expertos pueden ser llamados al estrado mientras usted presenta un caso a favor de las afirmaciones del cristianismo.

Capítulo Uno:
NO SEA UN "SABELOTODO"

Craig S. Keener

Testificará minuciosamente de la credibilidad de los registros de milagros en los Evangelios y Hechos en *Miracles: The Credibility of the New Testament Accounts* (Baker Academic, noviembre 2011).

J. P. Moreland y William Lane Craig

Testificarán de los prejuicios filosóficos y las presuposiciones que afectan las cuestiones de fe y razón en su libro *Philosophical Foundations for a Christian Worldview* (InterVarsity Press, 2003).

Michael S. Heiser

Testificará de la visión sobrenatural descrita en los textos bíblicos en su libro *The Unseen Realm: Recovering the Supernatural Worldview of the Bible* (Lexham Press, octubre 2019).

Capítulo Dos:
APRENDA A "INFERIR"

Gary Habermas y Michael Licona

Testificarán de los *datos generales* y evidencias relacionadas a la resurrección en su libro *The Case for the Resurrection of Jesus* (Kregel, 2004).

Jake O'Connell

Testificará de la resurrección como la mejor explicación de los hechos (comparado con la afirmación de que los discípulos alucinaban) en su libro *Jesus' Resurrection and Apparitions: A Bayesian Analysis* (Zondervan Publishing, noviembre 2016).

Lee Strobel

Testificará de explicaciones alternativas para la resurrección mientras entrevista a varios expertos en la materia en *The Case for Easter: a Journalist Investigates the Evidence for the Resurrection* (Zondervan Publishing, January 2004).

Capítulo Tres:
PIENSE "CIRCUNSTANCIALMENTE"

J. Warner Wallace

Testificaré del caso acumulativo de la existencia de Dios a partir de ocho características del universo en mi libro *God's Crime Scene: A Cold-Case Detective Examines the Evidence for a Divinely Created Universe* (David C Cook, agosto 2019).

William Lane Craig

Testificará de la evidencia causal relacionada al argumento cosmológico en su libro *The Kalām cosmological Argument* (Wipf & Stock, 2000).

John Leslie

Testificará de la evidencia bien calibrada relacionada al principio antrópico en su libro *Universes* (Tylor & Francis, 2002).

Neil Manson

Testificará de la evidencia de diseño relacionada al argumento teleológico en su libro *God and Design: The Teleological Argument and Modern Science* (Routledge, 2003).

Paul Copan y Mark Linville

Testificarán de la evidencia moral relacionada al argumento axiológico en su libro *The Moral Argument* (Continuum Publishers, 2013).

Capítulo Cuatro:
PONGA A PRUEBA A SUS TESTIGOS

Richard Bauckham

Testificará de la naturaleza de los Evangelios del Nuevo Testamento como relatos de testigos oculares de la vida de Jesús en su libro *Jesus and the Eyewitnesses: The Gospels as Eyewitness Testimony* (Eerdmans, 2006).

Bruce Metzger

Testificará de la primera colección de relatos de testigos oculares y su conformación en el Nuevo Testamento en su libro *The Canon of the New Testament: Its Origin, Development, and Significance* (Oxford University Press, 1997).

Mark L. Strauss

Testificará de las diferentes representaciones de Jesús proporcionadas por los autores de los Evangelios, examinándolas como las obras de diferentes artistas que describen el mismo sujeto (Jesús de Nazaret) en su libro *Four Portraits, One Jesus: A Survey of Jesus and the Gospels* (Zondervan Academic, marzo 2020).

Capítulo Cinco:
PRESTE ATENCIÓN A CADA PALABRA

J. Warner Wallace

Testificaré de manera más detallada el papel del análisis forense de las declaraciones en la evaluación de declaraciones y afirmaciones en mi libro *Forensic Faith: A Cold Case Detective Helps You Rethink and Share Your Christian Beliefs* (David C Cook, mayo 2017).

Craig Blomberg

Testificará de los métodos "forenses" de la "crítica textual" utilizados para estudiar los Evangelios y discutirá algunas de las conclusiones extraídas de este esfuerzo en su libro *The Historical Reliability of the Gospels* (InterVarsity Press, 2007).

Daniel B. Wallace

Testificará de lo que se puede aprender "forensemente" sobre la transmisión primitiva de los documentos del Nuevo Testamento en la compilación *Revisiting the Corruption of the New Testament: Manuscript, Patristic, and Apocryphal Evidence* (Kregel, 2011).

Capítulo Seis:

SEPARE LOS ARTEFACTOS DE LAS EVIDENCIAS

Michelle Brown

Testificará de la primera formación del texto bíblico, mientras exhibe una serie de antiguos manuscritos bíblicos en su libro *In the Beginning: Bibles Before the Year 1000* (Smithsonian, 2006).

Philip Comfort

Testificará de la naturaleza de los primeros manuscritos del Nuevo Testamento en papiro y la metodología utilizada para recrear los relatos originales en su libro *Early Manuscripts & Modern Translations of the New Testament* (Wipf & Stock, 2001).

Timothy Paul Jones

Testificará de la metodología de la transmisión temprana del Nuevo Testamento y responderá a muchas de las afirmaciones escépticas de Bart Ehrman (como se menciona en este capítulo) en su libro *Misquoting Truth: A Guide to the Fallacies of Bart Ehrman's "Misquoting Jesus"* (IVP Books, mayo 2007).

Capítulo Siete:

RESISTA LAS TEORÍAS CONSPIRATIVAS

Sean McDowell

Testificará y proporcionará un análisis detallado, razonado e histórico del destino de los doce discípulos de Jesús en su libro *The Fate of the Apostles: Examining the Martyrdom Accounts of the Closest Followers of Jesus* (Routledge, febrero 2018).

William McBirnie

Testificará de la naturaleza de la vida y muerte de los apóstoles que afirmaron ver la resurrección de Jesús en su libro *The Search for the Twelve Apostles* (Tyndale, 2008).

E. A. Wallis Budge

Testificará de la historia y leyendas (de fuentes etio-semíticas) relacionadas con las vidas, martirios y muertes de los discípulos de Jesús en el libro *The Contendings Of The Apostles: Being The Histories And The Lives And Martyrdoms And Deaths Of The Twelve Apostles And Evangelists* (Kessinger Publishing, septiembre 2010).

Bryan M. Litfin

Testificará de las historias clave del martirio cristiano primitivo en su libro *Early Christian Martyr Stories: An Evangelical Introduction with New Translations* (Baker Academic, octubre 2014).

Capítulo Ocho:
RESPETE LA "CADENA DE CUSTODIA"

Mark D. Roberts

Testificará de la evidencia histórica manuscrita y la aparición primitiva del registro bíblico en su libro *Can We Trust the Gospels?: Investigating the Reliability of Matthew, Mark, Luke, and John* (Crossway, 2007).

Mike Aquilina

Testificará de los escritos y enseñanzas de los primeros padres de la Iglesia en su libro *The Fathers of the Church, Expanded Edition* (Our Sunday Visitor, noviembre 2006).

Peter J. Williams

Testificará de la confiabilidad histórica de los Evangelios, incluyendo cómo los textos del Nuevo Testamento fueron transmitidos a lo largo de los siglos en su libro *Can We Trust the Gospels?* (Crossway, 2018).

Capítulo Nueve:
SEPA CUANDO "YA ES SUFICIENTE"

David Wolfe

Testificará de cómo llegamos a "saber" que algo es verdad en su libro *Epistemology: The Justification of Belief* (InterVarsity Press, 1983).

William Rowe

Testificará de las conocidas presentaciones ateas del "problema del mal" y sus defensas clásicas (teodiceas) ofrecidas por los teístas en su libro *God and the Problem of Evil* (Wiley-Blackwell, 2001).

Bobby Conway

Testificará de la naturaleza de la duda y la creencia, de confiar en la fortaleza de la evidencia y de pasar de la incredulidad a la confianza en su libro *Doubting Toward Faith: The Journey to Confident Christianity* (Harvest House Publishers, septiembre 2015).

Capítulo Diez:
PREPÁRESE PARA EL ATAQUE

Craig Evans

Testificará de las suposiciones, teorías y tácticas empleadas por los escépticos para desacreditar los Evangelios en *Fabricating Jesus: How Modern Scholars Distort the Gospels* (InterVarsity Press, 2006).

Gregory Koukl

Testificará de enfoques exitosos y razonados empleados por quienes buscan defender la cosmovisión cristiana en *Tactics, 10th Anniversary Edition: A Game Plan for Discussing Your Christian Convictions* (Zondervan, 2019).

Nancy Pearcey

Testificará de la naturaleza de la verdad como concepto y cómo la división público/privado y sagrado/secular en la cultura impacta nuestra percepción de la verdad, incluyendo la verdad del cristianismo en su libro *Total Truth: Liberating Christianity from Its Cultural Captivity* (Crossway, febrero 2008).

Dave Sterrett

Testificará de estrategias y enfoques prácticos que los cristianos pueden aplicar en conversaciones con aquellos que rechazan la autoridad de la Biblia en su libro *Jesus Conversations: Effective Everyday Engagement* (Tyndale House Publishers, junio 2021).

Capítulo Once:
¿ESTUVIERON PRESENTES?

Jean Carmignac

Testificará del origen semítico de los Evangelios sinópticos y cómo fueron formados en medio de la cultura judía de la primera mitad del primer siglo en su libro *Birth of the Synoptic Gospels* (Franciscan Herald Press, octubre 1987).

John Wenham

Testificará de una teoría alterna sobre la datación temprana de los Evangelios (que coloca a Mateo por delante de Marcos) al comparar los Evangelios uno con otro y con los escritos y registros de los padres de la Iglesia en su libro *Redating Matthew, Mark and Luke: A Fresh Assault on the Synoptic Problem* (InterVarsity Press, marzo 1992).

Jonathan Bernier

Testificará de la rapidez con la cual los primeros cristianos escribieron los textos y Evangelios fundamentales del Nuevo Testamento en su libro *Rethinking the Dates of the New Testament: The Evidence for Early Composition* (Baker Academic, abril 2022).

Capítulo Doce:
¿FUERON CORROBORADOS?

J. Warner Wallace

Testificaré de la evidencia corroborativa disponible en la historia de la era común (el periodo conocido como d. C.) en mi libro *Person of Interest: Why Jesus Still Matters in a World That Rejects the Bible* (Zondervan, septiembre 2021).

Titus M. Kennedy

Testificará de los descubrimientos arqueológicos que corroboran el nacimiento, ministerio, crucifixión y resurrección de Jesús en su libro *Excavating the Evidence for Jesus: The Archaeology and History of Christ and the Gospels* (Harvest House Publishers, marzo 2022).

Peter Schafer

Testificará de las antiguas referencias judías de Jesús dispersas en el Talmud en su libro *Jesus in the Talmud* (Princeton University Press, 2009).

R. T. France

Testificará de las fuentes antiguas no bíblicas que corroboran la existencia de Jesús en su libro *The Evidence for Jesus* (Regent College, 2006).

John McRay

Testificará de la corroboración arqueológica del Nuevo Testamento en su libro *Archaeology and the New Testament* (Baker, 2008).

Shimon Gibson

Testificará (como arqueólogo) de la evidencia arqueológica que corrobora los últimos días de la vida de Jesús en su libro *The Final Days of Jesus: The Archaeological Evidence* (HarperCollins, 2009).

Capítulo Trece:
¿FUERON PRECISOS CON EL PASO DEL TIEMPO?

Michael Holmes

Testificará de los escritos de los discípulos de los apóstoles en su libro *The Apostolic Fathers: Greek Texts and English Translations* (Baker, 2007).

Justo González

Testificará de la historia primitiva del cristianismo y de muchos de los personajes que intervinieron en la "cadena de custodia" en su libro *Story of Christianity: Volume 1, The Early Church to the Dawn of the Reformation* (HarperOne, 2010).

Nicholas Perrin

Testificará de la transmisión (y copiado) de los relatos de los Evangelios en su libro *Lost In Transmission?: What We Can Know About the Words of Jesus* (Thomas Nelson, 2007).

Capítulo Catorce:
¿FUERON PARCIALES?

C. Bernard Ruffin

Testificará de las vidas y martirios de los apóstoles en su libro *The Twelve: The Lives of the Apostles After Calvary* (Our Sunday Visitor, 1998).

Josh y Sean McDowell

Testificarán de las conclusiones razonables extraídas del testimonio de los apóstoles en su libro *Evidence for the Resurrection* (Regal, 2009).

W. Brian Shelton

Testificará de las historias y contribuciones de los apóstoles, describiendo sus vidas, legados e impacto en el crecimiento de la Iglesia primitiva en su libro *Quest for the Historical Apostles: Tracing Their Lives and Legacies* (Baker Academic, April 2018).

Expedientes

OFICIALES ASISTENTES

No soy el primer oficial de policía o detective que investiga la evidencia relacionada a los testigos oculares del Evangelio y concluye que son confiables. Muchos detectives han utilizado su experiencia en cuanto a la evidencia para llegar a la misma conclusión. Los siguientes detectives están entre los muchos que han ayudado a la causa de Cristo ejerciendo su fe cristiana o presentando el caso para Jesús.

Sir Robert Anderson
Asistente del Comisionado (fallecido), Policía Metropolitana de Londres (Inglaterra)

Sir Robert Anderson fue teólogo y autor de numerosos libros, incluyendo *The Coming Prince*, *The Bible and Modern Criticism* y *A Doubter's Doubts about Science and Religion*.

Mary Agnes Sullivan
Teniente y detective de homicidios (fallecida), Departamento de Policía de Nueva York

Mary Sullivan fue una católica devota y pionera en el cumplimiento de la ley en la ciudad de Nueva York, donde se convirtió en la primer mujer detective de homicidios en la historia del departamento. También fue la primera mujer incluida en la Legión de Honor del Departamento de Policía de Nueva York.

Alice Stebbins Wells
Oficial de policía (fallecida), Departamento de Policía de Los Ángeles

Alice Wells fue una de las primeras mujeres policías revolucionarias en los Estados Unidos. Antes de convertirse en oficial de policía, sirvió como ministro y fue miembro de la Unión Cristiana de Mujeres por la Templanza.

Robert L. Vernon
Subdirector de la policía (retirado), Departamento de Policía de los Ángeles (California)

Bob Vernon es conferencista, escritor, fundador del *Pointman Leadership Institute* (http://pliglobal.com), que ofrece capacitación en liderazgo a las fuerzas policiacas de todo el mundo, y autor de *L. A. Justice: Lessons from the Firestorm* y *Character: The Foundation of Leadership*.

Josh Cook
Oficial de policía en Maryland (patrulla a pie, patrullaje, policía vestido de civil e instructor de la academia)

Josh Cook es el cofundador del ministerio *Enter the Lion* dirigido a oficiales de policía (https://www.enterthelion.com/), un ministerio que "busca infundir valentía y equipar a aquellos que han sido llamados a una vida de servicio por su Señor y Salvador Jesucristo".

Travis Yates
Comandante de policía en Oklahoma

Travis Yates es maestro, conferencista y editor de *Law Officer Magazine* (https://www.lawofficer.com). Es uno de los escritores más prolíficos en la aplicación de la ley, y autor de cientos de artículos para diversas publicaciones. También es el autor de *The Courageous Police Leader: A Survival Guide for Combating Cowards, Chaos, and Lies*.

Michael "MC" Williams
Detective en jefe (teniente), investigador criminal en el estado de Colorado (retirado)

Michael Williams es instructor, conferencista y ex vicepresidente nacional de *Fellowship of Christian Peace Officers* (http://www.fcpo.org/) quien ahora sirve como director de seguridad y protección para una importante escuela preparatoria cristiana. También es director del *The Centurion Law Enforcement Ministry* (http://thecenturionlawenforcementministry.org/), un ministerio nacional creado para atraer oficiales a un conocimiento salvador de Cristo, equipar a oficiales cristianos para crecer en su fe, apoyar los matrimonios policiales y reducir los altos niveles de suicidios de policías.

Michael Dye
Sheriff adjunto, oficina del sheriff del condado de Volusa (retirado) y Alguacil del servicio de alguaciles de los Estados Unidos en Los Ángeles (retirado)

Michael Dye es conferencista y autor de *The PeaceKeepers: A Bible Study for Law Enforcement Officers*. Michael ha servido también en la Junta Directiva de la *Fellowship of Christian Peace Officers* (http://www.fcpo.org/), un ministerio que provee sustento y responsabilidad a los oficiales cristianos para ayudarlos a convertirse en testigos más efectivos de Cristo mientras discipulan y entrenan a otros para cumplir la Gran Comisión.

Frank C. Ruffatto
Detective de policía del condado de Prince George, Departamento de Policía de Maryland (retirado)

Frank C. Ruffatto es un pastor de la Iglesia luterana Sínodo de Missouri (LCMS) y director ejecutivo de *Peace Officer Ministries* (https://www.peaceofficerministries.org/), un ministerio cristiano de capellanía policial que proporciona ayuda directa para aquellos expuestos a eventos de alto riesgo.

Mark Kroeker
Jefe adjunto (retirado) del Departamento de Policía de Los Ángeles (California), jefe de policía (retirado) del Departamento de Policía de Portland (Oregon)

Mark Kroeker es conferencista y escritor. Fundó y sirvió como presidente de *World Children's Transplant Fund* (http://wctf.org/), una organización sin fines de lucro dedicada al desarrollo de trasplantes de órganos pediátricos alrededor del mundo.

Tony Miano
Investigador y oficial (retirado), del Departamento del Sheriff del condado de Los Ángeles (California)

Tony Miano es un capellán para alguaciles, fundador de *Cross Encounters with Tony Miano* (http://crossencountersmin.com) y autor de *Take Up the Shield: Comparing the Uniform of the Police Officer and the Armor of God.*

Sir Robin Oake
Jefe de policía (retirado) de la Isla de Man, jefe inspector de la policía metropolitana y superintendente para el jefe asistente en la Policía del Gran Manchester (Inglaterra)

Robin Oake, ganador de la Medalla de la Policía de la Reina, es conferencista y autor de *Father Forgive: The Forgotten "F" Word* y *With God on the Streets.*

Dave Williams
Jefe adjunto de policía (retirado), Portland (Oregon)

Dave Williams es fundador y presidente de *The Board of Trustees for Responder Life* (https://responderlife.org/), una organización dedicada a sustentar a las familias de los primeros oficiales y socorristas en responder.

Conrad Jensen
Inspector adjunto (fallecido), del Departamento de Policía de la ciudad de Nueva York (Nueva York)

Conrad Jensen fue conferencista y autor. Sirvió como capitán de la comisaría en el Recinto 23 y fundó una organización evangélica que trabajaba con las pandillas juveniles en Harlem del Este. Luego de su retiro en 1964, la *American Tract Society* le pidió que escribiera un libro, *26 Years on the Losing Side*, en un esfuerzo para "estimular la oración concertada para que nuestra nación, con la guía de Dios, pueda regresar a los fundamentos bíblicos sobre los cuales fue construida".

Randal (Randy) Simmons
Oficial SWAT (fallecido en el cumplimiento de su deber), del Departamento de Policía de los Ángeles (California)

Randal Simmons fue ministro de *Carson's Glory Christian Fellowship International Church* (California). Su legado de servicio a los jóvenes dificultosos de su comunidad inspiró la formación de la *Randal D. Simmons Outreach Foundation* (http://randysimmonsswat.com/foundation/), una organización sin fines de lucro diseñada para servir, empoderar y motivar a familias e individuos en áreas desatendidas.

Expedientes

NOTAS DEL CASO

Los detectives toman notas en grandes cantidades, recopilan información y documentan sus progresos a lo largo del camino. Utilice el código QR a continuación o siga el vínculo para acceder a las notas correspondientes a los materiales citados en cada capítulo.

https://coldcasechristianity.com/casenotes/